DU REDRESSEMENT DES MEMBRES

PAR

L'OSTÉOTOMIE

PAR LE DOCTEUR

VICTOR CAMPENON

Ancien chef de clinique chirurgicale de la Faculté de Médecine,
Ancien prosecteur,
Ancien interne lauréat des hôpitaux,
(Médaille d'argent, médaille d'or),
Lauréat de la Faculté de Médecine (Prix de thèses, médaille d'argent),
Membre de la Société anatomique et de la Société clinique.

PARIS

LIBRAIRIE J.-B. BAILLIÈRE ET FILS
19, rue Hautefeuille, près du boulevard Saint-Germain

—

1883

DU REDRESSEMENT DES MEMBRES

PAR

L'OSTÉOTOMIE

Paris. — Imprimerie E. Capiomont et V. Renault, rue des Poitevins, 6.

INTRODUCTION

———

L'ostéotomie, au sens actuel du mot, est une opération chirurgicale par section ou excision ayant pour
but le redressement d'un segment de membre ou d'un
membre tout entier.

La section osseuse peut être faite très près d'une
articulation, l'ouvrir même ; mais elle ne doit jamais,
sous peine de perdre son nom d'ostéotomie, avoir pour
but et pour effet de supprimer partie ou totalité de la
surface articulaire, que celle-ci soit saine ou plus ou
moins profondément modifiée ; tel est le caractère fondamental qui sépare l'ostéotomie (section de l'os dans
sa continuité) de la résection articulaire (section dans
la contiguïté).

Nous suivrons fidèlement cette règle et nous laisserons absolument de côté toute méthode ou toute observation qui n'y sera pas rigoureusement conforme.

Il est un autre point sur lequel nous devons nous expliquer : nous voulons parler de notre oubli volontaire de tout ce qui a trait à la tarsotomie. Sans doute, la section cunéiforme des os du tarse a plus d'un trait commun avec l'ostéotomie proprement dite, mais elle intéresse indifféremment os et articulations. C'est une opération complexe qui doit conserver son nom à part, et qui ne saurait prendre une place légitime dans l'ostéotomie.

Décrire l'ostéotomie dans son application « au redressement des membres, » c'est passer en revue toutes les déformations du squelette en tant qu'elles entraînent l'impotence fonctionnelle.

Les membres peuvent être déformés au niveau des diaphyses (cals anguleux, courbures rachitiques, courbures de causes inflammatoires), ou au niveau des articulations (ankyloses, genu valgum, genu varum).

Énumérer ces déformations, c'est indiquer l'ordre dans lequel nous les exposerons.

Notre travail comprendra trois parties : une première de généralités, qui nous apprendra par quelles phases a passé l'ostéotomie, par quels moyens elle procède.

La seconde partie sera divisée en chapitres, visant chacun telle ou telle déformation ; mais nous éviterons avec soin de les transformer en monographies ; nous décrirons dans tous leurs détails les procédés divers qui peuvent être appliqués au cas particulier ; nous montrerons, par l'examen des faits groupés en tableaux synthétiques, quelles sont les chances bonnes ou mauvaises fournies par la section osseuse.

Mais ce n'est que dans une dernière partie que, groupant tous les matériaux ainsi accumulés, nous chercherons à préciser la valeur, les indications et les contre-indications de l'ostéotomie.

PREMIÈRE PARTIE

HISTORIQUE GÉNÉRAL

Il faut remonter, pour ainsi dire, à l'origine de la médecine pour trouver la première mention de l'ostéotomie.

Hippocrate paraît, en effet, en avoir conseillé l'emploi dans le traitement des cals vicieux.

Mais on doit arriver à Paul d'Egine pour la voir réellement mise en pratique.

Plus tard, Albucasis (1) se prononce en faveur de la section osseuse à l'aide de la scie et rejette, au contraire, la fracture du cal. Il aurait même, d'après Ceccherelli, conseillé l'ostéo-tomie dans le cas d'ankylose consécutive à des fractures juxta-articulaires.

Plusieurs siècles s'écoulent sans laisser aucune trace de la question qui nous occupe.

En 1570, Daléchamps préconise nettement la section osseuse dans les cals vicieux; il indique de se servir des ciseaux : « après, on redresse et racoustre la fracture » (2).

(1) Laugier, *thèse de Concours*, 1741, p. 81,
(2) *Chirurgie Française*, chap. CIX, p. 558.

Il faut arriver jusqu'à 1815 pour voir l'ostéotomie soumise à des règles précises: A cette date, un chirurgien français, Lemercier, résèque les deux fragments du tibia pour un cal vicieux. L'année suivante, Wasserführ pratique la même opération sur le fémur. En 1826, c'est Riecke qui la répète.

Dans cette même année, 1826, l'ostéotomie élargit son champ d'action: Rhea Barton (1), de Philadelphie, sectionne le fémur entre les deux trochanters dans un cas d'ankylose de la hanche.

Cette opération marque une date importante dans le traitement des ankyloses. La pratique de Rhea Barton est bientôt suivie par Kearny Rodgers.

Arrivons à la date de 1834, et nous allons voir se dérouler une période d'une quinzaine d'années, féconde pour l'ostéotomie.

C'est Clémot (2), de Rochefort, qui inaugure cette période en créant son procédé de l'excision cunéiforme du cal. L'opération de Clémot ouvre une ère nouvelle à l'ostéotomie, et son retentissement est le prélude d'opérations qui vont rapidement se succéder, surtout dans la pratique des chirurgiens étrangers. Qu'il nous suffise de signaler, en ce qui concerne les cals vicieux, les noms de Portal, de Key et Astley Cooper, de Warren, de Wattmann, de Guersant et de Malgaigne.

Dans cette même période, l'ostéotomie est appliquée à l'ankylose du genou.

En 1835, Rhea Barton (3) pratique sur l'extrémité inférieure du fémur une excision cunéiforme, et son opération est bientôt imitée, dans son pays, par Gibson et par Gurdon-

---

(1) *North American. Med. and surg. Journ.* 1827.
(2) *Gazette Médicale de Paris*, 1834, p. 347.
(3) *Philad. med. examin.*, 1842. Nos 2, 3, 6, 7.

Buck, qui apporte à cette opération une importante modification.

C'est à cette même époque que l'ostéotomie fut indiquée et pratiquée pour la première fois dans le but d'obtenir le redressement des os rachitiques, et nous insistons d'autant plus volontiers sur ce fait que presque tous les auteurs l'ont passé sous silence. En effet, c'est Jobert de Lamballe (1) qui, vers 1840, a fait la première ostéotomie pour redresser une courbure rachitique.

Enfin, à la limite de cette période, nous voyons Maisonneuve, en 1847, pratiquer la première opération d'ostéotomie qui ait été faite en France pour l'ankylose de la hanche.

Avec l'année 1854, nous entrons dans une phase nouvelle de l'ostéotomie : la méthode sous-cutanée est introduite dans cette opération.

Mais ici, nous devons faire une rectification historique. On a l'habitude d'indiquer Meyer et Langenbeck comme les promoteurs de l'ostéotomie sous-cutanée ; nous croyons ne faire qu'œuvre de justice en réclamant pour notre pays l'idée première de cette méthode opératoire. En lisant l'admirable traité de Malgaigne sur les fractures et les luxations, ouvrage qui date de 1847, on peut voir dans un passage que nous citerons tout au long dans la partie de notre travail qui a trait aux cals vicieux, on peut voir, disons-nous, que Malgaigne a signalé, en termes non équivoques, et l'idée, et le manuel opératoire de l'ostéotomie sous-cutanée.

Quoi qu'il en soit, ce sont deux chirurgiens allemands, Meyer et Langenbeck, qui, les premiers, ont pratiqué cette opération et l'ont vulgarisée.

(1) La mention de ce fait a été indiqué par M. A. Guérin en 1876 à la Société de chirurgie, lors de la discussion qui suivit le rapport de M. Tillaux sur le travail de M. J. Bœckel. M. A. Guérin, qui a été témoin du fait de Jobert, a eu l'extrême obligeance de nous en donner la date précise.

Ces chirurgiens ont appliqué l'ostéotomie ainsi modifiée, non seulement dans les cas de cals vicieux, mais ils l'ont dirigée aussi contre les courbures rachitiques.

Grâce à cette méthode, l'ostéotomie se répandit rapidement dans la pratique chirurgicale ; mais cependant, en France, elle ne trouvait que de très rares partisans, ainsi qu'on peut s'en convaincre en lisant la discussion qui eut lieu à la Société de chirurgie en 1855. La résistance que les chirurgiens de notre pays montraient pour cette opération, était jusqu'à un certain point justifiée par les cas de morts qui avaient été signalés.

Cette méthode constituait, à la vérité, une amélioration véritable, mais il était difficile de partager à son égard les illusions de Langenbeck et de regarder cette opération comme absolument sous-cutanée. On établirait assez bien la valeur qu'il faut attribuer à cette expression en disant que c'est une ostéotomie à incision étroite : néanmoins, pour nous conformer à l'usage, nous conserverons ce terme d'ostéotomie sous-cutanée mais nous tenions à préciser le sens véritable qu'il faut attacher à ce mot.

Dans une période de sept à huit ans, à partir de 1860, nous ne trouvons rien de bien important à signaler dans l'histoire de l'ostéotomie. Mentionnons cependant, en 1862, l'opération de Sayre qui fait date dans le traitement des ankyloses de la hanche.

Avec les années 1869-1870 commence une ère tout à fait nouvelle de l'ostéotomie, et il est pour ainsi dire impossible de ne pas voir que la fécondité de cette période est due à l'introduction de la méthode antiseptique dans la pratique chirurgicale. Dès lors, en effet, l'ostéotomie est largement étendue aux cals vicieux, aux ankyloses, aux courbures rachitiques des membres, enfin elle est appliqué au genu valgum.

Pour les cals vicieux citons seulement les noms de Lister, de Bardeleben, de Richet, de Le Fort.

En ce qui concerne l'ankylose de la hanche nous constatons l'apparition de nouveaux procédés qui portent les noms d'Adams, de Gant, de Volkmann.

L'ostéotomie pour courbures rachitiques est surtout pratiquée par Wahl, de Pétersbourg ; par Howard Marsh, par Bœckel, par Lannelongue.

Mais c'est surtout le genu valgum qui semble avoir été le point de mire des chirurgiens. Signalons, parmi ceux qui ont surtout vulgarisé cette opération, Max Scheede, Volkmann, Billroth, Messenger Bradley, Riedinger, et, avant tous, Macewen, dont nous ne saurions séparer le nom de Demons qui nous l'a fait connaître en France et. dont les heureux succès ont été le sujet de mémoires intéressants à la Société de chirurgie.

Enfin, si nous cherchons à apprécier les tendances actuelles des chirurgiens à l'égard de l'ostéotomie, nous voyons que cette opération, extrêmement commune à l'étranger, tend à s'introduire en France. Citons seulement, pour les cals vicieux, les observations récentes d'Ollier, de Poncet, de Verneuil ; et, pour le genu valgum, les faits de Beauregard du Havre, de Delens, à Paris, de Dubourg, de Dudon, à Bordeaux.

MANUEL OPÉRATOIRE.

Au début de notre étude il nous a paru de toute nécessité de tracer dans un chapitre d'ensemble tout ce qui a trait à la technique proprement dite de l'ostéotomie. Nous éviterons ainsi des redites inutiles et nous aurons mis le lecteur à même de comprendre les termes dont nous aurons à nous servir presque à chaque page.

Nous en profiterons pour poser nettement les principes qui doivent présider à toute ostéotomie, au double point de vue du manuel opératoire proprement dit et des soins consécutifs.

Nous indiquerons également, une fois pour toutes, les difficultés que le chirurgien peut rencontrer au cours de son opération et les complications qu'il peut avoir à redouter et à combattre.

Nous passerons donc en revue successivement :

les instruments,
les manœuvres préliminaires,
l'opération dans ses divers temps;
les soins consécutifs,
et enfin les accidents et complications .

INSTRUMENTS

L'ostéotomie peut être pratiquée avec des cisailles, des scies, des ciseaux, des ostéotomes, des perforateurs.

Occupons-nous d'abord de ces derniers qui n'ont qu'un rôle fort effacé dans l'arsenal ostéotomique. Comme *perforateur* on s'est servi tour à tour d'une aiguille à trépan montée sur un vilebrequin (Weinhold, de Halle 1828), d'une tige en acier montée aussi sur vilebrequin (Langenbeck), d'un perforateur véritable à extrémité triangulaire (Brainard), d'une vrille (Senger). Il nous suffit d'avoir nommé ces agents de perforation, et nous ne nous arrêterons pas à examiner leur

mode d'action. La perforation de l'os comme moyen ostéotomique est aujourd'hui, et à juste titre, tombé dans l'oubli et
n'appartient plus guère qu'à l'historique de la question.

Les *cisailles* et pinces coupantes furent les premiers instruments employés. C'est avec elles que Paul d'Egine attaquait
les cals vicieux ; mais, bonnes pour réséquer une pointe osseuse
peu volumineuse, elles constituent un moyen qu'on peut
caractériser de primitif lorsqu'il s'agit de sectionner un os ;
elles risquent de le faire éclater; elles produisent une série
de petites esquilles ; elles ne peuvent être maniées, sous
peine de contondre les parties molles, que par une ouverture
cutanée assez large. Aussi peut-on dire, d'une façon générale,
qu'elles sont abandonnées aujourd'hui, nous signalerons
toutefois leur emploi par Macewen et Heath, pour diviser,
le premier, le tibia dans un cas de rachitisme, le second, le
péroné dans un cal vicieux de la jambe.

Nous ne nous attarderons pas à donner la description des
divers modèles de *scies* mis en usage. Contentons-nous de dire
que pour opérer à ciel ouvert on peut à peu près indifféremment employer la scie ordinaire, la scie à volant d'Ollier,
la scie à arc, etc., tandis que les ostéotomies sous-cutanées
réclament l'emploi d'instruments spéciaux, généralement
connus sous le nom de scies à résection, et dont les types
principaux sont les scies de Langenbeck, de Butcher, de Lar-
rey, simple ou modifiée, et surtout la scie d'Adams (longue
de 38 millim., large de 6 millim., à l'extrémité d'une tige
mousse de 75 millim.). — La scie à chaîne a été souvent
employée ; nous la trouvons mentionnée presque à chaque pas
dans les opérations pour cals vicieux, tandis qu'elle figure
beaucoup moins souvent dans les autres ostéotomies, ce qui
s'explique facilement si l'on songe à la difficulté de son maniement qui ne permet guère de l'employer que dans les sections

à ciel ouvert. C'est avec elle cependant que Sayre pratique son « ostéotomie sous-trochantérienne en dos d'âne. »

Le mot *ciseau* prête quelque peu à confusion lorsqu'on lit les auteurs. C'est qu'en effet, il n'a pas le même sens pour tous. Pour Macewen, et pour lui seul, autant qu'il nous a paru, il désigne un instrument en tout semblable au ciseau du menuisier, c'est-à-dire une lame taillée en biseau aux dépens d'une seule de ses faces. Aussi peut-il, à juste titre, leur reprocher de dévier presque fatalement et limite-t-il leur emploi à l'ostéotomie cunéiforme et au « rabotage des surfaces fragmentaires. » Pour tous les autres, le ciseau à ostéotomie, qu'il s'appelle ciseau de Munder, de Linhart, ou de Billroth n'est autre que le « ciseau à froid » des serruriers, des tailleurs de pierre, c'est-à-dire un instrument effilé également ment aux dépens de ses deux faces, et échappant absolument, par conséquent aux reproches que lui adresse Macewen. C'est une querelle de mots, si l'on veut, mais que nous tenions à éclaircir pour éviter à nos lecteurs certaines difficultés d'interprétation que nous avons rencontrées au début de nos recherches.

Quoi qu'il en soit, deux points doivent nous arrêter un instant : leurs dimensions, leur maniement. — Comme dimensions nous signalerons que, pour éviter l'attrition des parties molles, il faut toujours se servir d'un ciseau de largeur moindre que le diamètre de l'os que l'on doit attaquer. — Le maniement ne demande qu'une précaution : le ciseau sera tenu solidement et à pleine main, le bord cubital de l'avant-bras prenant point d'appui sur le membre même ; le poignet gauche de l'opérateur reçoit ainsi une partie des secousses imprimées par le marteau, et, faisant fonction de ressort, dégage, après chaque coup, le ciseau d'un très faible degré.

Pour échapper à toute confusion, quelques chirurgiens

parmi lesquels nous citerons Rizzoli, Castelnuova, ont proposé le nom d'ostéotome comme synonyme de ciseau ; mais cette dénomination n'est pas entrée dans le langage chirurgical courant et' lorsque l'on prononce le nom d'ostéotome, on a en vue un instrument tout à fait spécial, nous voulons parler de l'*ostéotome cunéiforme de Macewen*. C'est un ciseau « à froid » mais d'une forme franchement cunéiforme et beaucoup moins effilée que le ciseau de Billroth, ce qui se comprend, si nous nous rappelons que le chirurgien anglais se propose moins encore de couper l'os que d'y creuser en même temps par tassement un vide en forme de coin. Le maniement de cet ostéotome est celui même que nous avons décrit pour le ciseau ; comme lui, il sera tenu à main fermée, comme lui, il sera enfoncé par de petits coups secs d'un maillet en plomb ou en bois très dur (Macewen). Remarquons seulement, qu'en vertu de sa forme, l'ostéotome de Macewen supporte, au fur et à mesure qu'il pénètre, des pressions de plus en plus fortes sur chacune de ses faces, que les sensations perçues deviennent moins nettes, et que la main ne peut plus distinguer ni le chemin accompli, ni la résistance réelle de l'os. Aussi Macewen a-t-il pris le soin d'en faire construire trois modèles de calibre décroissant, désignés par les chiffres 1, 2, 3. Lorsque le premier commence à être serré on prend le second ou même le troisième.

La valeur de ces trois agents de section, scie, ciseau de charpentier, ostéotome, est loin d'être jugée de même par les divers opérateurs.

Si nous laissons de côté le ciseau de charpentier dont l'emploi est, bien nettement, et de l'avis tous, réservé aux ostéotomies cunéiformes, nous nous trouvons en présence d'assertions absolument contraires lorsqu'il s'agit de prononcer entre la scie et l'ostéotome, ou, pour parler le langage de tous, le ciseau à ostéotomie. A la scie, l'on reproche d'exposer à la suppuration, en faisant de la sciure, en dilacérant toujours plus ou moins les parties molles, en pompant des parcelles d'air pendant son maniement ; et ces considérations suffisent à Barwell, Munder, Swann, Mikulicz, Billroth, pour rejeter complètement un mode de diérèse qui paraît sans inconvénient à Gant, à Messinger Bradley, à Jones, à Adams, à Howard Marsh.

Pour juger la question deux moyens étaient à notre disposition : l'étude comparative des faits cliniques et l'expérience cadavérique. Nous avons dû renoncer à la première, faute d'un nombre suffisant de matériaux similaires. Quant à la seconde, voici les résultats qu'elle nous a donnés dans nos recherches, faites avec le concours de notre excellent ami le docteur Lebec.

D'une façon générale, pour ce qui a trait à la scie, nous n'avons pu que vérifier ce qu'écrivait Chalot en 1878 : sur la lame, sur les bords de la section, on aperçoit une bouillie rougeâtre de couleur lie de vin, la sciure, formée de sang, de moelle et de fine poussière osseuse, preuve évidente que la scie n'agit qu'en produisant la destruction d'une certaine couche osseuse, fait assez secondaire d'ailleurs, il est vrai. Mais, ce qui nous importe plus, elle entraîne la production d'une série de petits éclats dans l'épaisseur même de l'os qu'elle traverse.

Sur la diaphyse tout se borne à de petits éclats en forme d'écaille, détachés à la face interne du canal médullaire, du côté qui a été le premier atteint par la scie. Nous n'avons pas vu que la moelle subisse des attritions aussi profondes que celles dont parle Chalot, sans doute parce que nous opérions avec des scies plus fines, mieux coupantes et sur des os relativement frais.

Sur l'épiphyse, les lésions sont plus profondes : destruction des aréoles spongieuses; fracture des lamelles qui les limitent ; tassement, ébranlement, dilacération de la moelle qui les remplit.

Le ciseau-ostéotome donne, lui aussi, des résultats absolument différents, suivant qu'on l'applique sur le corps de l'os, ou sur son extrémité spongieuse.

Au moment où le ciseau pénètre dans la substance compacte, il se fait, à droite et à gauche de lui, au contact de ses faces, un petit soulèvement extérieur, formé de petites esquilles lamellaires. Dépassant à peine 1 à 2 millim. de hauteur, avec le ciseau-ostéotome ordinaire, ce talus s'accuse beaucoup plus si l'on prend le n° 1 des ostéotomes Macewen (ce qui nous permet de dire de suite que ce n° 1 doit être essentiellement, selon nous, réservé à la section sus-condylienne pour laquelle, d'ailleurs, il a été inventé). La première partie de l'os se sectionne nettement, mais lorsque le ciseau aborde l'étui périmédullaire, il provoque invariablement des éclats de 4 et 8 millim. de long, sur 2 ou 3 millim. de large, éclats qui sont projetés dans le tissu médullaire et dont le nombre et les dimensions sont d'autant plus marqués que l'os est plus dense et que les coups de maillet ont été plus secs et plus forts. Si l'on fait l'ostéotomie complète, cette production d'esquilles se montre également sur la face externe de l'os, aux dépens des lames les plus superficielles, les dernières atteintes : mais ici il ne s'agit plus de parcelles de quelques millimètres, ce sont de véritables fragments, surtout si l'on n'a pas eu le soin d'aller à très petits coups, mesurant jusqu'à 2, 3 et même 4 cent. de long. Il est vrai que si l'on s'arrête à temps ils ne sont pas détachés du périoste qui n'est pas déchiré.

Au niveau d'une épyphyse, dans le tissu spongieux, en un mot, l'ostéotome pénètre franchement et facilement sans pro-

duire de bourrelets osseux au point d'entrée, d'éclats lamellaires dans la profondeur, ni d'esquilles à la face externe ; à
peine aperçoit-on, vers le point de sortie, quelques petites
écailles de 1 à 2 millimètres, et encore restent-elles sous-
périostales et sont-elles à peine soulevées. C'est bien le cas de
dire, avec Billroth, que « le ciseau est le véritable bistouri des
os. » Toutefois, il est un desideratum que nous devons signaler : les ostéotomies diaphysaires sont nécessairement pratiquées avec des ciseaux beaucoup moins larges que le diamètre
de l'os à sectionner, d'où la nécessité de diriger l'instrument
tour à tour, en dedans et en dehors. Or, il nous semble bien
difficile d'exécuter ce « mouvement d'éventail » dans un plan
tellement régulier que l'on n'ait pas une section par étages
avec détachement çà et là de quelques portions isolées tout à
la fois de l'une et l'autre face de section. Est-ce là un fait
ordinaire, ou n'est-ce point seulement la conséquence de
notre inhabileté à manœuvrer l'ostéotome ! Nous l'ignorons ;
mais tel qu'il est, le fait nous paraît bon à signaler, car s'il
ne semble pas avoir de conséquences cliniques, du moins
est-il un argument puissant en faveur de la nécessité de
tenir solidement et de guider attentivement son ciseau.

Ce que nous venons de dire du ciseau s'applique absolument à l'ostéotome de Macewen, même au n° 1.

En résumé : sur l'épiphyse, sur l'os modérément dur, le
ciseau donne une plaie bien supérieure à celle de la scie,
tandis, que pour la diaphyse, l'un et l'autre se valent à peu
près, la section par la scie devenant finalement la plus nette
si l'os est fragile et compact, c'est-à-dire dans les cas précisé-
ment où le ciseau refuse de mordre et n'avance qu'à grands
renforts de coups de maillet.

Nous sommes donc en droit de conclure que si, d'une façon
générale, le ciseau doit être préféré à la scie, parce que la sec-

tion osseuse est plus nette, parce que les parties molles sont moins exposées au froissement, on ne saurait cependant nier les avantages que peut présenter la scie dans certains cas bien déterminés. Et nous ajouterons qu'il sera toujours sage, lorsqu'on devra agir sur une diaphyse ou sur un os qu'on soupçonne éburné, d'avoir une scie à sa disposition, alors même qu'on a projeté de ne s'en point servir.

MANŒUVRES PRÉLIMINAIRES

Sous ce titre, nous conprenons les quelques réflexions que nous avons à présenter sur la nécessité de l'anesthésie, l'emploi de la bande d'Esmarch et la manière de disposer le membre sur lequel on va opérer.

Anesthésie. — Ce n'est pas seulement dans le but d'éviter la douleur qu'il convient de recourir aux agents anesthésiques, mais surtout pour éviter tout mouvement, et nous dirons même, toute contraction musculaire ; et ceci est vrai surtout lorsqu'on opère par la méthode dite sous-cutanée. La moindre contraction peut faire dévier l'instrument (ciseau, ostéotome), s'opposer à sa rentrée si par hasard il s'est échappé, et enfin, si l'on se sert de la scie, elle augmenterait les chances de lacération des parties molles. L'anesthésie sera continuée et maintenue complète tant que le dernier tour de bande n'aura pas fixé le membre

Bande d'Esmarch. — Bien que Macewen semble la conseiller pour toute ostéotomie, nous croyons que son emploi ne doit pas être généralisé. D'une nécessité presque absolue lorsqu'on pratique l'ostéotomie à ciel ouvert, elle nous paraît absolument inutile et même dangereuse pour l'ostéotomie dite sous-cutanée ou à incision étroite. Elle est inutile, car elle

2

ne saurait rendre aucun service pendant des manœuvres opératoires que l'œil n'est pas appelé à guider. Elle est dangereuse, car son application augmente singulièrement, comme
on sait, les chances d'une hémorrhagie secondaire en nappe,
complication que nous trouvons notée dans diverses observations, et particulièrement dans un cas de Riedinger (1).

Position à donner au membre. — Lorsqu'on opère à la
scie, la table d'opération ordinaire est suffisante ; mais lorsqu'on procède par percussion, le membre doit reposer sur
un point d'appui tout à la fois solide et légèrement dépres-
sible. Un sac incomplètement rempli de sable humide est le
moyen le plus simple de remplir cette indication d'après
Macewen, dont le conseil est suivi par presque tous les
ostéotomistes.

Précautions antiseptiques. — Nous n'avons pas à les décrire ; elles sont aujourd'hui connues de tous. Mais nous
avons tenu à inscrire ici leur nom pour bien marquer la valeur absolue qu'il convient de leur accorder.

INCISION DES PARTIES MOLLES

Jusqu'en 1854, on pratiqua l'*ostéotomie à ciel ouvert*,
c'est-à-dire que, préoccupés seulement de se créer une voie
facile pour arriver jusqu'à l'os et un champ opératoire aisé,
les chirurgiens font de larges incisions. Pendant toute la
durée de l'opération, l'air vient baigner les surfaces osseuses.

Aujourd'hui, l'ostéotomie à ciel ouvert ne se pratique plus
que dans un groupe de faits bien définis : lorsqu'on se propose, non pas seulement de sectionner l'os, mais d'en exci-

____

(1) Berlin. *Klin. Wochenschr.*, n° 19, page 277 (13 mai 1878), et n° 21,
page 308 (27 mai 1878).

ser une partie, lorsqu'il doit y avoir, en un mot, exérèse. Malgré les tentatives faites par Sayre, par Langenbeck, pour ramener ces excisions au type sous-cutané, malgré le procédé ingénieux de Szymanowski, conseillant de créer aux dépens de deux incisions latérales un pont tégumentaire antérieur qu'on décolle de l'os pendant la section et qui, une fois le coin enlevé, retombe sur la plaie osseuse et la recouvre, nous n'hésitons pas à penser que toutes les fois qu'il s'agit d'excision, il faut, sans hésiter, faire une incision suffisamment longue, et par suite une opération véritablement à ciel ouvert. En pareil cas, en effet, les incisions trop petites constituent de véritables complications opératoires qu'on se crée comme à plaisir. Or, si le chirurgien doit être prudent, s'il doit savoir limiter ses incisions, il faut aussi et avant tout qu'il sache éviter des manœuvres inutiles qui pourront montrer son habileté manuelle, mais qui ne seront souvent accomplies qu'au prix d'attritions plus ou moins profondes, et toujours préjudiciables, des parties molles.

Cette incision cutanée pourra d'ailleurs revêtir des formes différentes. Ici, elle sera rectiligne, mais suffisamment étendue; là, elle affectera la forme d'un L, d'un T, d'un H; ailleurs, elle sera courbe ou cruciale; c'est à chaque opérateur à décider ce qui convient le mieux au cas en face duquel il se trouve.

Dans la méthode dite sous-cutanée, au contraire, l'incision des téguments n'offre plus rien d'aléatoire; elle est faite selon des règles précises et déterminées. Son grand axe est parallèle à l'axe même de l'os à couper, de sorte que les deux sections, osseuse d'une part, tégumentaire de l'autre, peuvent être comparées aux deux branches d'une croix et ne se répondent, par conséquent, qu'en un seul point. Son trajet, s'il est direct parfois, devra, toutes les fois qu'il est possible, être oblique,

obliquité que l'on obtient comme pour la ténotomie, tantôt
en faisant un pli aux téguments, tantôt, et plus souvent, en
faisant glisser la peau avant d'enfoncer le bistouri, tantôt,
enfin, en ne suivant pas le chemin le plus court pour arriver
au squelette (1), son étendue ne sera que juste suffisante pour
permettre le passage et le jeu de l'instrument ostéotomique.

Toutefois, et c'est ici que se fait sentir d'une manière incontestable l'influence des résultats obtenus avec la méthode antiseptique, il est aujourd'hui de principe absolu qu'il faut
avant tout assurer le jeu facile du ciseau et surtout de la scie.
Macewen, Brodhurst, Billroth, pour ne citer que des ostéotomistes dont le nom fait loi, sont unanimes pour admettre
que la suppuration, lorsqu'elle se produit, reconnaît pour
cause presque toujours, sinon même toujours, l'attrition et le
tiraillement des parties molles insuffisamment ou trop obliquement divisées. Mieux vaut aborder l'os par le chemin le
plus court que de se créer une voie sinueuse, mieux vaut un
tunnel trop large que trop étroit, tel est leur conseil formel.
Lister, d'après Adams (2), ne donnerait même jamais moins
de 3 à 5 centimètres à ses incisions cutanées, et cela avec un
plein succès.

C'est dire assez qu'on ne devra pas imiter la pratique de
Vanderveer, qui, exagérant l'idée de Langenbeck, tenta, dans
un cas d'ostéotomie du col fémoral pour ankylose de la hanche,

---

(1) Alors même que pour une cause quelconque ces précautions opératoires n'ont pu être suivies, il arrivera bien souvent qu'une ostéotomie qui
semblait tout d'abord presque à ciel ouvert sera, en réalité, sous-cutanée, une
fois le redressement accompli. Prenons un exemple : On veut faire la section du col fémoral ; le bistouri est plongé directement au-dessus du trochanter et conduit jusqu'à l'os ; on coupe avec le ciseau ou l'on sectionne
avec la scie, peu importe ; les plaies cutanées et osseuses se répondent pendant tout le temps de l'opération. On fait le redressement ; aussitôt le
parallélisme est détruit et l'ostéotomie devient franchement sous-cutanée.

(2) *British med. journal*, 18 octobre 1879. T. 2, p. 605.

de remplacer l'incision au bistouri par une simple ponction faite au trocart. L'essai ne fut pas heureux ; au cours même de l'opération, on dut débrider.

Si l'on opère à ciel ouvert, l'incision des téguments pourra être faite d'un seul coup, ou couche par couche, peu importe. Mais il n'en est plus de même s'il s'agit d'une ostéotomie sous-cutanée ; ici encore, il faut s'astreindre à certaines règles d'une importance pratique absolue : le bistouri est enfoncé d'emblée, par ponction, jusqu'à l'os. Puis, tout en conservant sa pointe au contact du périoste, qu'on s'efforce autant que possible de ne pas diviser, on donne à la plaie l'étendue convenable (soit, en moyenne, de 2 à 3 centimètres), et cela sans retirer le bistouri, qui va servir de guide et de conducteur à la scie ou au ciseau. C'est, d'ailleurs, un principe presque absolu, disons-le une fois pour toutes, de ne jamais introduire un instrument nouveau qu'en le guidant sur celui qui l'a précédé. Il est à peine besoin de faire remarquer que c'est le meilleur moyen d'éviter toute fausse route.

SECTION DE L'OS

Avec l'étude des différents modes de section de l'os, nous entrons au cœur même de notre question ; nous chercherons donc à préciser avec soin non seulement la valeur de chaque terme et le *modus faciendi* de chaque procédé, mais aussi et surtout nous nous efforcerons de mettre en relief le but poursuivi par chaque méthode et les indications cliniques qui doivent faire préférer tantôt l'une, tantôt l'autre.

Mais avant de parler de la diérèse osseuse, nous devons dire quelques mots de la *section du périoste*.

Lorsqu'on opère à ciel ouvert, la conduite à tenir est des

plus simples. On le divise au bistouri, puis avec une rugine on le décolle en évitant avec soin de le déchirer. On sait aujourd'hui, en effet, quelle est l'importance de sa conservation dans tous les cas d'opération sur les os.

Mais, lorsqu'il s'agit d'une ostéotomie sous-cutanée, on se trouve conduit à agir différemment suivant qu'on emploie la scie ou le ciseau.

La scie ne doit jamais être appliquée sur un os, que lorsque le bistouri a déjà tracé un sillon périostal.

Avec le ciseau, l'on peut presque indifféremment faire ou non, de la section périostale, un temps particulier. Bœckel veut qu'on divise le périoste avec la pointe du bistouri et qu'on le décolle avec le manche du scalpel. Macewen, au contraire, recommande de le respecter absolument jusqu'au moment où l'ostéotome est amené dans la position qu'il doit conserver pendant les manœuvres ultérieures. C'est lui qui coupera le périoste, et pour cela il suffira, au moment où il arrive sur l'os, de le faire « mordre » en appuyant légèrement ou en donnant un premier petit coup de marteau.

L'ostéotomie peut être *complète* ou *incomplète*, c'est-à-dire que tantôt on divise l'os dans toute son épaisseur, que tantôt, au contraire, on laisse subsister une certaine zone osseuse que l'on rompt avec les mains ou parfois avec l'ostéoclaste, dans les manœuvres de redressement. C'est cette variété, ostéotomie incomplète, que l'on a désignée parfois sous le nom d'ostéotomie combinée, mot impropre, selon nous, car c'est donner à l'ostéoclasie finale une part importante que nous n'avons trouvé mentionnée par aucun auteur.

Le but visé par les chirurgiens qui font l'ostéotomie incomplète n'est pas le même pour tous, et de cette différence de but découle une différence opératoire ;

Les uns avec Wahl (1), de Pétersbourg, paraissent surtout avoir peur d'ouvrir le canal [médullaire, d'où cette conséquence naturelle : ils entament à peine l'os et doivent recourir à un effort considérable pour le rompre (il n'y a vraiment plus alors ostéotomie) ; ou encore ils sont obligés de se livrer à un véritable tour de force opératoire, creusant dans les deux tiers ou les trois quarts de la circonférence de l'os un sillon qui doit arriver jusqu'au voisinage du canal médullaire, mais sans l'ouvrir. Nous n'hésitons pas à rejeter absolument avec Bœckel ce procédé en sillon, et nous dirons avec lui que mieux vaut ouvrir le canal médullaire que de faire un simulacre d'ostéotomie. Les faits prouvent, d'ailleurs surabondamment, que cette ouverture du canal médullaire ne comporte pas, aujourd'hui du moins, de danger particulier.

Les autres, et ici nous nous rangeons pleinement à leur manière de voir, font la section incomplète : 1° pour respecter le plus possible la gaine périostale (Barwell) ; 2° pour éviter le déplacement par rotation du fragment inférieur (Macewen), soit que la lamelle osseuse conservée ne subisse au moment du redressement qu'une simple flexion, soit, s'il y a fracture, que les fragments restent engrenés ; 3° pour n'être pas exposé à léser des parties molles importantes (procédé de Rhea Barton pour l'ankylose du genou).

La manœuvre opératoire est facile à comprendre : on divise l'os dans les 3/4, les 4/5 de son épaisseur, etc. La partie qu'on respecte occupe ordinairement le côté de l'os diamétralement opposé à celui par lequel on l'a abordé, mais avec un peu d'adresse on peut la ménager où l'on veut.

L'une et l'autre des deux méthodes ont leurs indications : au niveau des épiphyses, chez les sujets jeunes, lorsqu'en un

____

(1) *Deutsche Zeischrift für chirurgie*, 1873, III, n°s 1 et 2.

mot l'os est souple ou tout au moins n'offre pas de dureté exceptionnelle, l'ostéotomie incomplète est formellement indiquée. Au niveau de la diaphyse il en sera de même encore dans un certain nombre de cas. Toutefois nous devons faire remarquer que c'est ici surtout que le conseil de Bœckel trouve son application. D'une façon générale la diaphyse est tout à la fois résistante et cassante; or, s'il faut terminer par ostéoclasie, il est à craindre qu'on ait des fragments aigus qui blesseront les parties molles ou même, comme dans plusieurs de nos expériences, un long éclat pointu et acéré qui sera un véritable danger pour les tissus ambiants.

Qu'elle soit complète ou incomplète, la section osseuse peut être simple, analogue en un mot à un trait de fracture ordinaire, c'est l'*ostéotomie linéaire*, ou s'accompagner de l'excision d'une portion l'os, c'est d'une façon générale l'*ostéotomie cunéiforme*. Nous disons d'une façon générale, car si le fragment excisé a presque toujours la forme d'un coin dont la base regarde la surface de l'os, parfois il représente un cône tronqué à bases non parallèles (*ostéotomie trapézoïde*), ou bien encore une des faces est horizontale tandis que l'autre est taillée en forme de toit (*ostéotomie en toit*, de Sayre), mais ce sont là des sous-variétés sans importance de l'ostéotomie cunéiforme complète.

Le manuel opératoire de l'incision linéaire, qu'elle soit faite au ciseau ou à la scie, est trop facile à saisir pour que nous nous y arrêtions.

Les ostéotomies trapézoïdes et en toit ont toujours été pratiquées à la scie, et en général à la scie à chaîne, qui permet mieux que toute autre de respecter les parties molles péri-osseuses.

L'ostéotomie cunéiforme est faite à la scie ou au ciseau.

Dans le premier cas, deux traits obliques convergents limitent
un coin qu'on enlève d'un seul bloc. Avec le ciseau, au contraire, on procède par une série de retouches successives :
« On extrait d'abord un petit coin superficiel, puis une
tranche de chaque côté jusqu'à ce qu'on soit arrivé à l'ablation
complète désirée. » En agissant autrement, on s'exposerait
à l'éclatement et à la fissure de l'os (Macewen).

La véritable difficulté est de bien déterminer à l'avance
l'épaisseur qu'il faut donner au coin osseux. Plus d'une fois,
nous en sommes convaincu, le chirurgien a dû se trouver
obligé, comme Gurdon Buck, comme Bernard Beck (chacun
pour un cas d'ankylose du genou), de retoucher jusqu'à deux
et trois fois la première section. Nous dirons même que cette
nécessité des retouches est une des causes qui doivent faire
préférer, en pareille occurrence, le ciseau à la scie. Dans tous
les cas, si l'on tenait à la scie, on aurait le soin d'enlever plutôt moins que trop en commençant.

Nous connaissons les procédés ; voyons comment se com-
portent les fragments pendant le redressement, après la
section linéaire d'une part, après l'excision cunéiforme de
l'autre. Rappelons-nous bien, tout d'abord, qu'il s'agit d'os
courbes ou de membres soudés en position angulaire, qu'on
doit ramener à la rectitude.

Lorsqu'on a pratiqué l'ostéotomie linéaire et qu'on essaye
de redresser le membre, les deux surfaces osseuses divisées
s'appuient fortement l'une sur l'autre par le côté qui répond
à la convexité qu'on veut corriger, puis au fur et à mesure
que le redressement se poursuit, elles s'abandonnent du côté
de la concavité et finalement, quand l'os est en rectitude, il
existe entre les deux fragments un coin vide dont le sommet
est au côté convexe, et dont l'angle plus ou moins largement

ouvert regarde la concavité. Pour que la guérison se fasse
il faut qu'un tissu nouveau comble cet angle, il faut un cal
interfragmentaire d'une épaisseur suffisante ; c'est une véritable pièce que la nature doit fournir. Or, malgré les doutes
qu'Ollier (1) émet sur ce travail réparateur, il est incontestable que la nature le fait et qu'elle le fait d'autant plus vite
et d'autant plus complètement que le périoste correspondant a
été moins intéressé. De là ce conseil de Barwell, de toujours,
autant que faire se peut, aborder l'os par sa convexité.

Tout autre est le résultat de l'ostéotomie cunéiforme. Bien
loin de tendre à s'écarter, les surfaces de section s'avancent
à la rencontre l'une de l'autre à mesure que le redressement
s'accomplit et finalement arrivent au contact quand la rectitude est obtenue. Il y a donc, au moment où l'appareil contentif est appliqué, accollement des deux fragments, et, dès
lors, nous sommes en face d'une fracture ordinaire, qui ne
réclame qu'un cal ordinaire pour arriver à pleine consolidation.

Si nous restions sur ce terrain purement théorique nous
serions obligé de conclure absolument en faveur de l'ostéotomie cunéiforme contre l'incision linéaire, et cependant,
comme nous le verrons, la clinique donne un démenti absolu
à cette manière de voir. C'est qu'en effet l'ostéotomie cunéiforme nécessite des manœuvres nombreuses et complexes qui
créent un véritable danger, même encore aujourd'hui. Ce
n'est pas toujours sans inconvénient qu'on opère à ciel

____

(1) « Du moment où les surfaces de section ne se correspondent plus ou du
moins ne se correspondent que par un point, il reste un vide que rien ne
comblera, sinon le retour de l'os à sa position primitive. Pour avoir un cal
solide, il faut donc une ostéotomie amenant les os en contact, c'est-à-dire
l'ostéotomie cunéiforme. L'ostéotomie linéaire est, au contraire, la véritable
méthode permettant d'espérer la pseudarthrose. » *Dict. encyclopédique.* —
Art. Ankylose.

ouvert, ce n'est pas toujours en vain qu'on fait porter deux traits de scie sur un os ou qu'on le sculpte pendant un quart d'heure ou vingt minutes et plus parfois, comme le montrent surabondamment les observations et les statistiques qu'on trouvera au cours de ce travail. Qu'il nous suffise, pour le moment, de signaler ce fait.

L'ostéotomie linéaire doit donc être le procédé de choix, mais elle n'est pas toujours possible et il faut savoir alors céder à la nécessité. Ses contre-indications sont au nombre de deux qui, à vrai dire, peuvent se résumer en un mot : déformation très accusée. Dans ces cas, en effet, l'angle d'écartement serait énorme et la nature serait impuissante à le combler ; ce serait courir au-devant d'une pseudarthrose qui, désirable dans certains cas où l'on opère pour une ankylose de la hanche, serait véritablement désastreuse dans toute autre circonstance. Mais il est encore un autre motif pour renoncer, en face d'une déviation très prononcée, à la simple section ; nous voulons parler de l'état des parties molles, ligaments, muscles et tendons. Au moment du redressement, elles constituent une sorte de corde sous-tendant l'arc rachitique ou l'angle articulaire, corde dont l'élasticité plus que faible, en général (car il s'agit d'organes rétractés et souvent profondément modifiés dans leur structure), ne saurait se prêter à un allongement trop prononcé.

Nous aurons à revenir sur la nécessité, dans certains cas, de ténotomies complémentaires de l'ostéotomie, mais nous pouvons, dès à présent, établir en principe absolu qu'il faut savoir obéir à la résistance des parties molles et céder aux circonstances. Et nous dirons que si, en général, l'étude du membre a permis de se décider d'avance pour l'excision cunéiforme, il peut aussi se faire parfois que cette excision cunéiforme s'impose comme une nécessité au cours d'une opération qu'on avait cru pouvoir qualifier d'avance d'ostéotomie linéaire.

La même progression, qui conduit de l'incision linéaire à l'excision cunéiforme, se retrouve entre celle-ci et l'ostéotomie trapézoïde, qui n'est qu'un degré plus avancé, commandé, lui aussi, par la résistance des parties molles et l'intensité de la déformation.

Macewen s'est efforcé de réunir dans une seule et même opération les avantages de la méthode linéaire d'une part, de la méthode cunéiforme de l'autre. Et l'on peut dire que, grâce à un artifice instrumental, il y a parfaitement réussi, du moins dans un certain ordre de faits. Sa méthode reste impuissante en face des grandes courbures, des grandes flexions, mais elle est parfaite pour les déviations modérées, celles qu'il a eu d'ailleurs plus spécialement en vue. Pour sectionner l'os il enfonce, au côté convexe, un ciseau en forme de coin, qui, tout à la fois, coupe devant lui et tasse sur ses deux faces. L'ostéotome retiré, il reste une véritable cavité angulaire dont les faces vont se toucher au moment du redressement. On a ainsi les bénéfices d'une perte de substance tout en n'ayant fait qu'une seule manœuvre instrumentale. Cette méthode est donc un véritable procédé mixte, que nous désignerions volontiers par le mot : ostéotomie cunéiforme par tassement.

Nous ne dirons rien des ostéotomies en toit, en dos d'âne, faites dans un but absolument spécial (tentative de néarthroses trochantériennes) et qui ne sauraient, à ce titre, figurer dans un chapitre de généralités.

Pour être complet — mais à ce titre seulement — nous terminerons ce chapitre des procédés ostéotomiques en disant quelques mots de la *méthode des perforations*. Affaiblir l'os par une série de trous percés plus ou moins près les uns des autres et tous dans le même plan, puis terminer par ostéoclasie, telle est l'idée générale de cette méthode dont la conception première remonte à Brainard, de Chicago (1854). Il est vrai que son essai fut assez timide. Il ne fit que deux trous au perforateur, et ne put obtenir le redressement que quinze jours plus tard, quand une ostéite assez intense se fut emparée de l'os. Il n'eut, à notre connaissance, que deux imitateurs : En 1859 Pancoast, pour une ankylose du genou, pratique une demi-douzaine de trous sur l'extrémité du fémur, juste au-dessus de l'ankylose. Fenger, en 1882, après avoir fait l'ostéomie cunéiforme du tibia pour cal vicieux de la jambe « introduisit une vrille en divers points du péroné, sur le même plan, puis pratiqua la fracture (1). »

Quant à Langenbeck (2), s'il est vrai qu'il se serve, lui aussi, d'un perforateur monté sur un vilebrequin, c'est dans un tout autre but que Brainard. Il ne se propose rien autre, en effet, que de se créer au centre de l'os un tunnel dans lequel il va engager une scie très fine qui divisera successivement, mais incomplètement, chaque moitié de l'os en allant de dedans en dehors. Il garde ainsi deux ponts osseux et son procédé pourrait être qualifié d'ostéotomie linéaire doublement incomplète.

Ostéotomies multiples. — Quel que soit le procédé qu'on ait employé, linéaire ou cunéiforme, on peut être conduit à pratiquer, pour corriger une seule et même déformation, une ou plusieurs opérations. De là les noms d'ostéotomie unique,

_____

(1) *The lancet*, 13 mai 1882.
(2) Gussenbauer. *Archiv. für klin. chirurgie.* Vol. XVIII, fasc. 1 et 2. 1875.

d'ostéotomies multiples. Ces doubles et quelquefois même triples sections osseuses peuvent porter soit sur le même os, soit sur deux os différents, comme, par exemple, lorsqu'il s'agit d'une déviation du genou.

Les auteurs ne sont pas d'accord pour nous renseigner sur l'opportunité ou non de faire ces divisions dans la même séance, ou de les espacer à intervalles plus ou moins longs : Barwell, qui pratique toujours deux ostéotomies, l'une fémorale, l'autre tibiale, pour le genu valgum, laisse quinze jours d'intervalle ; Wahl, Macewen, Margary les pratiquent dans la même séance.

Dans l'observation de genu varum de M. Demons, 8 ostéotomies, 2 sur chaque tibia, 2 sur chaque péroné, furent faites le même jour sans le moindre inçonvénient. Cette pratique a l'avantage d'abréger de beaucoup la durée du traitement, et comme elle ne paraît comporter avec elle aucun danger, c'est à elle que nous nous rallierions le cas échéant.

SOINS CONSÉCUTIFS

Pansement, soins consécutifs. — L'importance que nous avons accordée dans les pages précédentes à l'application de la méthode antiseptique sur 'les destinées de l'ostéotomie nous dispense de toute digression actuelle. Faire l'histoire du passé serait chose aussi inutile que fastidieuse. Nous n'examinerons donc que le mode de pansement mis en pratique actuellement.

Or, le consensus est général en Allemagne, comme en Angleterre, comme en France ; et presque tous les chirurgiens sont d'accord pour penser avec Volkmann (1) que « sans le pansement de Lister on ne saurait être justifié à faire des ostéotomies. »

Nous ne pouvons résister au désir de citer ici une observation de Th. Jones (2) qui met bien en lumière les bienfaits de l'antisepsie :

Un enfant âgé de 2 ans, atteint de courbure rachitique des membres inférieurs, est opéré successivement des deux côtés par le même procédé : ostéotomie linéaire à la scie.

La première ostéotomie, faite sur le membre gauche, est pratiquée sans aucune précaution antiseptique. La guérison et la consolidation surviennent, mais après une suppuration de près de trois mois, accompagnée de l'élimination de séquestres.

Dans la seconde séance, au contraire (membre droit), on se conforme à tous les principes de Lister.. Il n'y eut pas trace de suppuration, et la consolidation était assez avancée déjà au bout de trois semaines pour qu'on pût mettre un appareil inamovible.

Il est vrai que Messenger Bradley (3) se vante d'avoir, chez un malade atteint de courbure rachitique des jambes, obtenu une guérison rapide et sans suppuration sur le second membre opéré et pansé sans aucune précaution antiseptique, tandis que la première séance, malgré l'observation rigoureuse des règles listériennes, avait été suivie de 6 semaines de suppuration. Mais il néglige de faire remarquer que la seconde opération fut facile, tandis que la première, commencée au ciseau, avait dû être finie à la scie après dissection d'un lambeau tégumentaire.

Reeves, lui aussi, néglige la méthode antiseptique, mais il confesse quatre cas de suppuration dont il ne trouve d'autre explication que le changement de ciseau au cours de l'opéra-

(1) Berlin. *Klin. Wochenschrift*, 1874, nº 50. — 14 décembre.
(2) *The lancet*, 1877. T. II, p. 235, obs. I.
(3) *The Lancet*, 1877. V. II, p. 78.

tion. Or, les 300 et quelques opérations sus-condyliennes de Macewen sont là pour montrer que le changement d'instrument n'a rien de fatal en lui-même. Toutefois il est juste de reconnaître que Billroth, avec la glace, Bradley et Muralt, avec une occlusion simple ont obtenu de brillants succès.

Nous sommes loin de nier ces faits, mais il s'agissait d'ostéotomie sous-cutanée, or, c'est surtout pour l'excision à ciel ouvert que le danger existe. C'est pour elle qu'il convient d'être Listérien, dans la force du terme.

Mais à côté du pansement proprement dit se pose une question incidente : Faut-il chercher à assurer la réunion primitive par des sutures ? Non, c'est inutile pour l'ostéotomie sous-cutanée. Oui, mais en partie seulement et dans le simple but de diminuer l'étendue de la plaie dans l'ostéotomie à ciel ouvert. Il vaut mieux laisser une porte ouverte aux liquides qui peuvent suinter et suivre ainsi l'exemple d'Ollier, de Poinsot, de Schede ; ce dernier prend même la précaution d'interposer un crin de cheval entre les surfaces osseuses.

REDRESSEMENT

Nous avons tenu à ne parler du redressement qu'après le mode de pansement parce que, s'il est le plus souvent pratiqué aussitôt l'ostéotomie achevée et pendant qu'un aide maintient une éponge phéniquée sur la plaie, fréquemment aussi on ne l'aborde qu'au bout d'un temps plus ou moins reculé.

Les chirurgiens anglais, et à leur exemple les chirurgiens italiens, font, d'une façon générale et à moins d'indications spéciales, le *redressement immédiat*.

En Allemagne, au contraire, Langenbeck, Nussbaum, Gussembauer, Heine, Volkmann, etc., sont partisans du *redressement tardif*, soit qu'ils attendent quelques jours seulement (Langenbeck), soit qu'ils diffèrent jusqu'après cicatrisation complète de la plaie cutanée (Nussbaum).

L'époque où le redressement fut pratiqué n'était signalée dans presque aucune de nos observations, il nous est absolument impossible d'établir une comparaison entre les deux méthodes et, par suite, nous devons nous abstenir de tout jugement personnel, nous contentant de faire remarquer que, généralement, les résultats obtenus sont sensiblement les mêmes dans les deux pays, ce qui impliquerait l'idée que l'époque choisie pour faire le redressement n'a, en somme, qu'une importance secondaire.

Mais il est une autre particularité, celle-là plus intéressante : le redressement peut être *brusque* ou *progressif*. Ce ne sont pas, hâtons-nous de le dire, deux méthodes rivales. Chacune d'elles répond à un groupe de faits bien définis.

Les contre-indications du redressement brusque deviennent les indications du redressement progressif.

Mais pour apprécier les unes et les autres, nous devons tout d'abord apprendre par quelles manœuvres le membre ou le segment de membre est ramené à la rectitude. Rien de plus simple : tandis qu'un aide assure l'occlusion de la plaie cutanée, et qu'un autre fixe le fragment supérieur, le chirurgien, saisissant le fragment inférieur à pleine main, le ramène en position normale par un mouvement doux, mais uniforme, si l'ostéotomie a été complète, par une série de petites secousses, s'il y a eu ostéotomie incomplète. La violence doit être absolument proscrite ; mieux vaut, si l'os résiste trop, réintroduire le ciseau ou la scie que de s'exposer à ces fractures esquilleuses que nous avons signalées, ou même à des désordres plus graves. C'est ainsi que dans un cas de redressement de genu valgum, après ostéotómie très incomplète, on provoquait la rupture du ligament latéral absolument comme dans le redressement forcé le plus violent.

Avant de recourir à la réintroduction de l'instrument, on peut essayer d'obtenir la rupture finale en exagérant la courbure primitive, c'est une manœuvre que nous avons trouvée signalée avec plein succès dans plusieurs de nos observations.

Nous ne faisons que noter, car le fait n'a nulle importance, que tantôt l'otéocléasie finale s'accompagne d'une sensation de craquement, voire même d'un bruit sec perceptible pour ceux qui entourent l'opéré, que tantôt, au contraire, les lamelles conservées s'infléchissent sans donner d'autre sensation que celle de la résistance vaincue.

Il peut se faire qu'on sente l'os céder, qu'on ait la certitude d'une solution complète du squelette et que, cependant, on ne puisse obtenir la correction cherchée. Il faut alors tourner son attention du côté des parties molles et soigneusement examiner d'où vient la résistance perçue. Il faut se décider, en effet, entre une ostéotomie plus complète (cunéiforme au lieu de linéaire, trapézoïde au lieu de cunéiforme), la section sous-cutanée des tendons, ou enfin le redressement progressif. Ce mode de redressement peut rendre de véritables services en face de parties molles résistantes. Rhea Barton l'employa avec plein succès chez son premier opéré d'ankylose du genou, tandis que, pour avoir voulu triompher par la force de la résistance des péroniers, dans un cas d'incurvation rachitique, un chirurgien allemand, dont le nom n'est pas donné, aurait vu, au dire de Margary, se développer un phlegmon grave de toute la région péronière.

Ce qu'il ne faut jamais oublier, en effet, c'est que les violences permises et nécessaires dans la méthode ostéoclasique doivent absolument être bannies du moment où l'on dit : ostéotomie.

Soit que le redressement premier n'ait pas été absolument complet; soit que la déformation se soit en partie reproduite malgré les soins appliqués à la contention, il peut être nécessaire de recourir, un jour donné, au *redressement complémentaire*. C'est vers la fin de la troisième semaine, en général, qu'il sera pratiqué. On obéira, d'ailleurs, aux règles générales que nous avons posées plus haut.

Appareils de contention. — Une fois le membre redressé, il faut, par des moyens appropriés, assurer le succès obtenu.

Ces moyens varient avec la nature de la difformité à combattre et quelque peu aussi suivant les tendances de l'opérateur. Nous ne pouvons donc présenter à cet égard que quelques considérations générales :

Aux déviations par ankylose de la hanche on opposera la traction continue ; souvent aussi on y a eu recours avec succès pour les ankyloses du genou. Il sera bon, en même temps, de placer le malade dans une gouttière de Bonnet.

Quant aux autres déviations elles relèvent soit de la double attelle en gouttière de Macewen, soit de la longue attelle latérale de Margary, soit de la gouttière plâtrée. C'est à cette dernière que nous donnons, sans hésitation, la préférence, elle répartit les pressions et diminue, par suite, les chances d'eschares. Elle sera appliquée par le chirurgien lui-même pendant que l'opéré est encore soumis à l'anesthésie complète.

Au besoin on pourra la renforcer par une ou plusieurs attelles rigides.

Quel que soit le mode de contention mis en pratique, il devra, à moins d'indication spéciale, être laissé en place jusqu'à consolidation osseuse certaine, soit un mois, cinq semaines pour les cas simples. Pour les cas compliqués, pour ceux, où, pour une cause quelconque, la consolidation tarderait à se faire, on ne peut avancer aucun chiffre de semaines ou de mois, même à titre de probabilité.

Les indications qui peuvent nécessiter l'enlèvement précoce de l'appareil sont de deux ordres : — s'il s'agit d'une ostéotomie pour ankylose de la hanche, et qu'on se propose, à l'exemple des chirurgiens américains, d'obtenir une néarthrose, on devra, dès le dixième ou douzième jour, commencer à imprimer des mouvements au membre.— Ce cas excepté, on peut dire que le premier appareil contentif ne sera enlevé avant la guérison complète que si la douleur, la fièvre, ou toute autre complication viennent à en imposer la nécessité. Et jamais en pareille circonstance on ne doit hésiter. Mais, dès que la vérification aura été faite, le membre sera de nouveau immobilisé.

Il ne suffit pas d'assurer, par des manœuvres opératoires attentives, par des précautions antiseptiques minutieuses, par une contention intelligente, le succès immédiat de l'ostéotomie. Il faut encore surveiller d'une façon toute particulière la convalescence, c'est-à-dire cette époque où le malade, guéri de l'opération, va chercher peu à peu à bénéficier du résultat de cette opération elle-même.

Au bout de deux mois environ on se trouve à l'abri des complications ; la plaie est guérie et la consolidation s'achève. Faudra-t-il désormais abandonner le sujet et lui laisser toute latitude pour se mouvoir et marcher? Non. Il se trouve en puissance d'un membre ou de membres redressés, mais encore peu solides. Il sera donc nécessaire de lui conseiller de marcher avec des béquilles, ou avec le secours d'un appareil orthopédique qui sera conservé plus ou moins longtemps.

Tracer des règles précises est, on le conçoit, impossible. Chaque cas a ses indications, car tel sujet présentera très rapidement une consolidation complète, tandis que tel autre, en raison de l'opération elle-même ou d'un vice de constitution quelconque, devra être tenu pour suspect.

ACCIDENTS ET COMPLICATIONS

Sous ce titre nous comprenons tout ce qui vient entraver ou compliquer le Manuel opératoire, et aussi tout ce qui peut modifier la marche régulière vers une terminaison heureuse.

Nous avons donc à signaler des complications opératoires et des complications consécutives.

I. ACCIDENTS ET DIFFICULTÉS OPÉRATOIRES. — Au cours de toute ostéotomie on peut se trouver aux prises avec un certain nombre de difficultés ou d'accidents dont il faut être averti. On sera à même ainsi de savoir les éviter ou tout au moins de les apprécier à leur juste valeur.

Nous les grouperons sous trois chefs, suivant qu'ils sont : le fait d'une fausse manœuvre, d'une instrumentation défectueuse, ou d'une condition spéciale de l'os ou des tissus ambiants.

Accidents par fausse manœuvre. — Si nous n'entendions parler ici que des gros accidents, tels que blessure de vaisseaux ou de nerfs, nous serions en droit de dire qu'ils sont absolument exceptionnels. Nous n'en avons rencontré que trois exemples : le tronc du sciatique fut divisé par Maisonneuve (1) pendant son opération pour ankylose de la hanche. Poore (2), au cours d'une ostéotomie au ciseau sur un tibia rachitique, atteignit l'artère tibiale antérieure. Ried, d'Iéna, pratiquant l'opération de Rhea Barton modifiée, aurait, au dire de Gross, blessé l'artère poplité (3).

A côté de ces malheurs opératoires il y a toute une série de petites fautes que l'on peut commettre, surtout lorsqu'on emploie la méthode sous-cutanée, je veux parler de l'attrition de la plaie et du canal intramusculaire, je veux parler aussi de ces cas où le ciseau, s'échappant brusquement de l'os au moment d'une tentative de dégagement, sort du même coup hors de la plaie, d'où nécessité d'une réintroduction. Ce n'est en apparence qu'une perte de temps bien légère, mais en réalité cela peut être la source d'un véritable retard et une cause sérieuse d'embarras, si le parallélisme de la plaie se trouve détruit. C'est pour éviter cette issue brusque que nous avons si soigneusement insisté sur la nécessité de tenir l'instrument solidement et à pleine main autant que possible. C'est pour éviter de faire fausse route avec la scie ou le ciseau que nous avons rappelé la règle formulée par la plupart des ostéotomistes, de ne jamais sortir un instrument que quand le suivant est arrivé au contact de l'os, ou dans son épaisseur.

Peut-être aussi est-ce le lieu de rappeler que, lorsqu'on emploie le ciseau, il faut, tout en le faisant avancer par petits

(1) *Bull, thérap.*, 1847, t. XXXII, p. 243.
(2) *The medic, record.*, v. XIV, nᵒ 10, 1878.
(3) *A System of Surgery by S. D. Gross*, 5ᵉ édition, 1872, t. I, p. 1090.

coups secs, ne jamais recourir à des percussions trop brus-
ques, capables de produire ces désordres que nous avons
obtenus dans certaines de nos expériences.

Instrumentation défectueuse. — En écrivant ce mot nous
n'entendons pas revenir sur les inconvénients inhérents à tel
ou tel instrument; nous nous sommes suffisamment occupé
de cette question en son lieu et place. Nous voulons seulement ici faire allusion à ces faits où l'instrument se brise au
cours de l'opération. Qu'il s'agisse d'une scie ou d'un ciseau,
la conséquence est la même : la partie rompue reste engagée
dans l'os, et dès lors il est à craindre qu'elle ne devienne le
point de départ d'une suppuration longue (1), voire même
d'une ostéomyélite mortelle, comme chez un opéré de Billroth (2). Il est vrai que, dans un cas propre à Szumann, un
fragment de scie resta impunément engagé dans les condyles
fémoraux. On ne saurait donc trop suivre le conseil de
Macewen et s'assurer de la trempe de ses instruments. Si
malgré cela un accident arrivait, il faudrait imiter la conduite
suivie par le chirurgien dans le cas suivant :

Pendant une section du fémur au-dessus du trochanter,
chez une jeune fille de 19 ans atteinte d'ankylose de la
hanche, la scie se cassa et resta engagée dans l'os. Après
débridement, et extraction du corps étranger, on acheva avec
une scie ordinaire ; la guérison n'en fut pas moins rapide et
parfaite, grâce au pansement antiseptique (3).

Résistance spéciale de l'os. — Dans certains cas on a pu

---

(1) Chez un opéré de Ziélewiez un éclat de l'instrument restu dans la
plaie ; il y eut suppuration prolongée, mais guérison finale (Berlin. Klin.,
Wochens., 9 et 16 février 1880).
(2) Gussenbauer. *Archiv. für Klin. Chir.* v. XVIII, 1875, fasc. 1 et 2.
(3) Vanderveer. *New-York. Med. record.* 1882.

se trouver en présence d'un os tellement dur qu'il fallut trois quarts d'heure pour en faire la section (Servais, ostéotomie du col fémoral), voire même une heure (Francesco Parona, fémur rachitique). — Dans l'un et l'autre cas on opérait au ciseau. Nous nous demandons, avec Margary, s'il ne vaudrait pas mieux alors recourir à la scie, mais nous manquons de toute opinion personnelle n'ayant pas eu occasion de faire des expériences concluantes.

Résistance des parties molles. — A diverses reprises déjà nous avons signalé, d'une façon générale, la nécessité de savoir tenir compte de cette résistance des parties molles aussi bien au point de vue de la forme à donner à l'excision que du mode de redressement à adopter.

Mais, pour savoir interpréter à sa juste valeur cette résistance extra-osseuse, il faut apprendre à en connaître la cause intime. Or, de la lecture attentive de l'ensemble de nos observations, résulte pour nous la nécessité absolue d'admettre deux ordres de faits bien distincts, que nous proposons de caractériser par les mots de: résistance partielle ou localisée et de résistance générale ou complexe.

Nous nous expliquons :

Il y a résistance partielle, quand un muscle ou deux seulement font obstacle au redressement.

Il y a résistance générale quand la totalité des parties molles est en cause, quand le tissu cellulaire, aussi bien que les muscles, ont perdu toute souplesse et toute élasticité.

Cette division nous permet de suite de comprendre la conduite que le chirurgien aura à tenir.

En face d'une résistance générale il faut céder, et l'on n'a d'autres ressources que l'excision de l'os sur une hauteur plus ou moins grande ; c'est l'ostéotomie trapézoïde qui s'impose et c'est un des motifs, pour le dire en passant, qui, plus d'une fois, devra faire préférer, dans l'ankylose du genou, une résection véritable à une ostéotomie même étendue.

Dans le cas, au contraire, où la résistance est localisée, l'opérateur peut et doit lui opposer la ténotomie sous-cutanée. En agissant ainsi il conserve au membre sa longueur tout en évitant le danger des tiraillements.

Ces ténotomies complémentaires peuvent quelquefois être prévues d'avance. Il semble avantageux alors d'imiter la conduite suivie par Gurdon Buck dans un cas d'ankylose du genou, et de les pratiquer quelques jours avant l'ostéotomie.

Mais, en général, c'est au moment même du redressement que la ténotomie est faite et cela sans inconvénient aucun pour le succès final de l'opération.

Ces sections tendineuses et musculaires portent presque toujours d'ailleurs sur les mêmes parties. Pour le genu valgum, c'est le biceps ; pour la courbure rachitique de la jambe, c'est le tendon d'Achille ; pour la hanche, ce sont les muscles adducteurs et le tenseur du fascia lata.

Mais il peut se faire parfois, enfin, que la résistance tienne à des causes toutes spéciales, pour lesquelles on ne saurait plus établir de loi générale. C'est ainsi que Morton, pour une ankylose de la hanche, dut faire, avec le ténotome, la section de brides sous-cutanées résistantes ; c'est ainsi que Gurdon Buck ne put, dans un cas, obtenir le redressement d'un genou qu'en désinsérant les attaches tibiales du ligament postérieur.

II. Accidents consécutifs. — Il nous paraît absolument inutile de nous livrer ici à l'énumération fastidieuse des complications locales ou générales qui peuvent se montrer à la suite de l'ostéotomie. Il y a plaie, il y a fracture, tantôt communiquant largement avec l'air extérieur, tantôt abritée par un tunnel plus ou moins étroit, plus ou moins long. On est donc en droit de prévoir que nous trouverons après l'ostéotomie les mêmes dangers et sous les mêmes formes qu'après les fractures ouvertes.

Mais si tout cela était vrai, il y a quelque vingt ans, les choses ont bien changé depuis l'apparition de la méthode antiseptique, dont l'ostéotomie montre d'une façon éclatante la bienfaisante influence. Nous aurons à la fin de notre travail, à prouver, chiffres en main, cette innocuité presque absolue d'une opération que nous avons été habitué à regarder en France, jusqu'à ces dernières années du moins, comme absolument dangereuses.

Un seul point paraissait devoir fixer notre attention à propos de notre exposé général. Nous voulons parler de ces séquestres dont on observe parfois l'élimination plus ou moins tardive. Nous avions espéré trouver un rapport entre leur production et tel ou tel procédé, tel ou tel instrument. Il n'en est rien et à peine sommes-nous autorisé seulement à faire remarquer que ce sont surtout les ostéotomies pour rachitisme qui présentent cette complication.

DEUXIÈME PARTIE

Dans cette deuxième partie nous devons étudier l'application des principes généraux, sur lesquels nous avons tout d'abord fixé notre attention, aux cas particuliers qui s'offrent dans la pratique chirurgicale.

Sans doute, ces cas divers peuvent et doivent modifier un peu les procédés pour bénéficier des avantages qu'ils donnent, mais le principe reste le même, et l'ostéotomie est toujours soumise aux mêmes règles générales.

Déjà nous avons, dans l'introduction de ce travail, énuméré rapidement les déformations nombreuses qui nécessitent la diérèse ostéotomique. Chacune d'elles, pour être bien comprise dans le sens opératoire exact, devra être l'objet d'un chapitre spécial.

Nous étudierons donc :

1° Les déformations qui portent sur les diaphyses.

    a. Cals vicieux.

    b. Courbures rachitiques.

    c. Courbures de causes inflammatoires.

2° Les déformations qui portent sur les articulations.

a. Ankyloses du membre supérieur.

    »   du membre inférieur.

b. Genu valgum.

c. Genu varum.

Qu'on ne s'attende pas à voir, après chacun de ces chapitres que nous venons d'énumérer, une comparaison de l'ostéotomie avec les autres méthodes. Faisant au contraire abstraction de tout autre moyen curatif, nous ne jugerons que l'ostéotomie en elle-même et dans ses diverses modalités.

C'est plus tard seulement, dans la dernière partie de ce mémoire, que nous croyons devoir présenter les considérations qui nous permettent de porter un jugement sur la valeur de l'ostéotomie comparée aux autres méthodes.

Nous voulons donc, sans parti pris, étudier ce que nous a permis de réunir la lecture des monographies publiées jusqu'à ce jour, voir quels résultats donnent les observations recueillies dans les journaux et celles que plusieurs chirurgiens ont bien voulu nous communiquer.

Avec tous ces matériaux, nous pourrons plus tard conclure ou du moins exprimer l'opinion qui nous semble la plus juste en présence d'une question aussi sérieuse que celle de l'ostéotomie.

DE L'OSTÉOTOMIE DANS LES CALS ANGULEUX

« Les difformités du cal, qui peuvent réclamer les secours de l'art, sont de trois sortes, dit Malgaigne (1) : 1° les frag-

(1) *Traité des fractures et luxations*, t. I, p. 327.

ments sont joints à angle ou avec un chevauchement excessif, et de là un raccourcissement et une difformité considérables; 2° il y a réunion de deux os comme à l'avant-bras; 3° la pointe d'un fragment trop aigu plongeant dans les chairs, y entretient une irritation continuelle. »

Si nous avions à passer en revue toutes les indications de l'ostéotomie appliquée aux cals vicieux, nous reprocherions à cette division de Malgaigne de laisser hors cadre ces faits où un cal plus ou moins exubérant soulève et englobe un nerf important, provoquant ainsi des phénomènes graves, tels que des troubles de mobilité et de sensibilité. Nous avons pu constater par nous-même, pendant notre clinicat dans le service de M. le professeur Trélat, combien en pareille occurrence l'intervention chirurgicale est efficace (1). Mais n'insistons pas sur des faits qui sont absolument en dehors de notre sujet. Pour qu'on puisse prononcer le mot de redressement, il faut de toute évidence qu'il y ait flexion, torsion ou courbure. C'est dire que, dans les pages qui vont suivre, nous aurons uniquement en vue les cas compris dans le premier groupe de Malgaigne.

Nous avons une autre réserve à faire, et celle-là à un autre point de vue. Devons-nous faire rentrer ou non dans notre sujet ces cas complexes où le chirurgien, en face des suites mauvaises d'une fracture périarticulaire ou même articulaire, a cru devoir pratiquer la résection des surfaces articulaires en partie ou en totalité? et, pour bien préciser les faits, devons-nous, par exemple, rattacher à l'ostéotomie pour cals angulaires les opérations pratiquées avec succès par M. le professeur Verneuil (et dont Nepveu entretenait récemment la Société de chirurgie), sur l'articulation tibio-tarsienne, pour

(1) *Bull. soc. de chirurg.*, 1882.

des cas de fractures sus-malléolaires ou bimalléolaires vicieusement consolidées? Nous n'hésitons pas à répondre par la négative : nous nous sommes expliqué déjà sur la valeur qu'il faut attribuer au mot ostéotomie sous peine de confusions absolues, mais nous ne craignons pas d'y revenir et d'affirmer une fois de plus que le mot ostéotomie ne peut et ne doit être appliqué qu'à une opération portant sur la continuité d'un seul et même segment de membre. Toutes les fois, au contraire, qu'il s'agit de supprimer le point de jonction de ces segments, de s'adresser à l'articulation en un mot, il faut dire résection.

Même ainsi limitée, aux cals anguleux d'une part, aux opérations ne supprimant pas une articulation de l'autre, la question que nous abordons n'en présente pas moins un intérêt considérable, et nous n'en voulons pour preuve que la fréquence relative des observations, puisque nous avons pu en réunir 89 publiées depuis 1815. Est-ce à dire que ce chiffre puisse être considéré comme représentant toutes les opérations pratiquées? En aucune façon; car nous devons, ici comme toujours, compter avec la négligence ou la modestie de certains opérateurs, et aussi avec la crainte de publier les insuccès. Toutefois, tel qu'il est, ce chiffre nous paraît offrir des éléments importants pour le choix du procédé, pour le pronostic à porter, pronostic de l'opération surtout, car trop souvent le malade, une fois inscrit comme guéri, est perdu de vue et le résultat fonctionnel définitif reste ignoré.

Ces remarques, nous pourrions les répéter pour chacune de nos statistiqués, pour chacun de nos tableaux; qu'il nous suffise de les avoir faites ici une fois pour toutes.

HISTORIQUE

Ce serait faire une énumération inutile que d'invoquer ici les noms de Celse, de Paul d'Égine, de Guy de Chauliac, d'Ambroise Paré, de Daléchamps, et les opinions diverses qu'ils ont émises ou soutenues. Laissons donc de côté l'histoire des noms pour aborder l'histoire des faits.

Avant tout, qu'il nous soit permis de réclamer franchement pour la France la part prépondérante dans l'évolution de l'ostéotomie appliquée au traitement des cals vicieux.

En 1816, Wasserführ, de Stettin (1) sectionne incomplètement à la scie un cal vicieux du fémur et termine le redressement par ostéoclasie.

Mais un an avant, en 1815, Lemercier (2), chirurgien français, avait pratiqué sur un enfant de 2 mois la résection d'un cal vicieux consécutif à une fracture de jambe. C'est à lui qu'appartient sans conteste la première observation de cal vicieux traité par l'ostéotomie.

C'est encore un chirurgien français, Clémot, de Rochefort (3), qui, en 1834, décrit et pratique l'excision cunéiforme du cal.

C'est à Malgaigne enfin, que revient l'idée première de l'ostéotomie sous-cutanée. Nous citerons plus loin les lignes explicites qui nous montrent dès 1847 (3 ans avant Meyer, 7 ans avant Langenbeck), le principe et le Manuel opératoire nettement formulés par l'illustre chirurgien pour le traitement des cals vicieux.

(1) *Rust's Handwort der chir.*, vol. XVII, p. 543.
(2) Lemercier. *Gaz. de santé*, 1815.
(3) *Gaz. méd. de Paris*, 1836, p. 347.

Ce que Malgaigne conseille, deux chirurgiens allemands vont l'exécuter : Meyer, de Wurtzbourg, vers 1850 et Langenbeck, en 1854 (1).

La résection du cal, son excision cunéiforme, sa section sous-cutanée (en tant que principe) ont beau être nés en France, la Société de chirurgie ne s'en montre pas moins, en 1855, fortement hostile à l'opération sanglante. La plupart de ses membres, impressionnés peut-être par le fait malheureux et encore tout récent de Malgaigne, viennent, à tour de rôle, affirmer qu'il faut recourir au redressement et aux appareils orthopédiques et qu'appliquer l'ostéotomie, opération qui met en cause la vie du malade, à une difformité qui n'expose nullement les jours, est le fait d'une chirurgie trop audacieuse.

En 1862, dans son Traité des fractures, Gurlt relate 38 cas d'ostéotomie pour cals vicieux. C'est le premier travail d'ensemble qui paraisse sur ce sujet, et nous ne faisons que lui rendre justice en disant qu'il sert de base à tout ce qui a été fait depuis. Il a été, de la part de Nepveu, l'objet d'une analyse assez détaillée dans les *Archives de médecine de* 1876.

L'année suivante (1863), Heyfelder, publiait son traité des résections, dont Bœckel donnait de suite la traduction. Heyfelder paraît avoir ignoré le travail de Gurlt, car, dans sa statistique, qui ne comprend que 26 cas, il omet nombre de faits signalés par son devancier, bien qu'il en mentionne d'autres qui lui avaient échappé.

Tandis que les ostéotomies pour cals se multipliaient en Allemagne et y devenaient opérations presque courantes, les chirurgiens anglais ne l'admettaient qu'avec une certaine

(1) *Deutsche Klinik*, 1854.

réserve. Et pour ne citer qu'un exemple, nous voyons Holmes, en 1870, en parler comme d'une opération grave qui ne peut se justifier que dans des cas de difformité considérable.

Il cite cependant, les faits de Wasserführ, de Key, de Cooper, de Lister. -

L'ostéotomie pour cal, abandonnée en France presque aussitôt qu'elle y avait eu pris naissance, semble aujourd'hui, grâce à la méthode antiseptique, rentrer quelque peu en faveur. Nous la trouvons pratiquée deux fois par le professeur Richet (1874) (1), une fois par Bœckel (1875) (2), une fois par le professeur Le Fort (1878) (3). Elle devient en même temps le sujet de recherches intéressantes, et même de travaux importants :

Chalot (4), ajoute 7 cas à la statistique de Heyfelder qu'il prend pour guide et se montre favorable à l'ostéotomie. — Nepveu (5), résume Gurlt et nous montre les choses sous un jour plus sombre. — Pradignac (6), n'ajoute presque rien à la question ; mais Gangolphe, en 1882, publie un travail consciencieux (7), ne comportant pas moins de 67 observations. Il reproduit les 38 cas de Gurlt, mentionne un certain nombre de faits qui avaient échappé à ses devanciers et nous rapporte, avec détails, les sept précieuses observations dues à la pratique d'Ollier et de Poncet. Nous sommes étonné cependant de ne pas y voir figurer un certain nombre de cas signalés par Heyfelder et publiés dans la thèse de Chalot. Quoi qu'il en soit, le travail de Gangolphe constitue

---

(1) *Union méd.*, vol. XX, 1875.
(2) *Loc. cit.*, p. 50.
(3) *Bull. de la soc. de chirurg.*, 180.
(4) *Des divers moyens de diérèse*, thèse d'agrégat., 1878.
(5) *Archives de méd.*, 1876.
(6) *De l'ostéotomie*, thèse de Paris, 1880.
(7) *De l'ostéotomie dans le traitement des cals vicieux*, thèse, Paris, 1882.

la monographie la plus complète qui existe sur la question.

Enfin, au moment même où nous écrivons ces lignes, paraît l'article « Ostéotomie » dû à Hénocque (1), dans le *Dictionnaire encyclopédique*. Nous y voyons un relevé de 48 cas d'ostéotomie pour cals vicieux.

Bien d'autres noms, sans doute, pourraient être cités, mais nous pensons qu'ils trouveront mieux leur place à propos des procédés ou dans l'exposé des observations.

PROCÉDÉS OPÉRATOIRES

Nous trouvons ici toutes les variétés que nous avons signalées dans notre chapitre général. Nous pouvons donc les grouper de suite sans autre explication, dans le tableau suivant qui indique le plan que nous allons suivre pour les passer successivement en revue :

I. Ost. à ciel ouvert.
- linéaire
  - complète. . . Key.
  - incomplète. . Wasserführ
- cunéiforme incomplète. . . . . . Clémot.
- avec résection des fragments . . . Lemercier.

II. Ost. sous-cutanée.

III. Perforations sous-cutanées.

I. OSTÉOTOMIE A CIEL OUVERT. — A. *Ostéotomie linéaire complète*. — L'idée première en remonte, d'après Malgaigne (2), jusqu'à Paul d'Égine. Il incisait les parties molles, puis pratiquait la section de l'os avec des tenailles incisives.

____

(1) *Dictionn. encyclopédique des sciences médicales.*
(2) *Traité des fractures et des luxations*, t. I, p. 327.

Telle était aussi, au dire d'Heyfelder (1), la pratique d'Albucasis, qui sectionnait le cal soit avec la scie, soit avec le couteau. C'est par ce procédé, ajoute Heyfelder, que fut opéré, d'ailleurs sans le moindre succès, Ignace de Loyola vers le commencement du seizième siècle.

En 1838, Key recourait à ce procédé chez un malade qu'il observa avec A. Cooper. Il s'agissait d'un cal vicieux du tibia avec raccourcissement tel que d'autres consultants avaient parlé d'amputation. « L'on mit le cal à nu moyennant une incision de 10 à 12 cent.; l'os fut dégagé des chairs dans toute sa circonférence, puis scié en dessous avec la scie à chaîne, en dessus avec la scie ordinaire. Le sujet était guéri au bout de 4 mois (2). »

Malgré ce succès le procédé linéaire, complet, à ciel ouvert, n'entra pas dans la pratique. Citons cependant un cas de Smith de Dublin (3) en 1850, un fait de Lister (4) en 1868 ; pour un cal de jambe il divisa successivement à l'aide de pinces coupantes le cal tibial, puis le péroné. Rappelons aussi l'observation de Bennett (1881) qui, pour une fracture de cuisse au-dessus de la partie moyenne, pratiqua à ciel ouvert la section linéaire du cal au niveau de l'angle (5).

Mais nous le répétons cette pratique n'est plus suivie que dans de rares circonstances.

B. *Ostéotomie linéaire incomplète.* — On s'accorde généralement à dire que ce procédé fut exécuté pour la pre-

---

(1) *Traité des résections*, traduct. de Bœckel, 1863, p. 43.
(2) *Médecine opératoire*. Malgaigne, Le Fort, 1874, t. I, p. 378.
(3) *In Dublin. Quart journ. of med.* in t. XI, p. 205, 1851.
(4) *Brit. med. journ.*, 31 octobre 1868, p. 452.
(5) *New-York med. journ.*, 1881, v. 34, p. 214.

mière fois par Wasserführ (1); mais la date exacte de l'opération nous fait défaut : Heyfelder la place en 1816, tandis
que Gurlt (2) la rapporte à 1821. — Il s'agissait d'un enfant
de 5 ans porteur d'un cal anguleux du fémur un peu au-dessus de la partie moyenne. On fit aux parties molles une incision linéaire. Le cal fut scié linéairement avec la scie ordinaire, dans la plus grande partie de son épaisseur mais non
en totalité. Après ostéoclasie manuelle facile le redressement
fut obtenu. On eut un succès parfait. Il est bon de dire cependant que ce ne fut qu'après avoir traversé de graves accidents
que le petit malade guérit.

Avec la méthode sous-cutanée devait disparaître, ou à peu
près, le procédé de Wasserführ. Nous voyons cependant Bardeleben, en 1874, le mettre en pratique pour un cal vicieux
du tiers inférieur de la jambe. Le cal fut incomplètement
divisé à la scie à chaîne et le redressement final facilement
obtenu avec les mains.

Mais c'est surtout au fémur que ce procédé paraît convenir.
Maunder (3) en 1876, Trendelenbourg (4) en 1879, lui doivent chacun un succès : le redressement fut facile et la guérison rapide.

Même résultat heureux chez l'opéré du professeur Verneuil (5). — Il s'agissait d'une fracture de la partie tout à fait
supérieure de la diaphyse fémorale. Le cal très volumineux
siégeait à l'union du corps et du col, entraînant, bien qu'il n'y
eût pas ankylose coxo-fémorale, une gêne absolue des mouvements et une impotence véritable. M. Verneuil, fit à la face
externe du membre, à partir de la base du grand trochanter,

<hr>

(1) *Rust's Handwärt der chir.*, vol. XVII. p. 543.
(2) *Handbuch der Lehre von den Knochenbrüchen*, 1862.
(3) Maunder, 1876. *The Lancet*, p. 742, mai 1876.
(4) Trendelenbourg. *Gangolphe*, thèse, Lyon, 1882, obs. n° 13.
(5) Bull. et mém. de la soc. chir., 1882, p. 743.

une incision de 8 cent. de long environ. Le périoste fut décollé à la rugine, puis le ciseau de Macewen fut enfoncé dans la diaphyse fémorale, au-dessous de la ligne trochantérienne. Lorsque la section du tissu compact fut achevée, ce que l'on put reconnaître à une sensation de résistance vaincue, M. Verneuil laissant l'ostéotome de côté, acheva la solution de continuité par l'ostéoclasie manuelle, manœuvre qui fut très facile d'ailleurs.

Il est un point de cette opération qui doit tout spécialement fixer l'attention et qui la différencie nettement de toutes celles que nous avons citées déjà ou que nous citerons ultérieurement : la section osseuse a porté non pas sur le cal, mais bien sur une partie osseuse voisine et absolument saine. C'est là une pratique qui peut rendre des services dans certaines conditions déterminées et qui doit être considérée comme une méthode de choix dans les cas analogues à celui de M. Verneuil.

C. *Ostéotomie cunéiforme.* — Suivant Gurlt (1), l'excision cunéiforme du cal aurait été pratiquée, dès 1823, par Warren, de Boston. Pour un cal vicieux du tibia, ce chirurgien fit la résection d'un coin de 2 cent. de base aux dépens de la partie saillante du cal, puis fractura le péroné avec les mains. Le résultat définitif n'est pas mentionné. C'est encore Gurlt qui nous apprend que cette opération a été mise en pratique, en 1833, par Korzeniewski, de Vilna, qui, pour un cal vicieux de la jambe à la partie moyenne, réséqua, à l'aide de la scie convexe de Pelikan, un coin de 2 cent. de base aux dépens du tibia, et rompit le cal du péroné au moyen d'une forte extension. Le malade ne guérit qu'après de

(1) *Loc. cit.*

graves accidents, qui nécessitèrent un traitement de 6 à 7 mois; le résultat fonctionnel fut très satisfaisant.

Le récit de ces opérations, et le résultat qu'elles ont donné sont d'un grand intérêt, mais on ne peut s'empêcher de remarquer que des doutes planent sur la précision du manuel opératoire employé. Il semble bien que, dans les deux cas, on ait pratiqué une excision cunéiforme complète, c'est-à-dire portant sur toute l'épaisseur du cal; mais cette donnée n'est pas établie d'une manière explicite dans les observations. Ces deux opérations, d'ailleurs, ont passé presque complètement inaperçues, et c'est, en réalité, comme le dit Heyfelder, à Clémot qu'il convient d'attribuer le procédé de l'excision cunéiforme incomplète à ciel ouvert.

C'est, en effet, Clémot (1) qui, le premier, a fixé les règles précises de l'opération qui porte son nom, et c'est au grand retentissement qu'elle eut aussi bien à l'étranger qu'en France, que sont dus les progrès réalisés dans la pratique de l'ostéotomie.

Clémot pratiqua sa première opération sur un enfant de 40 jours, pour un cal anguleux du fémur avec flexion extrême de la cuisse sur le bassin, attitude vicieuse que des bandages orthopédiques avaient été impuissants à corriger.

Sans nous arrêter à dire que, dans ce cas particulier, il eût été prudent de tenter la rupture du cal avant d'avoir recours à la méthode sanglante (et sans aucun doute cette tentative eût été couronnée de succès), bornons-nous à exposer le procédé mis en usage. Ce procédé fait date dans l'évolution de l'ostéotomie.

Ce fut en décembre 1834, que Clémot pratiqua son opé-

(1) *Gaz. méd. de Paris*, 1836, p. 347.

ration. Dans un premier temps, il mit le fémur à nu par une incision longitudinale longue de deux pouces et faite au niveau du cal et reconnut que l'angle formé par le cal était d'environ 112°. Dans un second temps, à l'aide de deux traits de scie, il dessina et excisa un fragment cunéiforme comprenant environ les 2/3 de l'épaisseur du cal. Dans un dernier temps enfin, il acheva l'opération en rompant le reste du cal.

Le redressement fut obtenu progressivement, et, au bout de 70 jours, la guérison était complète ; il restait néanmoins un léger raccourcissement.

Le 21 février 1835, Clémot faisait sa deuxième opération sur un homme de 27 ans, atteint également d'une fracture de la cuisse.

Il existait un cal angulaire à 130°, avec un raccourcissement énorme.

Clémot procéda de la même manière que dans le premier cas, et au bout de 3 mois son opéré marchait avec une légère claudication.

Le procédé de Clémot fut bientôt employé par Portal (1), son élève : une première fois, en 1837, pour un cal anguleux du tiers moyen de la jambe chez un homme de 32 ans. Après avoir inutilement tenté la rupture du cal, il détachait, à l'aide de la scie à chaîne, un coin osseux d'un pouce de base environ. Une seconde fois, en 1840, chez une femme de 55 ans, pour un cal anguleux du fémur au tiers supérieur. Dans le premier cas, il obtint un résultat définitif excellent ;

(1) *Archiv. de méd.*, 1841, t. II, p. 483,

dans le second, il eut un raccourcissement d'environ 3 centimètres.

A la suite de Portal, on ne compte pour ainsi dire plus les
auteurs qui emploient ce procédé.

En 1839, c'est Stewens (1), de New-York, pour un cal
vicieux de la partie inférieure de la jambe.

En 1840, c'est Wattmann (2), pour un cal anguleux du
tibia. Il substitue, il est vrai, l'ostéotome à la scie.

Jusque-là on ne comptait que des succès ; toujours la guérison avait été obtenue. Mais viennent les revers. Le premier
paraît dater de cette même année 1840. Il appartient à
Wutzer (3), qui perd son opéré de pyohémie : il s'agissait d'un
cal vicieux du tibia déjà fort maltraité par des tentatives
diverses de redressement. Quelques années plus tard, en 1846,
nouveau désastre entre les mains de Malgaigne (4). Il avait
pratiqué une excision cunéiforme complexe pour cal vicieux
du tiers inférieur de la jambe. Son malade succombait à des
accidents septicémiques le cinquième jour. En 1851,
Bruns (5) applique la méthode cunéiforme à un cal vicieux
sous-trochantérien et enregistre un nouveau cas de mort.

La statistique s'assombrissait ; les opérations se firent plus
rares et l'on peut dire que, vers 1868 ou 1870, époque où la
méthode antiseptique fit son apparition, on était sur le point,
sinon de renoncer tout à fait, du moins de ne recourir qu'exceptionnellement au procédé cunéiforme. Pour bien com-

---

(1) *Amer. journ. new series*, t. XIV, 1842, p. 313 (Norris).
(2) Jahrfl: *der k. k. oster : staates*, t. LII, 1845, s. 124.
(3) *In otto Weber, chir erfah-Berlin*, 1859, s. 113.
(4) *Gaz. hop.*, 1846.
(5) *The Lancet*, t. II, p. 279.

prendre cette proscription il faut se rappeler que, comme nous l'avons dit, il n'y a pas d'excision osseuse sans plaie ouverte ; c'est cette plaie large et béante qu'il fallait fuir à tout prix si l'on voulait éviter les chances de pyohémie et de septicémie.

Avec les nouveaux modes de pansement, la confiance revient ; l'ostéotomie cunéiforme à ciel ouvert reprend le rang et la place qu'elle mérite ; les faits se multiplient :

En 1875, Jules Bœckel (1), sur un cal anguleux du tiers inférieur de la jambe, fait l'incision cunéiforme aux dépens de la partie saillante du cal.

En 1877, Heath (2) d'une part, Munder (3) de l'autre repètent la même opération chacun pour un cal vicieux de la jambe.

Le résultat fut le même chez les trois opérés : il n'y eut aucun accident ni local ni général et le résultat final fut aussi satisfaisant que possible.

En 1879, M. le professeur Duplay (4), ayant vainement pratiqué contre un cal anguleux à sommet interne la section linéaire incomplète du tibia et du péroné, et ne pouvant pas obtenir le redressement, même avec l'ostéoclaste, dut recourir en dernier ressort à l'excision cunéiforme du tibia avec la scie à chaîne. Une légère suppuration suivit cette intervention ; il y eut élimination d'une petite parcelle nécrosée ; néanmoins la guérison s'accomplit dans d'excellentes conditions, et l'opéré eut dans la suite un membre très utile.

Ollier, en 1880 pratiqua 5 fois l'ostéotomie cunéiforme

(1) *Nouveaux faits d'ostéotomie*, p. 50, 1880.
(2) *Transac. of the clin. Soc. of London*, 1877, p. 158.
(3) *Med. Times and gaz.*, vol. l, p. 516, 1877.
(4) *Bull. de la société de chirurg.*, 1880, p. 352.

sur le tibia pour des cals vicieux de la jambe, 4 fois à l'aide
de la scie à volant et une fois au ciseau. Dans ces 5 cas qui
nous sont rapportés avec détails dans l'excellente thèse de
Gangolphe (1) nous ne voyons signalé pour tout accident des
plaies, qu'un léger érysipèle dans un des cas.

Au point de vue des résultats définitifs, et c'est là un point
sur lequel il convient d'insister tout particulièrement (car s'il
est juste de demander à la méthode antiseptique de supprimer
dans la mesure du possible les accidents des plaies, il faut
réclamer à la méthode de l'ostéotomie des résultats à la fois
esthétiques et fonctionnels satisfaisants), au point de vue
fonctionnel, disons-nous, les résultats fournis par la pratique
d'Ollier sont encourageants. Dans 4 des cas que nous venons
de signaler les opérés ont pu marcher facilement. De plus ils
ont été revus un an et deux ans après l'opération et la guérison définitive était confirmée. Dans un seul des cas, (il
s'agissait d'un cal sus-malléolaire avec déviation extrême du
pied), le résultat fonctionnel fut médiocre et le malade dut
porter un appareil pour permettre la marche.

En 1880 Poncet (2), de Lyon, pratiqua également l'excision du péroné et du tibia (scie à chaîne) pour un cal vicieux
de la jambe au tiers inférieur. Une suppuration abondante
suivit cette opération ; néanmoins le résultat définitif fut
excellent.

Il est bien entendu que, dans tous les cas précités, les
chirurgiens que nous venons de nommer avaient au préalable
essayé l'ostéoclasie.

Comme on le voit, l'École de Lyon tend à reprendre la pratique de l'ostéotomie cunéiforme pour le traitement des cals

(1) P. 85 et suiv.
(2) Gangolphe, Thèse de Lyon, p. 95.

vicieux, et il faut reconnaître que les résultats fournis par les dernières observations sont des plus encourageants. Nous indiquerons, dans un instant, le manuel opératoire suivi par Ollier et Poncet, manuel opératoire auquel nous nous rallions d'une manière absolue et que nous prendrions pour guide dans une intervention de ce genre.

Peut-être est-ce à un *modus faciendi* moins bien calculé qu'il faut attribuer le résultat imparfait obtenu par Margary (1), pour une opération de cal vicieux de la jambe : la guérison a eu lieu, la difformité a été corrigée, mais la marche n'est possible qu'avec le secours d'un appareil..

N'insistons pas sur un cas de Lister (2) également pour fracture de jambe. L'opéré guérit, mais le résultat fonctionnel n'est pas mentionné, de telle sorte que cette observation, tout en montrant l'innocuité relative de l'ostéotomie, ne constitue en somme qu'un document incomplet pour la solution du problème thérapeutique, car, il ne faut pas l'oublier, un seul instant, ce qu'on vise dans le redressement des membres par l'ostéotomie, c'est la substitution d'un membre utile à un membre impuissant.

A côté de ces observations, nous pouvons signaler comme rentrant probablement dans le procédé de l'excision cunéiforme incomplète, les opérations de Doutrelepont (3), et de Barwell (4), pour deux cals vicieux de la jambe : mais nous reconnaissons que les détails de ces opérations sont un peu insuffisants.

Enfin indiquons comme sous-procédé de l'ostéotomie cunéi-

(1) *Osteotomia e sue varie applicazioni nella cura della deformita*, Turin, 1882, p. 42.
(2) *Manuel de chirurgie antiseptique*, 1882.
(3) *Berlin, Klin. Wochens.* 1878, n. 14, p. 198.
(4) *British, med. journ.* 1878, t. II, p. 228,

forme à ciel ouvert, la pratique de Christian Fenger, de Chicago (1), qui dans 3 cas de cals vicieux de la jambe, après avoir enlevé au ciseau de menuisier un coin tibial, attaqua le péroné à l'aide d'une vrille et rompit alors facilement le cal. Nous ne voyons pas trop l'utilité de ce procédé, et cela d'autant plus que le péroné cède généralement d'une manière assez facile à l'action du ciseau ou de la scie.

Les opérations pratiquées par Ollier et Poncet doivent, avons-nous dit, servir de guide à tout chirurgien qui veut répéter l'opération de Clémot. Les détails dans lesquels nous sommes entrés, à propos de la technique générale de l'ostéotomie, nous permettent de résumer brièvement ici, et seulement dans ses traits principaux, la marche opératoire suivie par les deux chirurgiens lyonnais. C'est au même titre que dans cet exposé succinct nous n'aurons absolument en vue que les cals vicieux de la jambe.

L'opération comprend quatre temps :

1° Bien qu'on puisse à la rigueur découvrir les deux os par une seule et même incision cutanée, il est de règle, pour éviter un délabrement trop étendu, de procéder isolément pour chacun d'eux. L'incision péronière est généralement verticale et linéaire ; une fois Poncet fit une incision cruciale.

C'est surtout l'incision tibiale qui varie dans sa forme : mais qu'elle soit courbe, en T, en ⊓ (Obs. d'Ollier) ou linéaire (Obs. de Poncet), ce qu'il importe, c'est qu'elle mette bien le cal à nu et qu'elle assure le jeu des instruments.

2° Le périoste est incisé, puis soigneusement décollé avec la rugine. L'intégrité de la gaîne périostale est une des chances de succès les plus sérieuses.

(1) *The Lancet*, 13 mars 1882.

3° Le cal est attaqué avec la scie ou le ciseau. Pour le péroné la section simple suffit en général ; mais pour le tibia il faut retrancher du cal, soit un coin seulement, comme le faisait Clémot, soit parfois toute une rondelle osseuse, véritable cône tronqué à base interne ou antéro-interne (Obs. IV et VI d'Ollier). L'ostéotomie cunéiforme devient ainsi trapézoïde, ce qui n'a pas lieu de nous surprendre, car nous savons par quelle pente naturelle le chirurgien peut se trouver conduit à modifier les dimensions d'une excision projetée ou même déjà accomplie.

Laissons de côté l'instrumentation qui n'offre rien de particulier pour signaler tout spécialement, au contraire, une difficulté et par suite une indication opératoire absolument propre à la région. Nous voulons parler de l'obstacle qu'oppose fréquemment au redressement, malgré l'ostéotomie accomplie du tibia et du péroné, la présence d'un pont osseux étendu entre les deux os. Nombre de fois le chirurgien a été obligé de diviser secondairement ces jetées osseuses. Aussi croyons-nous qu'on doit poser en principe que toutes les fois que le cal englobera les quatre fragments, il faudra non seulement exciser la masse exubérante, mais encore libérer les os avant de tenter le redressement.

4° Dans un dernier temps enfin, si l'ostéotomie est restée incomplète — et nous avons vu que ce n'est qu'exceptionnellement que le chirurgien a été conduit à pratiquer une ostéotomie trapézoïde — l'opérateur rompt avec les mains le pont osseux jusqu'alors respecté.

Sans vouloir anticiper sur le jugement général que nous aurons à porter plus loin, nous pouvons faire remarquer, dès à présent, que l'examen des faits récents montre jusqu'à l'évidence l'innocuité actuelle de ces opérations cunéiformes conduites suivant toutes les règles antiseptiques, et le bénéfice que les malades peuvent en retirer.

D. *Ostéotomie linéaire avec résection des fragments.* — Inciser le cal, réséquer les deux fragments, puis affronter les surfaces ainsi avivées, telle est l'opération que fit Lemercier (1) en 1815, et dont nous avons appris à connaître la valeur historique. Il y eut de la suppuration, des séquestres furent éliminés, mais la guérison finale fut obtenue.

En 1826, Riecke (2), de Tubingen, appliquait la même méthode à un cal angulaire avec raccourcissement considérable de la partie moyenne du fémur. Malgaigne, qui emprunte ses renseignements à Œsterlen, nous apprend que « Riecke fit une longue incision, presque depuis le trochanter jusqu'au condyle externe, détacha les muscles de l'os, divisa la moitié du cal avec la scie, acheva la section avec la gouge et le marteau, et, enfin, réséqua environ trois lignes de l'extrémité arrondie du fragment supérieur. »

Il survint une suppuration effroyable avec issue de nombreuses esquilles nécrosées et ce ne fut que vers la huitième semaine que le malade parut hors de danger.

Il fallut huit mois pour obtenir une consolidation définitive.

Portal (3) et Mutter (4), en 1840, Rhea Barton (5), en 1841, Josse (6), d'Amiens, en 1846, pratiquèrent l'ostéotomie avec résection des fragments, le premier pour un cal vicieux du

(1) *Gaz. santé*, 1815.
(2) *Œsterlen. das Kanstl. Wiederber*, etc., p. 138.
(3) *Gaz. méd.* sept. 1841 ou *Archiv. méd.* 1841, t. II, p. 483.
(4) *Amer. journ. new. series*, t. III, 1842, p. 359.
(5) *Philadelph. med. Examin*, 1842, t. II, nᵒˢ 2, 3, 6, 7.
(6) *Gaz. méd.* 1846, p. 689.

fémur, les trois autres pour des cals vicieux de la jambe. Dans les quatre cas la guérison eut lieu après une suppuration plus ou moins abondante et avec un raccourcissement notable. En 1850, Gay (1) fut moins heureux; son malade dut bientôt être amputé et succomba rapidement aux suites de cette amputation.

Rappelons enfin les faits de Schœpff (2), en 1854, de Toland (3), en 1855, relatifs tous deux à des cals de l'humérus; ceux de Bardeleben (4), en 1867, de Demons (5), en 1879, de Polaillon (6), en 1881. Dans ces trois derniers cas il s'agissait de cal vicieux de la jambe; les résultats définitifs ont été satisfaisants, et, dans le cas de Polaillon, la réunion eut lieu par première intention.

II. ostéotomie sous-cutanée. — A. *linéaire.* — Il est de notion vulgaire que la première ostéotomie sous-cutanée publiée date de 1854, et fut pratiquée par Langenbeck (7), d'où le nom de méthode sous-cutanée de Langenbeck ou, simplement, méthode de Langenbeck, sous lequel on a coutume de la désigner.

Cependant, même avant cette époque, Meyer aurait, au dire d'Heyfelder, pratiqué déjà trois ostéotomies sous-cutanées. Il est vrai que Heyfelder, ne précisant ni les faits, ni les dates, nous manquons de tout élément sérieux pour décider de cette question de priorité entre les deux chirurgiens allemands.

Mais, ce que nos recherches nous ont appris d'une façon

(1) *The Lancet.*
(2) Jahresh. *aus.* Pesther. Kinderhosp. 1841.
(3) Charleston, *med. journ. and. rev.*, t. XI, 1856, p. 103.
(4) Gangolphe, Thèse de Lyon, 1882.
(5) Gangolphe, *loc. cit.*
(6) *Bull. acad de méd.*, 1881, t. X, p. 158.
(7) *Deutsche Klinik,* 1854 et 1856.

positive, c'est que depuis 1847, pour ne pas dire avant, le procédé de l'ostéotomie sous-cutanée avait été formellement conseillé et minutieusement décrit dans ses divers temps par Malgaigne. Nous lisons en effet, à la page 343 du tome premier de l'admirable *Traité des fractures et luxations*, publié en 1847 :

« J'ai proposé, pour les cas où la section d'un cal vicieux paraîtrait indispensable, d'introduire par une plaie étroite un ciseau d'acier sur lequel on frapperait avec un marteau de plomb pour rompre le cal sans l'exposer au contact de l'air ; lors même que ce dernier objet serait manqué, la rupture aurait lieu avec moins de dégât, et en se rapprochant davantage des conditions d'une fracture, qu'en faisant agir la scie à travers une large incision. »

Le doute n'est donc pas possible, et l'on est même en droit de conclure des propres paroles de Malgaigne que, depuis plusieurs années déjà, il avait formulé les principes et indications de l'ostéotomie sous-cutanée.

Mais si nous réclamons pour l'illustre chirurgien français l'idée première du procédé, il faut bien reconnaître que c'est Meyer et Langenbeck qui ont les premiers exécuté cette opération et qui en ont été les vulgarisateurs.

Nous avons relaté dans nos observations la marche clinique des deux premières opérations faites par Langenbeck, l'une en 1854, l'autre en 1859. Il nous reste à tracer ici en quelques mots son manuel opératoire ; cette description est d'autant plus nécessaire que Langenbeck allait bientôt faire l'application du même procédé au traitement des déformations par rachitisme et genu valgum.

Il comprend 4 temps différents :

1° Au niveau du point le plus accessible du cal on fait une

incision cutanée de 15 à 20 mill., divisant à la fois la peau et le périoste.

2° A l'aide d'un foret ou d'un vilebrequin l'os est traversé de part en part à sa région moyenne ; on a créé ainsi une voie à l'introduction d'une scie.

3° La section du cal est alors facilement pratiquée à l'aide d'une scie très courte et très étroite qui divise transversalement les deux moitiés de l'os.

On a soin de laisser de chaque côté un pont osseux destiné à maintenir la rectitude de l'os.

4° Lorsque la période pendant laquelle les accidents inflammatoires peuvent se produire est dépassée, on pratique la rupture du double pont osseux et l'on amène le membre en bonne position.

Des quatre principes renfermés dans ce mode opératoire, deux ont fait école, et cela à juste titre : on a compris la nécessité de faire de petites plaies, et d'assurer une consolidation plus rapide et plus régulière en ménageant le périoste le plus possible, en pratiquant en un mot l'ostéotomie incomplète. Des deux autres, au contraire, l'un est absolument rejeté et l'autre fort discuté. Nul ne songe plus à la section après perforation centrale. Quant à la question du redressement tardif, question sur laquelle nous nous sommes expliqués déjà dans nos généralités, elle a trouvé chez Wattmann, Billroth, Wahl, pour ne parler que de l'ostéotomie dans le cal, des contradicteurs ardents.

La méthode sous-cutanée améliora les résultats de l'ostéotomie. Elle n'empêchait pas cependant un opéré de Bruns(1) de succomber à des accidents pyohémiques (1858). Il s'agis-

(1) Biefel, 1860, p. 177.

sait d'un cal anguleux du fémur ; le procédé de Langenbeck avait été suivi en tout point. Nous le trouvons répété de nouveau en 1867 par Lentz, de New-York (1), mais le résultat final n'est pas indiqué d'une façon précise.

B. *Cunéiforme.* — C'est à propos du cal encore que Langenbeck, généralisant sa méthode, essaya et prétendit faire une ostéotomie cunéiforme sous-cutanée. Deux incisions longitudinales parallèles devaient lui permettre d'enlever à la scie un coin osseux incomplet tout en opérant à l'abri de l'air. Nous avons déjà dit ce qu'il faut penser d'une excision cunéiforme sous-cutanée : c'est une illusion quand ce n'est pas une faute opératoire.

III. ostéotomie par perforations multiples. — La même année, 1854, où Langenbeck pratiquait sa première ostéotomie sous-cutanée, Brainard, de Chicago (2) proposait un nouveau procédé pour combattre certaines difformités, telles que la projection anguleuse des os résultant des fractures mal consolidées.

On fait dans l'os un certain nombre de perforations destinées à l'affaiblir et à en provoquer le ramollissement par inflammation; après quoi on pratique le redressement au moyen d'une pression graduelle ou brusque des mains.

A dire vrai l'idée de provoquer le ramollissement du cal par ostéite n'était pas neuve. Elle remonte à Weinhold de Halle (3), c'est-à-dire en 1828. Chez un jeune homme de 18 ans

(1) F. D. Lentz, *New-York. Rec.* 1867, t. II, p. 101.
(2) Mémoire sur le traitement des fractures non réunies et des difformités des os, par Brainard. Paris 1854.
(3) *Journ. des progrès*, t. VIII, 1828, cité par Laugier, thèse pour le professorat, 1841.

atteint de cal vicieux et volumineux du fémur, ce chirurgien
fit, à l'aide d'une aiguille à trépan monté sur un vilebrequin,
un trou dans lequel fut engagé un séton qui resta en place
jusqu'à la douzième semaine. Il n'y eut pas d'accidents et
le cal finit par céder aux tractions.

Quoi qu'il en soit, ce n'est qu'en 1858, que Brainard (1),
passant de la théorie à la pratique, fit l'application de son
procédé à un enfant de trois ans, de constitution robuste,
atteint d'une fracture de jambe datant de l'âge de trois mois.
L'absence de tout traitement explique comment la difformité s'exagérait de plus en plus. Le raccourcissement du
membre malade atteignait trois pouces environ. Le cal
était de forme angulaire à sommet antérieur. Il siégeait un
peu au-dessus du milieu de la jambe.

La malade étant soumis à l'action du chloroforme, on
introduisit un perforateur de 10 mill. de diamètre dans
deux directions différentes, à travers le tibia, à l'endroit de la
fracture et paru ne seule ouverture à la peau; l'instrument
retiré, on appliqua un morceau de sparadrap sur l'ouverture
cutanée, puis on recouvrit le tout d'un léger bandage. Brainard se livra ensuite à d'énergiques tentatives de rupture du
cal avec les mains, mais ses efforts ne furent pas couronnés
de succès. Il survint une inflammation consécutive très marquée; une rougeur érysipélateuse, s'étendant de la cheville
au genou, dura plus d'une semaine. Cependant il n'y eut pas
de suppuration. Au bout de 10 jours, nouvelle tentative de
redressement. Cette fois, le cal céda sous un effort très
modéré des mains; le membre fut placé sur une attelle en
bois formant gouttière et maintenu à l'aide d'un bandage
roulé. Environ un mois et demi après, l'enfant marchait avec

(1) *Bull. soc. chir.* 1858-1859, p. 146.

son attelle. Au bout de trois mois, la jambe était tout à fait redressée.

Nous avons tenu à rapporter cette observation non seulement à titre de curiosité, mais surtout parce qu'elle nous permet de bien juger à quel prix on peut obtenir que l'os se laisse « courber et casser comme un rejeton de bois vert. »

Aussi, malgré son succès, Brainard ne fut-il guère imité. Si nous rappelons Fenger, perforant le péroné à la vrille et Pancoast proposant de diviser par perforation multiple le fémur au-dessus d'une ankylose du genou nous aurons cité les seuls exemples, que nous ayons rencontré, d'ostéotomie par perforation. Nous ne saurions en effet, à l'exemple de Nepveu, ranger Bruns au nombre des disciples et imitateurs de Brainard. Nous nous sommes déjà expliqué sur son mode opératoire ; c'est, comme Langenbeck, à titre seulement de manœuvre préparatoire et pour ouvrir le chemin à une fine scie qu'il exécute une perforation.

Mais n'insistons pas plus longtemps sur un procédé qui réunit contre lui toutes les chances d'insuccès et de dangers puisqu'il repose justement sur cette complication qu'il faut éviter à tout prix : l'ostéite.

OBSERVATIONS

Fidèle au plan que nous nous sommes tracé, nous avons réuni sous forme de tableau les observations que nous avons pu recueillir au cours de nos recherches, n'adoptant pour leur classement d'autre ordre que l'ordre alphabétique, qui, s'il a ses inconvénients, permet du moins de vérifier facilement et de faire une recherche rapide.

Des 89 cas qui sont analysés ici et dont 8 ont été ajoutés par nous aux statistiques déjà existantes, 18 se rapportent à des ostéotomies pour cals vicieux du fémur, 65 à des cals vicieux de la jambe ou du péroné, 3 à l'humérus, 3 à l'avant-bras.

Si nous avons ajouté un certain nombre de faits à ceux qui ont été signalés avant nous, nous devons dire aussi que nous en avons retranché quelques-uns.

C'est ainsi que nous avons éliminé 5 des observations qui figurent dans le travail de M. Gangolphe (1) ; 4 d'entre elles sont relatives à des faits de résections articulaires pour des cals vicieux sus ou bimalléolaires, un de Korzeniowski (de Warschau) (2) ; 3 de Verneuil (3) ; le cinquième cas est l'un des six d'Ollier (4) ; il s'agit de l'extirpation de fragments osseux dans une fracture non consolidée.

Nous avons dû également laisser de côté, comme ne rentrant pas dans notre sujet, les cas où, respectant le cal, on a seulement réséqué un fragment saillant et gênant. (Velpeau (5), Blandin (6).

Nous n'avons pas non plus compris dans notre statistique le cas malheureux de Jobert (7), cité par Laborie. En lisant le récit de cette observation, on voit que Jobert a réséqué simplement la partie saillante du cal ; ensuite il a fait agir sur le cal non divisé dans sa masse un appareil à traction violente. La mort a été le résultat de cette intervention complexe.

(1) Loc. cit.
(2) *Gaz. hebd.*, 1859.
(3) Contribution à la résection tibio-tarsienne dans les fractures de l'extrémité inférieure de la jambe. Nepveu, *Bull. de la soc. chir.* 1882, p. 62.
(4) Thèse Gangolphe, obs. V, p. 92.
(5) *Méd. opér.* 1839, t. II, p. 599.
(6) *Gaz. hôp.*, 1844, p. 213.
(7) *Bull. soc. chir.*, 1855, p. 188.

Nᵒˢ	NOMS DES AUTEURS / Indications bibliographiques	SEXE et âge des opérés	NATURE DE LA LÉSION	PROCÉDÉ OPÉRATOIRE	SUITES de l'opération	RÉSULTAT FINAL
1	ALBERT (d'Inspruck). *Wien., med. Press.* (1875), t. XVI, 17-19-22.	H. 30 ans.	Fracture de jambe au-dessous du milieu. Cal vicieux à angle de 120°. Impotence absolue.	Ostéotomie cunéiforme au niveau de l'angle saillant. Redressement. Pansement de Lister.	Consolidation longue.	Guérison avec raccourcissement très marqué. Le sujet marche avec une semelle épaisse de 7 centim.
2	BARDELEBEN (1867). *Gangolphe, thèse Lyon*, 1882.	H. 20 ans.	Fracture sus-malléolaire. Cal à angle très prononcé à la partie interne. Marche impossible.	Ostéotomie avec résection des fragments.		Guérison. Bon résultat fonctionnel.
3	BARDELEBEN (1874). *Gangolphe*.	H. 48 ans.	Fracture de la jambe au 1/3 inférieur datant de 5 mois. Cal vicieux. Déviation du pied en dehors. Impotence absolue.	Section linéaire incomplète du cal, avec scie à chaîne. Redressement complet après rupture du reste du cal. Pansement de Lister.		Guérison avec léger raccourcissement.
4	RHÉA BARTON (1841). *Philadelph. medical, examin.*, II, 1843.	Adulte.	Cal vicieux de la jambe datant de 8 ans. Déviation anguleuse des fragments. Impotence très marquée.	Résection linéaire de l'extrémité des fragments et du pont osseux intermédiaire avec ciseau et maillet.		Guérison. — Redressement complet.
5	BARWELL (1878). *British med. Journ.*, t. II, p. 228, 16 février.	H. 60 ans.	Fracture ancienne de jambe au 1/3 inférieur. Déformation très prononcée.	Section du tibia et du péroné. Difficulté du redressement.		Guérison. Jambe dans la rectitude.
6	BASSINI (1879). *La clinica chirurgica di Parma* (1879-1880).	X.	Cal difforme de la jambe droite. Déviation du pied.	Ostéotomie...		Guérison.
7	BENNETT (1881). *New-York med. Journ.*, 1881, vol. XXXIV, p. 214.	H. 32 ans.	Fracture de cuisse au-dessus de partie moyenne. Cal anguleux à 115°.	Section linéaire du cal au niveau du sommet de l'angle.	Suppuration. Élimination de séquestres.	Guérison. Raccourcissement de 1 pouce.
8	BEREND (1861). *Gaz des Hôpitaux*, 1861, p. 43.	H. 16 ans.	Fracture de jambe, partie inférieure datant de 2 ans : déviation du pied en varus-équin. Marche très défectueuse.	Ostéotomie cunéiforme de 3 centimètres de base avec la scie de Jeffray. Résection du péroné (2 pouces).	Suppuration tardive. Consolidation tardive (5 mois).	Guérison avec redressement, mais un peu d'équinisme du pied.
9	BETTINGER (1859). *Paul. Conserv. chirurg.* (Breslau 1859).	X.	Cal vicieux de la jambe.	Ostéotomie cunéiforme.		Guérison. Pas de détails.
10	BIRKETT (1853). *The Lancet*, t. II, p. 279.	F. 19 ans.	Fracture du 1/3 inférieur de la jambe datant de 18 ans. Cal vicieux à angle saillant en avant.	Section du tendon d'Achille. Ostéotomie cunéiforme au niveau de l'angle.	Érysipèle. Abcès. État général sérieux. Amputation de la jambe en haut.	Guérison, après amputation.

N°°	NOMS DES AUTEURS Indications bibliographique.	SEXE et âge des opérés	NATURE DE LA LÉSION	PROCÉDÉ OPÉRATOIRE	SUITES de l'opération	RÉSULTAT FINAL
11	J. Bœckel (1875). *Nouveaux faits d'Ostéotomie*, p. 50 (1880).	H. 46 ans.	Fracture de jambe au 1/3 inférieur datant de 2 mois. Cal vicieux faisant forte saillie en avant et en dedans. Impotence presque complète.	Ostéotomie cunéiforme sur l'extrémité des deux fragments. Ostéoclasie complémentaire. Pansement de Lister.	Suites simples.	Guérison confirmée six mois plus tard.
12	Bœckel J. (1879). *Gazette de Strasbourg*, 1879, p. 96.	H. 46 ans.	Fracture de jambe au 1/3 inférieur datant de 3 mois. Cal vicieux faisant en avant une forte saillie tranchante. Impossibilité de la marche.	Ostéoclasie manuelle inutilement tentée sous le chloroforme. Ostéotomie cunéiforme incomplète avec le ciseau. Rupture manuelle complémentaire.	Suppuration minime.	Guérison confirmée six mois après.
13	Brachini Alfredo (1879-80). *La Sperimentale*, juillet 1882, p. 42.	F. 16 ans.	Fracture de cuisse au 1/3 moyen. Déviation angulaire et chevauchement considérable.	Section oblique du cal. Résection de l'extrémité des fragments.		Guérison. Raccourcissement de 0^m,015.
14	Bruns (1851, *Deutsche klinik*, 1854).	H. 10 ans.	Fracture sous-trochantérienne du fémur datant de 6 mois et demi. Cal saillant en avant et en dehors. Forte rotation en dedans. Raccourcissement de 6 centimètres.	L'ostéoclasie instrumentale échoue. Excision cunéiforme incomplète avec une petite scie. Ostéoclasie complémentaire.	Suppuration abondante. Phénomènes généraux graves.	Mort en quatre jours par infection purulente.
15	Bruns (1858). *Diefel*, 1860. — S. 177.	F. 24 ans.	Fracture du fémur au tiers supérieur datant de 7 mois. Cal angulaire saillant en avant et en dehors. Raccourcissement de 6 centimètres.	Diverses tentatives de rupture inutiles. Section cunéiforme à la scie et appareil de traction.	Fièvre intense. Érysipèle.	Mort au bout de trente-deux jours par infection purulente.
16	Clémot (1834). *Gaz. méd. de Paris* (1836), p. 347.	E. 40 jours	Fracture de cuisse au moment de la naissance. Cal angulaux. Flexion extrême de la cuisse.	Bandage orthopédique vainement essayé. Excision cunéiforme des 2/3 de l'épaisseur du cal. Redressement progressif.	Suites non indiquées.	Guérison au bout de soixante-dix jours. Léger raccourcissement.
17	Clémot (1835). *Gaz. méd. de Paris* (1836), p. 347.	H. 27 ans.	Fracture à la partie moyenne de la cuisse datant de 2 mois. Cal angulaire à 130° saillant en avant et en dehors. Énorme raccourcissement.	Excision cunéiforme au niveau de l'angle. Membre placé sur le double plan incliné.	Suites non indiquées.	Guérison. Légère claudication.
18	Demons (1870). *Thèse Gangolphe, Lyon*, 1882.	H. 52 ans.	Fracture du péroné (un mois et demi). Arrachement de la malléole interne, déviation du pied en dehors. Marche très pénible.	Ostéotomie complexe. Ablation du sommet de la malléole interne. Résection à la scie ordinaire du fragment supérieur du tibia près de l'articulation. Résection de deux fragments du péroné. La malléole est conservée.	id.	Guérison. Bon résultat fonctionnel.
19	Doutrelepont (1878). *Berlin, klin, Wochens.*, n° 14, p. 108, 1878.	Adulte.	Fracture de jambe à la partie moyenne. Cal très difforme.	Tentatives infructueuses d'ostéoclasie. Excision cunéiforme sur le péroné. Section linéaire du tibia.	Légère suppuration.	Guérison. Résultat fonctionnel non indiqué.

Nᵒˢ	NOMS DES AUTEURS Indications bibliographiques	SEXE et âge des opérés	NATURE DE LA LÉSION	PROCÉDÉ OPÉRATOIRE	SUITES de l'opération	RÉSULTAT FINAL
20	DUPLAY (1879). *Bulletin, société de chirurgie*, 1880, p. 352.	H. 22 ans.	Fracture de la jambe au-dessous de la partie moyenne datant de 6 mois. Cal difforme à sommet saillant en dedans. Forte déviation du pied en dehors. Marche impossible sans béquilles.	Section linéaire incomplète du tibia et du péroné ne permet pas le redressement même avec l'ostéoclaste. Excision cunéiforme du tibia avec la scie à chaine. Sutures, réunion immédiate.	Réunion partielle. Légère suppuration. Petit séquestre.	Guérison. Résultat fonctionnel satisfaisant.
21	FERGUSSON (1858). *The Lancet*, vol. II, p. 277.	?	Cal vicieux de la jambe.	Ostéotomie cunéiforme.	Suppuration. État général grave.	Amputation.
22	GARDEIL. *Malgaigne, traité des fract. et luxations*, t. I, p. 327.	H.	Fracture de l'avant-bras. Cal vicieux datant de 2 mois. Impossibilité d'écrire et de tenir aucun objet.	Section des deux os au niveau du cal.	Suites non indiquées.	Guérison. Résultat fonctionnel excellent.
23	GAY (1850). *The Lancet*.	H. 40 ans.	Fracture de la cuisse au 1/3 supérieur datant de 1 an. Raccourcissement considérable.	Rupture du cal pratiquée deux fois avec un appareil à traction violente. Résection des deux fragments dans l'étendue de 1 pouce.	Suppuration. Mauvais état général (tuberculeux). 10 semaines après, amputation.	Amputation. Mort rapide (choc traumatique).
24	GUERSANT (1855). *Bulletin société de chirurgie*, 1855-56.		Cal vicieux de la jambe.	Ostéotomie linéaire.	Suites non indiquées.	Inconnu.
25	GUTERBOCK. *Vorstellung eines Falles von keilförmiger Ost. des Radius. VII congress d. Deutsch. gesellt. V. Chirurg. et centralblatt. V. chirurg.*, nᵒ 36, p. 509.	F. 8 ans.	Cal angulaire du radius.	Ostéotomie cunéiforme.	id.	Guérison. Résultat fonctionnel bon.
26	HEATH (1877). *Transac. of the clin. Soc. of London*, 1877, p. 158.	H. 46 ans.	Fracture de jambe au 1/3 inférieur datant de 4 mois et demi. Déviation du pied en dehors ; cal saillant en dedans ; marche presque impossible.	Ostéotomie cunéiforme complète sur le fragment inférieur du tibia avec le ciseau de Linhart. Section du péroné à la pince coupante.	Élimination d'un séquestre.	Guérison. Résultat esthétique médiocre.
27	HILL (1872). *The Lancet*, 1872, t. II, p. 153.	H. adulte.	Cal vicieux du radius datant de plusieurs semaines.	Ostéotomie sous-cutanée, probablement linéaire.	Suites non indiquées.	Guérison. Retour complet des mouvements de pronation et supination.

N^{os}	NOMS DES AUTEURS Indications bibliographiques	SEXE et âge des opérés	NATURE DE LA LÉSION	PROCÉDÉ OPÉRATOIRE	SUITES de l'opération	RÉSULTAT FINAL
28	HORNER (1850). *Philad. med. Journ. exam. New-Series*, t. VII-1851, p. 32.	H. adulte.	Cal vicieux du fémur datant de 18 mois. Raccourcissement considérable.	Résection de l'extrémité des deux fragments. Appareil à extension forcée.	Septicémie aiguë.	Mort en quatre jours.
29	JOSSE (d'Amiens) (1846). *Gaz. médicale*, 1846, p. 689.	H. 13 ans.	Fracture de jambe au-dessous de la partie moyenne datant de 10 ans. Cal vicieux saillant en avant et en dedans; l'angle rencontre le sol pendant la marche.	Résection de 5 centimètres du tibia, de 4 centimètres du péroné, avec la scie à chaîne.	Suppuration.	Guérison. Raccourcissement de 5 centimètres.
30	KEARNY. *Paul. conserv. chir.* Breslau, 1859.		Cal vicieux de la jambe.	Ostéotomie cunéiforme.	?	Guérison. Pas de détails.
31	KEY A. (1838). *In Guy's hosp. rep.*, t. VIII, 1839, p. 193.	H. adulte.	Fracture du tibia au 1/3 supérieur. Cal saillant en dehors. Équinisme du pied.	Ostéotomie linéaire avec la scie à chaîne et la scie ordinaire.	?	Guérison. Très grande amélioration.
32	KLOSE. *Paul conserv. chir.* Breslau, 1859.		Cal vicieux de la jambe.	Ostéotomie cunéiforme.	?	Mort par pyohémie.
33	KORZENIEWSKI (de Vilna) (1833). *Collect. med. chirurg. acad. chir.*, t. 1, — Vilna, 1838.	H. 30 ans.	Fracture de jambe à la partie moyenne datant de 7 mois. Cal très difforme. Forte déviation du pied en dedans.	Excision cunéiforme du tibia avec la scie de Pélikan. Ostéoclasie manuelle sur le reste du cal.	Hémorrhagie, fièvre, suppuration.	Guérison. Résultat fonctionnel excellent.
34	KUCHLER (1856). *Deutsch. klinik*-1858. S. 380.	H.	Fracture à la partie moyenne du tibia datant de 10 ans. Cal énorme. Impotence absolue.	Ostéotomie sous cutanée complexe. Perforation, section incomplète à la scie. Ostéoclasie. Redressement incomplet.	?	Guérison. Le malade marche péniblement.
35	KUTCHENBERGER. *Hamb. Zeitsch.*, vol. XXI.		Cal vicieux de la jambe.	Ostéotomie cunéiforme.	Suites non indiquées.	Guérison. Résultat fonctionnel indéterminé.
36	LANGENBECK B. (1851). *Deutsche klinik*, 1854.	H. 35 ans.	Fracture de jambe au-dessous de la partie moyenne datant de 30 ans. Cal vicieux saillant en avant. Déviation du pied. Raccourcissement très marqué.	Ostéotomie sous-cutanée incomplète. Ostéoclasie.	Suppuration.	Guérison. Résultat fonctionnel médiocre.
37	LANGENBECK, 1859. In *thèse de Gangolphe*, observ. n° 38, Lyon, 1882, et *Biefel*, 1860. S. 177.	H. 40 ans.	Fracture de la jambe au 1/3 inférieur. Cal anguleux saillant en avant et en dehors. Impotence fonctionnelle absolue.	Ostéotomie linéaire incomplète sous-cutanée à la scie. Section achevée par l'ostéoclasie.	Suppuration. Érysipèle.	Raccourcissement de 2 centimètres; marche facile.
38	LANGENBECK (1874). *Thèse Gangolphe*, Lyon, 1882.	H. 41 ans.	Fracture de jambe à l'extrémité inférieure datant de 7 mois. Déviation du pied par rotation en dehors.	Résection de la malléole interne. Ostéoclasie du péroné au-dessus de la malléole.	Érysipèle.	Guérison. Résultat fonctionnel complet.

Nᵒˢ	NOMS DES AUTEURS Indications bibliographiques	SEXE et âge des opérés	NATURE DE LA LÉSION	PROCÉDÉ OPÉRATOIRE	SUITES de l'opération	RÉSULTAT FINAL
39	Le Fort (1878). *Bull. soc. chirurgie* (1880).	H. 39 ans.	Fracture du péroné datant de 2 mois. Arrachement de la malléole interne. Luxation du pied en dehors.	Réduction de la difformité impossible avec appareils. Résection du plateau tibial. Rupture du péroné. Redressement, sutures, pansement à l'alcool.	Suppuration. Érysipèle.	Guérison. Excellent résultat fonctionnel ; liberté de l'articulation.
40	Lemercier (1815). *Gazette de santé.*	H.	Cal angulaire de la jambe datant de 40 jours.	Résection de 3 centimètres (à la scie) de l'extrémité des deux fragments.	Suppuration, nécrose.	Guérison. Résultat fonctionnel inconnu.
41	Linhart et Mayer (1857). *Verhandlung d. phys. med. in Wurzburg*, t. IX, 1858. S. 108.	H. 2 mois.	Fracture sus-condylienne du fémur datant de la naissance. Difformité simulant le genu valgum.	Section oblique du cal. Excision de la pointe du fragment supérieur.	?	Mort, le sixième jour, d'infection purulente.
42	Lister (1868). *British. med. Journ.* 31 oct. 1868, p. 452.	H. 20 ans.	Fracture sus-malléolaire datant de 4 mois. Grand déplacement du pied en arrière et en dehors. Impotence absolue.	Section du cal tibial avec les pinces coupantes. Section du péroné.	Légère suppuration. Rétraction musculaire : section secondaire du tendon d'Achille.	Guérison. Résultat fonctionnel satisfaisant.
43	Lister (1880). *Manuel de chirurg. antiseptiq.*, 1882.	H. adulte.	Cal vicieux de la jambe. Impotence fonctionnelle.	Résection cunéiforme.	?	Guérison. Résultat fonctionnel inconnu.
44	Malgaigne (1846). *Gaz. des Hôpitaux*, 1846.	H. 8 ans.	Fracture au 1/3 inférieur de la jambe datant de 7 ans. Claudication.	Ostéotomie cunéiforme complexe. Résection triangulaire du péroné avec la pince de Liston et la scie.	Septicémie aiguë.	ort au bout de cinq jours.
45	Malgaigne (1856). *Guersant. Société de chir.*, 1855, p. 188.	»	Cal vicieux de la jambe à la partie moyenne.	Ostéotomie linéaire. (?)	?	Mort.
46	Margary (1882). *Ostéotomia e sue varie applicazioni nella cura della deformita.* Turin, 1882, p. 42.	H. 50 ans.	Cal vicieux de la jambe au 1/3 moyen. Angle de 140° ouvert en dedans.	Section du tendon d'Achille. 4 jours après, ostéotomie cunéiforme du tibia et du péroné.	?	Guérison. Difformité corrigée, mais le malade est obligé de marcher avec un appareil.
47	Maunder (1876). *The Lancet*, p. 742, mai 1876.	H. adulte.	Cal vicieux du fémur. Rotation complète du pied en dehors.	Section linéaire du cal avec le ciseau et maillet. Redressement. Pansement de Lister.	Réunion par 1ʳᵉ intention.	Guérison. Résultat fonctionnel inconnu.
48	Maunder (1877). *Med. Times and Gaz.*, v. 1, p. 516, 1877.	H. adulte.	Cal vicieux de la jambe. Marche très pénible.	Ostéotomie cunéiforme. Pansement de Lister.	Réunion par 1ʳᵉ intention.	Guérison. Résultat fonctionnel inconnu.

Nᵒˢ	NOMS DES AUTEURS Indications bibliographiques	SEXE et âge des opérés	NATURE DE LA LÉSION	PROCÉDÉ OPÉRATOIRE	SUITES de l'opération	RÉSULTAT FINAL
49	MAUNDER (1878) *Med. Times and Gaz.*, 1878, v. I, p. 113.	H. 29 ans.	Fracture de la jambe datant de 6 semaines. Cal difforme à saillie interne très prononcée.	Ostéotomie linéaire sous-cutanée (ciseau) sur le tibia et sur le péroné.	Pas de suppuration.	Guérison. Résultat fonctionnel non indiqué.
50	MAYER (1854). *Deutsche Klinik*, 1856.	H. 57 ans.	Fracture du péroné (extrémité inférieure) datant de 3 mois. Luxation du pied en dehors. Marche impossible.	Tentative inutile de redressement avec appareil. Ostéotomie oblique du péroné. Redressement.	?	Guérison. Bon résultat fonctionnel.
51	— (1854). *Deutsche Klinik*, 1856.	?	Cal vicieux de la jambe.	Ostéotomie cunéiforme.	?	Guérison. Résultat fonctionnel non indiqué.
52	MÜLLER, *Hamb. Zeitsch*, v. XXII.	?	Cal vicieux de la jambe.	Excision de l'extrémité des 2 fragments après section du cal.	?	Guérison. Résultat fonctionnel non indiqué.
53	MURALT, *Hénocque , Dict. Dechambre*, article : Ostéotomie p. 553.	H. 1 an 1/2	Cal vicieux du bras gauche.	Ostéotomie sous-cutanée.	?	Guérison. — Redressement complet.
54	MUTTER (de Philadelphie) 1840, *Americ. Journ. New. series*, T. III, 1842, p. 359.	H. 23 ans.	Cal angulaire de la jambe datant de 10 mois. Raccourcissement. Impotence fonctionnelle.	Résection des deux fragments. Section d'un pont osseux intermédiaire.	Suppuration abondante.	Guérison. Raccourcissement de 3 à 4 centimètres ; marche facile.
55	OLLIER (1870), *Gangolphe. Thèse Lyon*, 1882, p. 96.	H. adulte.	Fracture de jambe à l'extrémité inférieure datant de 8 à 10 mois. Difformité considérable. Déviation du pied en dehors. Cal saillant en dedans à sommet rencontrant le sol dans la marche.	Ostéotomie cunéiforme du tibia. Section du péroné. Réduction de la difformité.	Infection purulente.	Mort le douzième jour.
56	— (1880), *Gangolphe. Thèse Lyon*, 1882, p. 85.	H. 38 ans.	Fracture de jambe à l'extrémité inférieure datant de 19 mois. Cal très volumineux, saillant à la partie interne. Déviation du pied en dehors. Douleurs très intenses pendant la marche.	Excision cunéiforme du tibia avec la scie à volant. Section du péroné. Section d'un pont osseux avec ciseau et maillet. Sutures, pansement de Lister.	Pas de suppuration.	Guérison. Résultat fonctionnel excellent.
57	— (1880), *Gangolphe. Thèse Lyon*, 1882, p. 87.	H. 24 ans.	Fracture de jambe à la partie inférieure datant de 15 mois. Pied en varus très prononcé. Impotence absolue.	Ostéotomie cunéiforme du tibia (ciseau). Section du péroné. Pansement de Lister.	Un peu de suppuration.	Guérison. Résultat fonctionnel très satisfaisant.
58	— (1880), *Gangolphe. Thèse Lyon*, 1882, p. 89.	H. 15 ans.	Fracture sus-malléolaire datant de 7 semaines. Cal saillant à la partie interne. Déviation du pied en dehors.	Ostéotomie cunéiforme du tibia (scie à volant). Section complétée avec le ciseau. Section du péroné au-dessus de la malléole externe. Redressement facile. Sutures, pansement de Lister.	Léger érysipèle.	Guérison. Excellent résultat fonctionnel.

N°s	NOMS DES AUTEURS *Indications bibliographiques*	SEXE et âge des opérés	NATURE DE LA LÉSION	PROCÉDÉ OPÉRATOIRE	SUITES de l'opération	RÉSULTAT FINAL
59	OLLIER (1880), *Gangolphe. Thèse Lyon*, 1882, p. 91.	F. 12 ans.	Fracture de jambe à l'extrémité inférieure datant de 3 mois et demi. Rotation du pied en dehors. Marche impossible.	Ostéotomie cunéiforme du tibia (scie à volant). Section du péroné (ciseau et maillet). Redressement. Sutures, pansement de Lister.	Ni douleurs, ni fièvre.	Guérison. Marche facile.
60	— *Gangolphe. Thèse Lyon*, 1882, p. 94.	H. 30 ans.	Fracture sus-malléolaire datant de plus de 2 ans. Pied en varus-équin.	Inutilité de diverses tentatives de redressement. Section du péroné (ciseau). Ostéotomie cunéiforme du tibia (scie à volant). Section d'un pont osseux intermédiaire. Enfin redressement.	?	Guérison. Résultat fonctionnel médiocre ; marche avec un appareil.
61	PANCOAST (1856), *Malgaigne, traité des fractures et luxations. Traduct. de Packart, note addit.* p. 274.	F. 12 ans.	Fracture de jambe au 1/3 supérieur. Flexion du genou. Cal vicieux à angle saillant en arrière.	Excision cunéiforme au niveau de l'angle saillant. Ostéoclasie complémentaire.	Suites non indiquées.	Guérison. Membre très utile.
62	PARRY (1838), *Amer. Journ.* T. XXIV, 1839, p. 334.	H. 22 ans.	Fracture de jambe à la partie moyenne datant de 7 ans. Cal angulaire. Marche impossible.	Excision cunéiforme du tibia et du péroné. Section à la scie d'un pont osseux interposé.	?	Guérison. Grande amélioration fonctionnelle.
63	POLAILLON (1881), *Bull. acad. méd.*, 1881, T. X, p. 158.	H. 41 ans.	Fracture du péroné à l'extrémité inférieure datant de 3 mois. Pied dévié en dehors. Impotence fonctionnelle.	Résection de 2 centimètres au-dessus de la malléole (ciseau et maillet). Résection de la malléole interne. Sutures, pansement de Lister.	Pas de suppuration.	Guérison. Résultat fonctionnel bon ; raccourcissement.
64	PONCET (1880), *Gangolphe. Thèse Lyon*, p. 95.	F. 18 ans.	Fracture de jambe au 1/3 inférieur datant de 2 mois et demi. Cal volumineux. Pied en dedans. Marche pénible.	Résection cunéiforme du péroné. Section du tibia (scie à chaîne). Excision d'un petit fragment osseux (pince de Liston).	Suppuration abondante.	Guérison. Résultat très satisfaisant.
65	PORTAL (1837). *Gaz. méd.* sept. 1841, ou *Arch. méd.*, 1841, t. II, p. 483.	H. 32 ans.	Fracture de jambe au 1/3 moyen datant de 33 jours. Cal anguleux.	Tentatives infructueuses de rupture. Résection cunéiforme avec la scie à chaîne.	?	Guérison. Excellent résultat ; raccourcissement peu marqué.
66	PORTAL (1840). *Gaz. méd.*, sept. 1841, ou *Arch. méd.*, 1841, t. II, p. 483.	F. 55 ans.	Fracture du fémur au 1/3 supérieur datant de 40 jours. Cal anguleux.	Tentatives vaines de rupture. Résection de l'extrémité des deux fragments avec la scie à chaîne.	Gangrène de la plaie.	Guérison. Raccourcissement de 3 centimètres.
67	REICH. *Paul. conserv. chir.* Breslau, 1859.	?	Cal vicieux de la jambe.	Ostéotomie cunéiforme.	?	Guérison. Résultat fonctionnel non indiqué.
68	REVERDIT. *Heyfelder*, 1852, p. 83.	?	Cal vicieux de la cuisse.	Ostéotomie cunéiforme.	?	Guérison. Résultat fonctionnel non indiqué.

N°	NOMS DES AUTEURS Indications bibliographiques	SEXE et âge des opérés	NATURE DE LA LÉSION	PROCÉDÉ OPÉRATOIRE	SUITES de l'opération	RÉSULTAT FINAL
69	Richet (1874). *Union médicale*, vol. XX, 1875.	H. 49 ans.	Fracture sus-malléolaire datant de 5 mois. Cal anguleux à sommet interne. Déviation et rotation du pied en dehors. Marche pénible.	Section du péroné (scie à chaîne). Section du tendon d'Achille. Redressement.	?	Guérison. Bon résultat fonctionnel.
70	— (1874). *Union méd.*, vol. XX, 1875.	H. 43 ans.	Fracture du péroné à l'extrémité inférieure datant de 3 mois. Déviation du pied en dehors.	Ostéoclasie du péroné. Résection de 4 centimètres du tibia (scie à chaîne).	Lymphangite et suppuration.	Guérison en bonne voie quand le malade sort.
71	Riecke (Tubingue), 1826. Œsterlen, *Das Künstl Wiederbr*, etc., p. 138.	H. 20 ans.	Fracture du fémur à la partie moyenne datant de 2 mois. Cal vicieux saillant en dedans. Énorme raccourcissement. Marche très pénible.	Section à la scie du cal. Résection des fragments.	Suppuration considérable. Nécrose.	Guérison. Résultat fonctionnel bon.
72	Ross, d'Altona (1857). *Beitrag..z. pl. chir.* Hamburg, 1858.	H. 18 ans.	Fracture de jambe au-dessous du milieu datant de 3 ans. Cal anguleux saillant en avant. Impotence fonctionnelle.	Excision cunéiforme du tibia (scie à chaîne). Ostéoclasie du péroné. Section du tendon d'Achille.	Hémorrhagie artérielle considérable au 10ᵉ jour. Ligature de la fémorale. Abcès.	Guérison. Résultat fonctionnel bon.
73	Rynd (1841), *Dublin quart. Journ. of med.* in t. IV, 1847, p. 287.	H. 28 ans.	Fracture de jambe au 1/3 inférieur datant de 3 ans. Cal anguleux saillant en avant et en dehors. Pied en varus. Impotence absolue.	Résection de l'extrémité des deux fragments avec la scie à chaîne.	Suppuration. Érysipèle. État général grave.	Guérison. Pas de raccourcissement.
74	Schœpff. *Jaaresb. aus. d. Pesther. Kinder hosp*, 1841.	F. 2 ans.	Fracture de l'humérus, partie moyenne. Cal anguleux, saillant en dehors.	Excision cunéiforme des 3/4 de l'épaisseur du cal. Ostéoclasie complémentaire. Section du tendon bicipital.	?	Guérison. Redressement ; résultat fonctionnel inconnu.
75	Smith, de Dublin (1850). *Dublin Quart. Journ. of med.*, t. XI, 1851, p. 205.	H. 23 ans.	Fracture du péroné à l'extrémité inférieure datant de 2 mois et demi. Cal saillant en dedans. Pied dévié en dehors.	Section linéaire du péroné (scie et pince coupante). Section du tendon d'Achille.	Hémorrhagie. Suppuration.	Guérison. Marche facile.
76	Stewens (1839). *American Journ. New-Series*, p. 313, t. XIV, 1842 (Norris).	H. 14 ans.	Fracture de jambe à la partie inférieure datant de 8 ans. Cal anguleux à saillie externe et postérieure.	Résection cunéiforme au niveau de la partie saillante du cal. Section du tendon d'Achille.	La régénération osseuse n'a pas lieu.	Amputation au bout d'un an.
77	Syme (1854). *The Lancet*, 1855, t. Iᵉʳ, p. 204.	H. 23 ans	Fracture du péroné (extrémité inférieure) datant de 3 mois. Déviation très marquée du pied en dehors.	Résection de l'extrémité inférieure du tibia. Section du péroné au niveau du cal (pinces incisives).	?	Guérison. Résultat fonctionnel excellent.

Nos	NOMS DES AUTEURS Indications bibliographiques	SEXE et âge des opérés	NATURE DE LA LÉSION	PROCÉDÉ OPÉRATOIRE	SUITÉS de l'opération	RÉSULTAT FINAL
78	SZUMANN (1879). *Breslauer Aertzlitche Zeitschr*, 1879, n° 8.	H. 5 ans.	Fracture du fémur. Chevauchement considérable.	Section sous-cutanée longitudinale du cal avec la scie.	?	Guérison. Pas de raccourcissement ; marche facile.
79	TERRILLON (1879). *Bull. Soc. chirurg.*, 1880.	H. 31 ans.	Fracture du péroné à l'extrémité inférieure. Arrachement de la malléole interne. Pied en valgus équin. Impotence absolue.	Résection au ciseau du plateau tibial. Section transversale du péroné au niveau du cal.	?	Guérison. Résultat fonctionnel excellent.
80	TOLAND (1855). *Charleston, med. Journ. and. rev.*, t. XI, 1856, p. 703.	H. 8 ans.	Fracture sus-condylienne de l'humérus datant de 3 mois. Cal vicieux saillant en avant de l'articulation.	Résection de 5 à 6 centimètres de la partie saillante du cal (Scie de Hey et cisailles).	Scarlatine.	Guérison. Raccourcissement, mais mobilité du coude obtenue.
81	TRENDELENBURG (1879). *Gangolphe, thèse Lyon*, 1882, obs. n° 13.	H. 21 ans.	Fracture du fémur au tiers inférieur. Cal saillant en avant et en dehors. Raccourcissement considérable.	Ostéoclasie échoue. Ostéotomie au ciseau. Pansement de Lister, sutures.	Réunion par 1re intention.	Guérison. Raccourcissement diminué de moitié ; résultat fonctionnel bon.
82	— (1879). *Gangolphe, thèse Lyon*, 1882, obs. n° 50.	H. 25 ans.	Fracture sus-malléolaire. Cal saillant en dedans. Impotence absolue.	Ostéotomie cunéiforme du tibia. Section transversale du péroné (ciseau et maillet). Pansement de Lister, sutures.	Réunion par 1re intention.	Guérison. Résultat fonctionnel excellent.
83	ULMANN et ADELMANN, 1837. *Pray. Viertel*, f. prakt. Heilk., 1858, t. III, S. 60.	H. 5 ans.	Fracture du fémur sous-trochantérienne datant de plusieurs mois. Cal anguleux à sommet externe. Raccourcissement considérable.	Section linéaire avec la scie à chaîne.	?	Mort au bout de vingt-quatre heures (choc traumatique).
84	VERNEUIL, 1882. *Bull. et mém. de la Soc. chir.*, 1882, p. 743.	H. 26 ans.	Fracture du fémur à la limite du col et de la diaphyse. Cal volumineux et irrégulier apportant une gêne énorme aux mouvements de l'articulation coxo-fémorale. Marche à peu près impossible.	Tentatives inutiles de correction de l'attitude vicieuse par le redressement brusque et le redressement progressif. Incision de 8 centimètres entre la partie postérieure du grand trochanter et la fesse. Incision du périoste dans la direction de la plaie cutanée. Décollement de cette membrane. Section transversale du fémur, sous trochantérienne. Rupture facile du reste de l'os après la section (ciseau de Macewen) du tissu compacte. Pas de suture, pansement phéniqué.	Suites bénignes ; au bout d'un mois, cicatrisation complète. Au bout de 5 semaines, le malade commence à marcher avec des béquilles.	Six semaines après l'opération, le malade est présenté à la Société de chirurgie. Dans la station verticale pas d'attitude vicieuse du membre inférieur ; marche facile. Le malade peut rester debout pendant une heure sans trop de fatigue.
85	WARREN (de Boston), 1823. *Amer. Journ. New. Series*, t. IV, 1842, p. 313.	H. 22 ans.	Cal vicieux du tibia datant de 9 mois.	Ostéotomie cunéiforme au niveau de la partie saillante. Ostéoclasie manuelle du péroné.	?	Guérison. Résultat fonctionnel non indiqué.

Nos	NOMS DES AUTEURS Indications bibliographiques.	SEXE et âge des opérés	NATURE DE LA LÉSION	PROCÉDÉ OPÉRATOIRE	SUITES de l'opération	RÉSULTAT FINAL
86	WASSERFÜHR (1816). *Rust's Handwort der chirurg.*, vol. XVII, p. 543.	H. 5 ans.	Fracture du fémur au-dessus de la partie moyenne datant de 4 mois. Cal anguleux saillant en dehors. Raccourcissement considérable.	Section du tiers de l'épaisseur du cal (scie fine). Ostéoclasie complémentaire.	Suppuration. Élimination de petits séquestres.	Guérison. Marche normale.
87	WATTMANN (1840). *Jahrbl. der K. K. Oster, Staates*, t. LII, 1845, S. 124.	?	Cal anguleux du tibia.	Excision cunéiforme avec l'ostéotome. Redressement manuel du péroné.	?	Guérison. Pas de détails.
88	— (1840). *Jahrbl. der K. K. Oster, Staates*, t. LII, 1845, S. 124.	F. adulte.	Cal vicieux de la jambe. Déviation par rotation des fragments.	Résection cunéiforme avec l'ostéotome. Section du péroné.	Suppuration abondante.	Guérison. Pas de détails.
89	WUTZER (1840). *Otto Weber chir. erfahl. Berlin*, 1859, S. 113.	F. 17 ans.	Fracture de jambe au tiers inférieur datant de 5 ans. Cal anguleux saillant en avant. Marche impossible.	Section du tendon d'Achille. Résection cunéiforme.	Pyohémie.	Mort au trentième jour.

RÉSULTATS ET CHOIX DU PROCÉDÉ

Résultat opératoire. — Si nous consultons le relevé de Gurlt (1862), nous trouvons :

$$38 \text{ cas :} \begin{cases} \text{guérisons} \dots \dots \dots \dots \dots & 25 \\ \text{amélioration} \dots \dots \dots \dots & 1 \\ \text{amputations} \dots \dots \dots \dots & 2 \\ \text{morts} \dots \dots \dots \dots \dots & 7 \\ \text{terminaisons inconnues} \dots \dots & 3 \end{cases}$$

Soit une mortalité de 18,42 p. 100, et, comme un des amputés est mort des suites de cette dernière opération, nous arrivons à la proportion péu encourageante de 21 p. 100.

Mais, hâtons-nous de le dire, c'est la statistique ancienne, c'est la statistique de l'ostéotomie non antiseptique.

Voyons maintenant notre statistique personnelle : elle comprend 89 cas, se subdivisant de la façon suivante : 65 pour la jambe, 18 pour le fémur, 3 pour l'humérus, 3 pour l'avant-bras. Au point de vue des suites, nous lisons :

$$89 \text{ cas :} \begin{cases} \text{morts} \dots \dots \dots \dots \dots & 11 \text{ (1)} \\ \text{guérisons} \dots \dots \dots \dots & 77 \\ \text{amputation} \dots \dots \dots \dots & 1 \end{cases}$$

Ce qui nous ramène à une mortalité de 12,36 p. 100 seulement.

Mais, et nous sommes des premiers à le reconnaître, une

---

(1) Ces 11 morts sont dues aux causes suivantes :

9 — pyohémie ou septicémie aiguë.
1 — choc.
1 — après amputation.

pareille statistique englobant sans distinction et les ostéotomies faites sans le secours de la méthode antiseptique, et celles au contraire où l'on s'est entouré de toutes les précautions nécessaires, n'a qu'une valeur absolument apparente.

Pour juger l'ostéotomie sous son jour exact, il faut, à l'exemple de Gangolphe, ne plus tenir compte aujourd'hui que des ostéotomies antiseptiques. Or, nous avons pu réunir 34 cas de ce genre. Ce sont eux qu'il nous faut analyser.

Ces 34 ostéotomies antiseptiques ont porté 26 fois sur la jambe, 5 fois sur le fémur, 1 fois sur l'humérus, 2 fois sur le radius.

On a eu recours 17 fois au Lister, 1 fois à l'alcool. Seize fois le mode de pansement est dit antiseptique sans plus de détails.

La réunion immédiate a été cherchée 13 fois, négligée 1 ; 16 cas sans détails.

Le procédé mis en usage, non signalé dans 7 des observations, était linéaire 10 fois, cunéiforme 15 fois, avec résection des fragments 2 fois.

Le moyen d'exérèse, non cité 15 fois, était dans 9 cas la scie, dans 10 cas le ciseau, dans 1 la pince.

Leur résultat a été vraiment merveilleux.

34 cas.	réunion par 1re intention......	7
34 guérisons.	suppuration assez abondante...	6
	érysipèle.....................	1
	pas de détails sur les suites....	20

Nous croyons donc être en droit de conclure, sans hésitation, que si les chirurgiens avaient raison jusqu'à ces dernières années de redouter l'ostéotomie dans le traitement des cals vicieux, cette réserve n'est plus justifiée aujourd'hui grâce à la méthode antiseptique. On pourra même, dans un certain nombre de cas, espérer la guérison rapide par première intention.

Résultat fonctionnel. — Nous venons de voir qu'à l'heure actuelle l'ostéotomie est une opération d'une très minime gravité; il s'agit maintenant de savoir si elle remplit le but qu'elle vise, c'est-à-dire l'utilisation d'un membre impotent.

La répartition de nos 77 cas de guérison nous donne les chiffres suivants :

Résultat fonctionnel bon............ 42 fois.
Raccourcissement notable............ 8 »
Marche avec appareil................ 5 »
Résultats inconnus.................. 22 »

Il en résulte : 1° que dans la moitié des cas environ l'ostéotomie a pleinement atteint le but qu'elle se proposait.

2° Qu'il y a eu un certain nombre de résultats incomplets.

Ce n'est là malheureusement qu'une appréciation assez vague, car les 22 résultats inconnus rendent toute appréciation exacte impossible.

A plus forte raison sommes-nous arrêtés lorsque nous cherchons à savoir ce que devient le malade. Bien peu ont été revus et suivis.

Mais, si ces renseignements font défaut d'une manière générale dans les documents étrangers, disons qu'ils sont fournis par les observations d'Ollier et de Poncet, et il nous semblerait absolument illogique de considérer leurs résultats comme exceptionnels; nous avons, au contraire, la ferme croyance qu'ils doivent ou devront dans la suite constituer la règle.

Ce jugement, nous le basons sur la statistique que nous fournit l'ostéotomie antiseptique, à propos de laquelle nous possédons des renseignements plus précis. Sur 34 cas nous relevons :

```
Résultat fonctionnel bon................  21
Raccourcissement notable.............   3
Marche avec appareil................     2
Résultats inconnus..................     8
```

A part les résultats inconnus qui peuvent être favorables ou défavorables, nous voyons que les succès définitifs sont représentés par une proportion de 62 pour 100.

Comme, d'autre part, il n'y a ni mort, ni même accident grave qui vienne assombrir ce tableau, il nous est impossible de conclure que l'ostéotomie, appliquée au traitement des cals vicieux, soit une opération mauvaise ; il nous semble bien au contraire qu'elle est digne d'attirer très sérieusement l'attention des chirurgiens.

Choix des procédés. — Le pansement antiseptique une fois admis en principe, et nous pensons en avoir suffisamment prouvé les mérites, devons-nous recourir de préférence à tel ou tel mode opératoire ?

La réponse est facile : elle nous est dictée par la conduite des chirurgiens qui ont vu le succès couronner leurs efforts. Or, deux modes opératoires seulement ont été réellement heureux : l'ostéotomie linéaire incomplète, l'ostéotomie cunéiforme. C'est donc à eux qu'il faudra recourir, choisissant ou l'un ou l'autre suivant les indications du cas particulier : la section simple s'adressant aux déviations moindres ; l'excision visant les grandes déformations.

DE L'OSTÉOTOMIE DANS LES COURBURES RACHITIQUES.

Pour étudier avec fruit la valeur de l'ostéotomie dans le rachitisme, il nous paraît indispensable de donner tout d'abord un aperçu général de cette affection.

Le rachitisme est une maladie de l'enfance, caractérisée par des troubles dans la nutrition et le développement des os. Ces troubles, on peut les résumer en deux mots : gonflement anormal des extrémités épiphysaires et incurvations ou fractures des diaphyses.

En se basant sur les lésions visibles à l'œil nu, on peut diviser le rachitisme en trois périodes :

Dans la première, dite de *raréfaction* (Bouvier) ou d'*épanchement* (J. Guérin), les os en général, et surtout les os longs, sont infiltrés par une matière sanguine noirâtre, qui peu à peu finit par ressembler à de la gelée de groseilles (J. Guérin). Mais ce qu'il importe de noter, c'est qu'il n'y a pas encore de déformation extérieure, bien que le tissu osseux soit déjà raréfié, ramolli et se laisse plus facilement couper qu'à l'état normal.

La deuxième période, période *d'organisation*, de J. Guérin, mais que Follin a plus justement appelée période *de déformation*, est celle où se montrent et le gonflement épiphysaire et les courbures de la diaphyse.

Le gonflement des épiphyses est dû à la présence, en plus ou moins grande quantité, d'un tissu spécial au rachitisme, le tissu chondro-spongoïde, pour la description duquel nous renvoyons au *Manuel d'Histologie pathologique* de Cornil et Ranvier.

Quant aux courbures, elles tiennent aux altérations profondes du tissu compact de la diaphyse qui, peu à peu, prend
l'aspect du tissu spongieux et même, à une période plus
avancée, se transforme en lamelles friables, minces, concen-
triques, séparées les unes des autres par un tissu conjonctif
mou et vasculaire.

Enfin, dans une troisième et dernière période, ou bien,
les lésions continuant à progresser, le malade succombe à la
consomption rachitique (J. Guérin), ou bien la consolidation
dès os survient (état éburné de Bouvier). Cette consolidation
peut même, qu'on nous permette l'expression, dépasser le
but ; souvent, en effet, l'os guéri offre une densité supérieure
à celle du tissu compact normal.

De toutes ces périodes, celle qui nous intéresse le plus est,
sans contredit, la seconde ; alors qu'apparaissent les déformations osseuses contre lesquelles, malheureusement, le chirurgien est trop souvent impuissant.

Laissons tout d'abord de côté, les déformations crâniennes,
vertébrales, thoraciques, pelviennes, qui ne rentrent pas
dans notre sujet, pour ne nous occuper que des courbures
des membres.

Encore les déformations des membres supérieurs n'ont-elles
qu'un médiocre intérêt au point de vue thérapeutique, car
elles ne créent pas pour [le membre atteint une impossibilité
fonctionnelle et nous ne connaissons qn'un seul fait où le chirurgien ait dû intervenir.

Les déformations du membre inférieur ont une importance
bien plus grande. Le poids du corps, l'action de muscles puis-
sants, y produisent des courbures beaucoup plus accentuées
et dont les conséquences au point de vue fonctionnel, station
et marche, sont bien autrement graves.

Les tibias sont le plus souvent infléchis en arc à convexité antéro-externe et le péroné suit le tibia.

Pour Follin au contraire, la convexité de l'arc est très souvent interne ; pour Nélaton, elle regarde fréquemment en avant et en dedans. Ajoutons enfin que parfois l'une des jambes est concave en dedans et l'autre en dehors.

De ces différences dans la courbure, nous pouvons dès à présent conclure que nous ne saurions avoir de procédé opératoire fixe, en tant du moins que lieu d'élection, pour l'incision linéaire ou l'excision cunéiforme.

Même remarque pour le fémur, dont les courbures, elles aussi, vont affecter les types les plus divers. En général, c'est l'exagération de l'état normal, c'est-à-dire une courbure à convexité antéro-externe. Souvent les deux fémurs ont des inflexions irrégulières, symétriques ou non d'un côté à l'autre. Dans ce dernier cas, on peut constater une différence de longueur entre les deux membres.

L'incurvation du fémur s'accompagne souvent, comme celle du tibia du reste, d'un aplatissement de l'os dont les faces regardent, l'une : la concavité, l'autre : la convexité.

Les courbures simultanées du fémur et du tibia amènent des déformations toutes spéciales qui, dans certains cas, rappellent la forme d'un S irrégulier.

Au point de vue clinique et thérapeutique, ces courbures si variées peuvent être divisées en trois groupes bien distincts et qui répondent, pour ainsi dire, à l'âge où le rachitisme fait son apparition première.

Tantôt en effet, et cela se voit chez les très jeunes sujets, tous les os sont atteints, mais inégalement. Le chirurgien, on le conçoit aisément, n'a guère à intervenir.

Tantôt, et c'est le fait le plus ordinaire (enfants de 3 à 5 ans), les déformations se limitent à quelques os qui sont pour ainsi dire les points d'élection du rachitisme : tibia, péroné, fémur, os de l'avant-bras.

Enfin, dans la seconde enfance et dans l'adolescence, le rachitisme se localise aux épiphyses qui se soudent en dernier lieu, extrémité inférieure du fémur et supérieure du tibia, fait sur lequel nous aurons à nous expliquer à propos de la pathogénie du genu valgum.

C'est le rachitisme, localisé aux membres, qui relève plus particulièrement de l'intervention chirurgicale. C'est le seul qui doive nous occuper.

A ces considérations générales sur la consistance et la courbure des os atteints de rachitisme, il convient d'en ajouter une dernière : nous voulons parler des dimensions, du siège et de la forme du canal médullaire :

Une coupe pratiquée suivant la longueur de l'os, montre ordinairement le canal médullaire rétréci à la partie moyenne de l'os, élargi à ses extrémités, ce qui lui donne une forme en sablier (Broca). D'autres fois il est dilaté sur toute son étendue (Trousseau et Lasègue). Ailleurs il se prolonge jusque dans les épiphyses.

Quand il existe une courbure prononcée, le canal médullaire n'est plus central, il se rapproche de la convexité et n'est quelquefois fermé en ce point que par une mince lamelle, ou même s'ouvre à la surface de l'os (Beylard). Du côté de la concavité, au contraire, l'os augmente considérablement d'épaisseur par la formation de nouvelles couches sous-périostiques ; c'est le tissu ostéoïde de Virchow, que Guérin avait, à tort, confondu avec le tissu spongoïde des épiphyses.

Nous avons tenu à insister sur les modifications de siège et de calibre du canal médullaire ; elles nous montrent combien est vaine la prétention de Wahl de vouloir en éviter l'ouverture par son procédé en sillon ; car elles nous font comprendre également combien d'imprévu on rencontrera pendant la section d'un os rachitique : ici c'est une opération longue, pénible, que la scie seule peut mener à bonne fin ; là, au contraire, on trouve une sorte de coque facile à traverser, mais facile aussi à éclater, si l'on ne manœuvre avec prudence.

En résumé, trois périodes : l'une, en voie d'évolution, relevant du traitement général et prophylactique ; une deuxième où l'os est assez mou pour se déformer, mais assez souple aussi pour se laisser redresser, c'est le triomphe de l'orthopédie. — Une troisième enfin, la seule où le chirurgien soit réellement appelé à agir, période de courbure confirmée et d'os solides. Il est vrai que cette solidité n'est pas égale d'un bout à l'autre de cette phase morbide. Au début elle est moindre, l'os pourra casser, l'ostéoclasie est possible. Plus tard, c'est l'éburnation dans toute sa puissance ; seul l'instrument tranchant, en prenant ce mot dans son sens le plus vaste, pourra être appelé à intervenir efficacement.

Malheureusement, si ces deux degrés dans la solidité osseuse existent réellement, nous manquons de moyen clinique pour les reconnaître et ce n'est qu'à l'essai, on peut dire, peut-être aussi en se basant sur l'âge du malade, qu'on pourra résoudre la difficulté.

HISTORIQUE

Il est de convention (et chacun des auteurs qui ont écrit sur l'ostéotomie ont fidèlement copié leurs prédécesseurs) de ranger M. J. Guérin au nombre des promoteurs de l'ostéotomie appliquée au rachitisme (1843). D'une façon générale le fait est vrai, nous l'accordons ; mais si nous nous

reportons au texte exact de sa communication à l'Académie
de médecine, il nous est facile de reconnaître qu'il n'a eu
en vue que les cals vicieux chez les rachitiques. C'est pour
eux qu'il propose et qu'il exécute la section sous-cutanée d'un « tissu fibreux, spongoïde, résistant, élastique,
remplissant l'angle de la fracture, trop peu extensible pour
céder aux efforts de redressement. » Il proteste énergique-
ment contre ses imitateurs qui appliquent l'ostéotomie surtout à la période d'éburnation, « période à laquelle il ne l'a
jamais faite (1). »

Aussi est-il juste, avec Malgaigne (2), de rapporter à
Meyer (de Würtzbourg) l'honneur de la première ostéotomie
pour *courbure rachitique*. En 1851, le chirurgien allemand
pratiqua, sur le même sujet, cinq ostéotomies successives et
obtint un résultat parfait (3). — Trois ans plus tard, dans
le courant de juin 1854, Langenbeck (4) fit avec succès deux
opérations semblables.

Ces trois cas ne constituaient pas une statistique suffisante pour juger la valeur de la nouvelle opération : aussi,
lors de la discussion dont elle fut l'objet, à la Société de
chirurgie, en 1855 (5), fut-elle à peu près unanimement
condamnée.

A partir de ce moment, un silence profond se fait sur la
question et il faut arriver en 1873, pour voir paraître un
travail de Wahl, de Pétersbourg (6), ayant trait à huit opé-

(1) *Bulletin de l'académie de médecine*, avril 1876.
(2) Malgaigne et Le Fort. *Manuel de médecine opératoire*, t. I, p. 378.
(3) Meyer. — *Die osteotomie... in Illust. Med. Ztg*, 2, 1852.
(4) Langenbeck. *Die subcutane osteotomie... in Deutsche Klinik*, 1851,
n° 30.
(5) *Bullet. Soc. chirurgie*, t. VI, p. 187.
(6) Wahl. *Zur Casuistik der osteotomie, in Deutsche Zeitsch, für chirurg.*,
B. III, 1873.

rations d'ostéotomies pratiquées avec succès sur 4 sujets rachitiques,

Depuis cette époque, les documents abondent : c'est d'abord le mémoire de Howard Marsh, en 1874 (1), sur le traitement des incurvations rachitiques des jambes par l'ostéotomie ; on y trouve relatées huit opérations pratiquées sur quatre sujets.

L'année suivante, 1875, Jules Bœckel adresse à la Société de chirurgie un mémoire sur l'ostéotomie dans les déviations rachitiques (2). L'auteur y rapporte 10 observations personnelles ayant trait à 5 malades, tous les 5 guéris, et 33 cas heureux publiés à l'étranger.

Le rapport qu'en fit M. Tillaux devint le point de départ d'une discussion des plus intéressantes, où MM. Tillaux, Labbé, Panas, se montrèrent partisans déclarés de l'opération préconisée par Bœckel, Billroth, Nüssbaum.

Cette même année, Gussenbauer (3), publie 12 opérations heureuses d'ostéotomie pratiquées par Billroth sur 6 sujets, tandis que Volkmann (4), lit, au cinquième congrès de la Société allemande de chirurgie, une série de faits personnels, tous suivis de guérison.

Rappelons encore la thèse inaugurale du docteur L. Reuss en 1878 (5), faite sous l'inspiration de J. Bœckel, la thèse d'agrégation du docteur Chalot 1878 (6), où l'auteur compare

(1) H. Marsh. *On the treatment of rachitic deformities of the legs by operation, in medico-Chirurg. Transact.*, v. LVIII., 1874.

(2) Bœckel. — *De l'ostéotomie dans les déviations rachitiques.* — *Bullet. Soc. chirurgie,* t. II, p. 167.

(3) Gussenbauer. *Die methode d. Künstlichen Knochen trennung; in archiv. f. Klin. Chirurg.* 1875.

(4) Volkmann. *Beiträge zur chirurgie. Leipzig,* 1875.

(5) Reuss. *De L'ostéotomie dans les courbures rachitiques des os,* Paris, 1878.

(6) Chalot. *Comparer entre eux les divers moyens de diérèse.* Thèse agrégat. 1878.

entre eux les divers moyens de diérèse osseuse (ostéotomie et ostéoclasie) ; enfin, le nouveau mémoire de J. Bœckel (1) paru en 1880. — C'est certainement le travail le plus complet sur la question. — On y trouve une statistique très riche, où figurent 181 cas d'ostéotomies tous suivis de guérison, empruntés à Meyer, Langenbeck, Billroth, Volkmann, Güterbock, Schede en Allemagne ; Albert en Autriche ; Muralt en Suisse ; Wahl en Russie ; Mars, Messenger Bradley, Jones, Barwell, Poore, Cowell, David Colley en Angleterre ; Ehrmann, Lannelongue, Eugène Bœckel, Jules Bœckel en France.

A ces faits, si nombreux déjà, nous sommes assez heureux, pour en ajouter 33 nouveaux qui avaient échappé à Bœckel, ou qui se sont produits depuis son mémoire. Ce sont les seuls que nous rapportions dans notre tableau, car nous croyons absolument inutile de rééditer la statistique de Bœckel.

C'est donc sur 215 cas d'ostéotomie, dont 33 non encore réunis avant nous, que nous allons appuyer notre description.

PROCÉDÉS

Des divers procédés d'ostéotomie applicables aux déviations rachitiques, le plus ancien, sans contredit, est celui de Meyer (1851). C'est lui qui, le premier, fit entrer l'ostéotomie dans ce qui n'avait été jusqu'alors que le domaine de l'orthopédie.

Johann Sœnger, âgé de 20 ans, apprenti tailleur, entre à la

---

(1) J. Bœckel. *Nouvelle considération sur l'ostéotomie dans les déviations rachitiques des membres.* Paris, 1880.

maison de santé pour une incurvation rachitique des deux membres inférieurs qui se croisent en forme de X. Les deux fémurs sont incurvés en demi-cercle et tordus autour de leur axe ; le condyle interne regarde en avant, la rotule directement en dehors. Les jambes sont incurvées en dehors.

Le 29 juillet 1851, Meyer pratique une double ostéotomie oblique du fémur et du tibia droits. Scie courbe pour le tibia et ostéotomie pour le fémur. Suture entortillée de la plaie, attelle de Boyer, compresses froides. Réunion immédiate à la jambe, suppuration profuse à la cuisse. Le fragment supérieur du fémur tendant à faire saillie, le chirurgien applique la pointe de Malgaigne pendant dix-huit jours. Élimination de plusieurs séquestres, consolidation au bout de sept semaines, redressement parfait. Pendant la section du fémur, la scie à chaîne de l'ostéotome se rompit et Meyer acheva l'opération à l'aide du ciseau qui lui servait d'habitude à l'amphithéâtre pour enlever la calotte cranienne.

Le 7 septembre suivant, troisième opération. Ostéotomie oblique du fémur gauche avec la scie à guichet. Même pansement, réunion immédiate.

Le 25 octobre, ostéotomie semi-circulaire du tibia gauche au tiers supérieur. Redressement impossible à cause du péroné que Meyer divisa dans la cinquième séance. Même pansement, réunion immédiate.

Enfin, dans cette cinquième opération, l'ostéotomie oblique du fémur gauche fut faite au tiers inférieur. Toujours même pansement, accidents de décubitus, abcès à la fesse. Guérison définitive au bout de six mois.

Quand Sœnger quitta la maison de santé, le résultat des cinq ostéotomies successives était parfait. L'opéré pouvait marcher, se mettre à genoux, et sa taille avait augmenté de deux pouces.

Nous avons emprunté cet exposé au mémoire de Bœckel, n'ayant pu nous procurer l'*Illus. med. Zeitung* de 1852 qui paraît être le premier document. Nous tenons à faire cette réserve, car dans la *Deutsche Klinik* de 1856 (p. 169-170) et dans le traité des résections de Heyfelder (traduction d'Eug. Bœckel, Paris 1863, p. 83), nous trouvons une description un peu différente. L'ostéotomie aurait été cunéiforme pour le tiers inférieur du fémur droit et sous-cutanée, grâce à deux incisions latérales, pour le fémur gauche.

Depuis cette époque bien des chirurgiens ont suivi l'exemple de Meyer et ont tenté, comme lui, le redressement des membres rachitiques par l'ostéotomie, mais sans adopter toujours son procédé.

Si quelques-uns se contentèrent de lui faire subir quelques modifications plus ou moins heureuses, d'autres en revanche s'en écartèrent complètement et l'on vit ainsi paraître successivement les procédés de Langenbeck (1854), de Wahl, (1873), de Marsh (1874), Barwell (1878), de Bœckel (1880), de Chavasse (1881).

Avant de les décrire en particulier, il nous semble indispensable d'en donner d'abord un aperçu général, de les grouper, de les classer en procédant du simple au composé. — Fidèle à notre plan général, nous les résumons dans le tableau ci-contre.

I. Ostéotomie incomplète :
  A. Linéaire..
    Face int. du tibia en son milieu.
    Du côté concave.
    Du côte convexe.
    Sur bord int. du tibia.
  B. Cunéiforme en sillon.

II. Ostéotomie complète :
  A. Linéaire oblique.
  B. Linéaire.
  C. Cunéiforme.
  D. Trapézoïde.

Nous pouvons maintenant aborder la description spéciale de chaque procédé.

I. OSTÉOTOMIE INCOMPLÈTE. — *A. linéaire.* — En 1854,

Langenbeck, ayant à redresser les jambes de deux rachitiques, eut recours au procédé qui suit (1) :

Il commence par faire, sur la face interne du tibia et
perpendiculairement à sa longueur, une incision de 15 à
20 millim. de long, divisant à la fois la peau et le périoste.
Au centre de cette incision il applique un foret en forme de
gouge ou perforateur fixé sur un arbre à vilebrequin, et
traverse ainsi l'os de part en part à sa partie moyenne. Dans
l'ouverture ainsi produite, il introduit une scie à main très
étroite, au moyen de laquelle il divise successivement chacune des moitiés du tibia, en ayant soin, toutefois, de laisser
de chaque côté un petit pont osseux qui maintienne les fragments dans leur position jusqu'à ce que les premiers accidents de l'opération soient conjurés. Ces ponts doivent être
assez faibles pour être facilement rompus par le chirurgien
lorsque le moment sera venu de redresser le membre. Ils
ont l'avantage de permettre au chirurgien d'éviter de léser
plus ou moins les parties molles, ce qu'il ne pourrait faire
dans une section complète de l'os. Au bout de quelques jours
les ponts osseux sont brisés, le membre redressé et entouré
d'attelles.

Deux points sont à relever dans cette description : 1° le
soin avec lequel on réduit l'incision cutanée aux plus petites
dimensions possibles ; — ne s'agit-il pas en effet de faire d'abord
et avant tout une ostéotomie sous-cutanée ? 2° la conservation
d'un pont osseux aux deux extrémités du même diamètre.
— Cette section linéaire centrale est la véritable caractéristique du procédé de Langenbeck.

Avec Marsh, Barwell et Chavasse l'ostéotomie reste incom-

____

(1) *Deutsche, Klin.*, 1854, n° 30.

plète et linéaire, mais revient au type général, c'est-à-dire intégrité de l'os en un seul point. S'ils sont d'accord sur ce premier principe et aussi sur cet autre qu'il faut opérer au point maximum de la courbure, ils varient sur le siège précis où il faut appliquer l'instrument coupant.

Howard Marsh (1) veut qu'on aborde l'os par son côté concave : — Un ténotome est introduit le long de la concavité du tibia au point le plus incurvé ; section transversale du périoste ; ostéotomie incomplète à la scie. Ostéoclasie du tibia et du péroné.

. D'après Bœckel, Marsh attendrait que la plaie cutanée fût guérie pour fracturer et redresser le membre.

Comme modification insignifiante citons la conduite de Jones (2) qui ajoute au procédé de Marsh l'emploi de la bande d'Esmarch et la suture des téguments. Il est vrai qu'il pratique l'ostéoclasie manuelle immédiate.

Barwell, (3) au contraire, veut qu'on attaque par la convexité. Après une ostéotomie linéaire incomplète au ciseau, il pratique l'ostéoclasie par un petit mouvement sec exagérant la courbure primitive. Quant au redressement final, il ne doit être fait qu'avec une douce lenteur.

Tout ce Manuel opératoire a pour but de respecter autant que possible le périoste qui répond à la concavité, c'est-à-dire au point où le redressement de l'os va entraîner un écartement de forme cunéiforme. Il est inspiré à Barwell par ses idées théoriques sur la formation du cal interfragmentaire.

(1) *Med. chir. transact.*, v. LVII, 1874.
(2) *The lancet*, v. II, p. 235, 1877.
(3) *British Med. Journal*, 1878, t. I, p. 705 et 747.

.Quant à Chavasse (1), dans toute courbure latérale c'est toujours le long du bord interne du tibia qu'il fait son incision cutanée, et c'est toujours par ce même bord qu'il commence la section de l'os au ciseau.

B. *Cunéiforme en sillon.* — Wahl, de Pétersbourg (2) fait lui aussi l'ostéotomie incomplète, mais, poursuivi par le désir de respecter le canal médullaire, il est conduit à un procédé aussi ingénieux que difficile à exécuter : une incision longitudinale de 5 cent. amène sur le périoste que l'on décolle. Puis, avec le ciseau, on creuse, en s'efforçant de contourner le canal médullaire, un sillon cunéiforme de 5 à 8 millim. de hauteur et occupant les trois quarts de la circonférence de l'os. Ostéoclasie finale.

A elle seule, l'ostéotomie incomplète ne permet pas, on le conçoit, le redressement du membre. Il faut terminer par l'ostéoclasie. Mais ici encore, les divers chirurgiens procèdent d'une façon différente. Les uns font le redressement immédiat, les autres attendent que la plaie des téguments soit guérie pour fracturer l'os incomplètement divisé. La première méthode est surtout préconisée par Volkmann, Wahl, Nepveu (3), la seconde par H. Marsh et Nüssbaum, de Munich, qui considèrent comme dangereuse l'ouverture à l'air libre du canal médullaire. Billroth, également, ne fracture l'os que quand la plaie est cicatrisée.

II. Ostéotomie complète. — Terminer une ostéoto-

---

(1) *British. Med. Journ.,* 1881, t. I. p. 158.
(2) *Deutsche Ztsch., f. Chir.,* IV, 1873.
(3) *Archiv. génér. méd.,* sep. 1875 et février 1876.

mie par ostéoclasie, c'est toujours livrer une certaine part de l'opération au hasard, hasard dont on n'a rien à redouter quand il s'agit d'un os relativement élastique, mais qui peut se présenter au contraire sous forme de fracture esquilleuse lorsqu'on est en face d'un tissu cassant et dur tout à la fois comme l'os rachitique arrivé à la 3e période.

Aussi comprend-on facilement que l'ostéotomie complète, sous l'une quelconque de ses formes, linéaire ou cunéiforme, n'ait pas tardé à prendre place au premier rang des procédés ostéotomiques appliqués aux courbures rachitiques.

A. Linéaire. — Presque uniquement admise aujourd'hui en Angleterre, elle compte de nombreux partisans en Allemagne. On sait qu'en France, Bœckel s'en est fait le défenseur ardent. C'est lui qui nous servira de guide dans l'exposé des deux procédés linéaire et cunéiforme complets.

Au niveau du maximum d'incurvation, on pratique, sur la face interne, s'il s'agit du tibia, sur la face externe si l'on doit s'attaquer au fémur, une incision verticale aussi petite que possible, mais allant d'emblée jusqu'à l'os. On sectionne le périoste perpendiculairement à l'incision cutanée, et même quelques auteurs (Bœckel) recommandent de le décoller quelque peu avec la rugine. Puis, avec la scie ou le ciseau, et de préférence avec ce dernier (Bœckel), on divise l'os dans toute son épaisseur. Le membre est immédiatement redressé et maintenu en bonne position à l'aide d'une gouttière plâtrée qui sera renouvelée au bout de quinze jours. Les précautions antiseptiques doivent être régulièrement et minutieusement observées.

Comme nous l'avons dit, Bœckel préfère le ciseau, mais il

a le soin de se servir de modèles décroissants pour éviter de
le sentir serré entre les surfaces osseuses.

B. Cunéiforme. — Si l'on voulait pratiquer l'ostéotomie
cunéiforme, on commencerait par se donner du jour en faisant une incision en forme d'I. On disséquerait les deux petits volets ainsi dessinés, puis on attaquerait l'os, soit avec la
scie, soit avec le ciseau.

Si, l'excision achevée, on ne pouvait encore obtenir le
redressement, il faudrait, suivant les cas, faire la ténotomie
du tendon d'Achille ou exciser une nouvelle portion de l'os
et transformer ainsi une ostéotomie cunéiforme en ostéotomie
trapézoïde.

Quant à la plaie cutanée on peut, si l'on veut, réduire son
étendue par quelques points de suture, mais on ne devra
jamais faire la réunion totale.

Nous ne connaissons qu'un seul exemple d'ostéotomie pour
courbure rachitique du membre supérieur. Il appartient à
Stromeyer Little (1).

Il s'agit d'un jeune garçon qui avait été atteint, dans son
enfance, de ramollissement des os avec contracture musculaire irrégulière (*Softness and irregular muscular contraction*). L'avant-bras était fixé en supination. Par un examen
attentif, on crut reconnaître que l'obstacle à la pronation
n'était autre qu'une courbure anormale du radius, courbure
qui venait buter contre le cubitus.

(1) *System of Surgery by Holmes,* t. III, p. 712.

Le radius fut sectionné et les fragments ramenés en position normale.

La guérison eut lieu en quelques semaines, sans aucun accident intercurrent. Le résultat fonctionnnel fut complet.

Nos	NOMBRE des assistances	NOMS DES AUTEURS Indications bibliographiques	SEXE et âge des opérés.	NATURE DES DÉVIATIONS	PROCÉDÉ OPÉRATOIRE	SUITES de l'opération.	RÉSULTAT FONCTIONNEL
1	1	BASSINI. *La clinica operativa di Paria nell' anno* 1876-77.	G. 5 ans.	Courbure du tibia gauche.	Ostéotomie. (Procédé Billroth.)	Guérison en 10 jours.	Bon résultat.
2	2	BENNETT. *New-York med. journ.* 1881. Vol. XXXIV, p. 214.	G. 4 ans 1/2	Courbure antérieure des deux tibias.	Ostéotomie cunéiforme à droite et à gauche. Pansement de Lister.	Guérison.	
3	1	CHAVASSE. *Brit. med. journ.* 1881. T. I, p. 158.	E. 4 ans.	Courbure en dehors des deux tibias.	A droite, ostéotomie linéaire incomplète au ciseau. Pansement de Lister.	Guérison.	Marche au bout de un mois.
4	1	Id.	E. 27 mois.	Courbure en dehors et en avant des deux tibias.	A droite, ostéotomie linéaire incomplète au ciseau. Pansement de Lister.	Guérison.	Marche au bout de six semaines.
5	1	Id.	E. 5 ans.	Courbure des deux tibias.	Des deux côtés, ostéotomie linéaire incomplète au ciseau. Pansement de Lister.	Guérison.	Marche au bout de sept semaines.
6	2	CHAVASSE. *Brit. med. journ.* 1881. T. I, p. 158.	E. 3 ans.	Courbure latérale de tibias.	Ostéotomie double.	Guérison.	Marche au bout de quarante jours.
7	1	Pearce GOULD. *The Lancet*, 21 mai 1881. T. 1, p. 827.	G. 8 ans.	Courbure rachitique du tibia gauche.	Ostéotomie au ciseau. Pansement de Lister.	Mort au bout de 48 heures par l'acide phénique.	
8	1	HOWARD. *St. George's hosp. Reports*. 1877-78. T. IX, p. 333.	E. 8 semaines	Courbure considérable de la jambe à concavité antérieure.	Ostéotomie linéaire du tibia.	Guérison en 1 mois.	
9	2	Id.	E. 3 ans.	Incurvation des deux jambes.	Ostéotomie cunéiforme antiseptique.	Guérison sans réaction.	Grande amélioration.
10	1	JONES. *Brit. med. journ.* 1879. Vol. VII, p. 612.	F. 5 ans.	Courbure d'une jambe.	Ostéotomie linéaire sous-cutanée à la scie du tibia.	Guérison.	
11	2	Id.	F. 5 ans.	Courbure des deux jambes.	Ostéotomie linéaire sous-cutanée (scie) des deux tibias.	Guérison.	Bon résultat.
12	2	Id.	F. 6 ans.	Courbure des deux jambes.	Ostéotomie linéaire incomplète des deux tibias. Ténotomie des tendons d'Achille.	Guérison.	Id.

Nos	NOMBRE des opérations	NOMS DES AUTEURS Indications bibliographiques	SEXE et âge des opérés.	NATURE DES DÉVIATIONS	PROCÉDÉ OPÉRATOIRE	SUITES de l'opération	RÉSULTAT fonctionnel.
13	1	Jones. *Brit. med. journ.* 1879. Vol. II, p. 612.	G. 6 ans	Courbure des deux jambes.	Ostéotomie à gauche, ostéoclasie à droite.	Guérison.	
14	2	Id.	4 ans 1/2	Courbure des deux jambes.	Ostéotomie cunéiforme des deux tibias.	Guérison après une légère suppuration.	Bon résultat.
15	4	Little. *System. of surg. by Holmes.* T. III, p. 703.	F.	Double courbure rachitique.	Double opération à un an d'intervalle. Ostéotomie cunéiforme des tibias, linéaire des péronés (scie).	Guérison après suppuration avec élimination de petits séquestres.	Excellent.
16	2	Margary (17 août 1882).	G. 5 ans.	Incurvation de la jambe gauche à convexité externe.	Ostéotomie simple du tibia, cunéiforme du péroné au point le plus saillant de la courbure.	Guérison sans réaction.	Correction de la difformité.
17	1	Stirling. *St. George's hosp. Reports.* Vol. X. 1879.	G. 3 ans.	Incurvation rachitique extrême d'une jambe.	Ostéotomie cunéiforme antiseptique du tibia.	Guérison rapide sans réaction.	Grande amélioration.
18	2	Id.	G. 5 ans.	Incurvation des deux jambes.	Ostéotomie cunéiforme antiseptique des deux tibias.	Guérison sans réaction.	Grande amélioration.
19	2	James Waitron. *Brit. med. journ.* 1882.	G. 12 ans.	Incurvation des deux jambes.	Ostéotomie au ciseau sur le tibia en deux endroits ; à deux pouces au-dessous de la tubérosité antérieure et à deux pouces au-dessus des malléoles.	Guérison sans réaction.	Excellent.
20	1	Zielewiez. *Berlin Klin. Wochens.*, 9 et 16 février 1880.	E. 6 ans 1/2	Courbure de la jambe gauche (scrofule et rachitisme).	Ostéotomie linéaire incomplète du tibia gauche. Suture au catgut.	Guérison lente. Hémorrhagie abondante par la plaie. Suppuration : élimination de séquestres.	Bon.
21	1	Id.	E. 6 ans 1/2	Courbure de la jambe droite (scrofule et rachitisme).	Ostéotomie linéaire incomplète du tibia droit (ciseau).	Guérison en 6 semaines. Un morceau du ciseau est resté dans l'os. Suppuration, élimination d'esquilles nécrosées.	

RÉSULTATS ET CHOIX DU PROCÉDÉ

L'analyse générale, sans distinction de procédé, des 182 faits consignés par J. Bœckel dans son mémoire, et des 33 cas que nous avons pu y ajouter, donne des résultats vraiment remarquables, que nous résumons dans le tableau ci-joint :

| PROCÉDÉS | NOMBRE DE CAS | SUITES DE L'OPÉRATION | | | | | RÉSULTATS | |
		Hémorrhagie.	Fièvre.	Suppuration.	Séquestres.	Réunion immédiate.	Parfaits.	Imparfaits.
Linéaire	62	2	9	11	3	4	54	3
Cunéiforme .	43	»	4	8	5		32	1
Oblique complète.......	4	»	»	2	1	3	3	»
Semi - circulaire complète	1	»	»	»	»	1	»	»
Avec désignation incomplète.......	8		2	2	»	»	3	2
Sans désignation	97	2	6	18	6	19	50	9
TOTAUX..	215	4	21	41	15	27	142	15
Total des complications		81						

Tout d'abord on est frappé de l'innocuité, on pourrait dire absolue, de l'ostéotomie. C'est ainsi que sur un total de

215 opérations, on ne compte que deux morts, rapportées par Muralt (1) et Pearce Gould (2).

Dans le fait de Muralt, il s'agit d'une petite fille, chétive, scrofuleuse qui fut prise de diarrhée après l'opération et mourut au bout de quelques jours. L'autopsie ne révéla rien qui pût expliquer la mort : il n'y avait ni hémorrhagie, ni ostéomyélite.

Quant à l'opéré de Pearce Gould, il aurait, au dire du chirurgien anglais succombé en 48 heures à l'empoisonnement par l'acide phénique.

Rappelons enfin que Billroth perdit une petite fille de pyohémie, c'est vrai, mais à la suite d'une variole contractée plus d'un mois après guérison parfaite de l'ostéotomie.

Ces morts ne sont donc nullement imputables à l'ostéotomie elle-même et n'enlèvent rien à l'éloquence des chiffres cités plus haut.

Quant au résultat même de l'opération, au point de vue du redressement des membres, il faut noter 142 guérisons parfaites, 15 imparfaites. Dans 58 cas, malheureusement, le résultat n'est pas indiqué, et malgré cette lacune, on arrive néanmoins à une guérison parfaite dans les 2/3 des cas. C'est, on en conviendra, une fort belle statistique.

Des complications ne se sont produites que chez 81 opérés, se répartissant de la façon suivante : 4 cas d'hémorrhagie pendant l'opération même, 21 fois de la fièvre les jours suivants, 41 cas de suppuration, 15 fois l'élimination de séquestres.

Ajoutons que la réunion immédiate est notée 27 fois.

Si, nous plaçant maintenant à un autre point de vue, nous comparons les méthodes ensemble, nous trouverons, pour

(1) Bœckel, 1880, obs. 107 de la statist. générale.
(2) Obs. 7, de nos tableaux.

l'ostéotomie linéaire, sur 62 opérés, 25 complications et 54 résultats parfaits ; pour l'ostéotomie cunéiforme sur 43 opérés, 17 complications et 32 résultats parfaits.

Traduisons ces chiffres et nous avons les proportions suivantes :

Ostéotomie linéaire :
    40 % de complications et 87 % de résultats parfaits.

Ostéotomie cunéiforme :
    39,5 % de complications et 74 % de résultats parfaits.

Ces chiffres parlent d'eux-mêmes : on voit que ces deux procédés se valent absolument en tant que pronostic opératoire. Quant à la différence au point de vue du résultat final, elle ne peut être invoquée sérieusement contre l'ostéotomie cunéiforme : les deux procédés, en effet, ne s'appliquent pas au même ordre de faits, la méthode cunéiforme est toujours et fatalement réservée aux cas graves, aux grandes déformations.

C'est donc en réalité, sans parti pris aucun et en obéissant seulement au degré de cambrure du tibia qu'on se contentera de le diviser, ou qu'on lui fera subir une perte de substance.

Mais quelle conduite faut-il tenir à l'égard du péroné ? L'examen des procédés, les suites des observations nous le montrent [tantôt respecté, tantôt rompu par l'ostéoclasie, tantôt enfin sectionné. C'est qu'en effet, il ne saurait y avoir de règle générale et que tout découle du cas donné en présence duquel on se trouve. C'est sa résistance, c'est le degré de courbure qui décideront en dernier ressort.

On essayera son redressement, on tentera sa fracture et l'on n'arrivera à sa section qu'après ces essais préalables.

Bien qu'elle ait été faite sans inconvénient avec les cisailles et la pince coupante, nous n'hésitons pas à préférer ici, comme toujours, la scie, ou mieux encore le ciseau.

On peut à peu près indifféremment faire l'ostéotomie des deux os au même niveau ou à des hauteurs différentes, mais on ne saurait dans aucun cas chercher à les atteindre par la même plaie cutanée; c'est une manœuvre pénible et par suite dangereuse.

C'est également au cours même de l'opération et guidé par la résistance de l'os qu'on devra, selon nous, se décider en faveur de l'ostéotomie complète ou incomplète. Préférable en principe toutes les fois qu'on peut espérer qu'il y aura plutôt flexion finale que fracture véritable, la division incomplète doit, au contraire, être proscrite en face d'un os éburné. L'expérience montre en effet que le redressement final expose alors à des éclatements, à des esquilles, à des déchirures étendues du périoste, voire même des parties ambiantes.

Signalons en terminant que dans les courbures latérales très accentuées, on pourrait avec avantage d'après Barwell (1), donner à l'ostéotomie linéaire une direction fortement oblique, revenir en un mot à l'un des procédés primitifs de Meyer. Les deux fragments glissant dès lors facilement l'un sur l'autre le redressement serait plus aisé, la surface de contact plus étendue, et finalement la consolidation plus rapide et plus parfaite.

(1) *British. Med. Journ.*, 1878., t. I, p. 705 et 747.

DE L'OSTÉOTOMIE DANS LES COURBURES
DE CAUSE INFLAMMATOIRE

A côté des faits d'ostéotomie pour courbures rachitiques, nous devons signaler certaines observations où l'incurvation diaphysaire reconnaît pour point de départ un processus inflammatoire ou tout au moins irritatif.

Quatre de ces observations sont spéciales d'ailleurs, par cette particularité, que le segment de membre incurvé comprend dans son squelette deux os longs juxtaposés (avant-bras, jambe). L'un de ces deux os subit un excès de développement en longueur suscité par un travail inflammatoire, tandis que l'autre suit son développement régulier. Dès lors le premier s'incurve en s'éloignant de celui-ci et le segment de membre (pied ou main) appendu à l'extrémité libre des deux os juxtaposés, se trouve incliné vers celui des deux os qui n'a pas subi d'allongement. — Le résultat serait le même si, un os évoluant normalement, son congénère reste arrêté dans son développement; seulement alors c'est l'os sain qui se courbe. (Obs. IV et V.)

Contre ce genre de courbures, l'ostéotomie a été employée dans trois cas dont nous consignons ici les observations. C'est à l'ostéotomie cunéiforme, que les opérateurs ont accordé la préférence.

Au septième congrès des chirurgiens allemands (séance du 12 avril 1878), Güterbock (de Berlin) communiquait le fait suivant :

OBSERVATION I.

Ostéotomie cunéiforme du radius pour un allongement d'origine inflammatoire.

Une petite fille de 8 ans, scrofuleuse, avait eu, à l'âge de 3 à 4 ans, une ostéite de l'avant-bras droit avec éliminations successives de plusieurs séquestres. Des fistules s'étaient constituées et le membre thoracique incurvé.

Elle se présenta à la polyclinique de Güterbock le 25 janvier 1877. On put constater que l'incurvation était due à un excès de développement du radius qui, dans sa moitié inférieure, proéminait sous la forme d'un arc à convexité externe, de sorte que la main paraissait luxée vers le cubitus. Deux fistules conduisaient sur l'os qui présentait en un point une sorte de cloaque. Au niveau de la partie la plus proéminente de la courbure, l'os était environ une fois plus volumineux que celui du côté sain.

Le 27 janvier, après avoir dilaté les fistules, Güterbock pratiqua l'ostéotomie cunéiforme sous-périostée avec la pince de Liston. Le coin détaché de l'os, au point le plus convexe, mesurait un demi-pouce à sa base, dimension suffisante pour ramener l'avant-bras dans la rectitude. Les deux surfaces de section furent maintenues en coaptation à l'aide d'une attelle de gutta-percha. L'opération et le pansement furent exécutés dans toutes les règles de la méthode de Lister.

Il y eut cependant suppuration et élimination de séquestres qui répondaient aux surfaces de section. La petite malade guérit néanmoins, mais dans les premiers temps la consolidation était imparfaite. A la date du 12 avril 1878, la réunion osseuse laissait encore à désirer quelque peu, mais les mouvements s'exécutaient librement, et notamment la supination qui était complète.

OBSERVATION II (1).

Jeune fille de 15 ans, syphilitique de naissance. Périostite chronique du tibia droit ayant déterminé au bout de 9 ans de durée un allongement de 8 à 9 centimètres de l'os malade. Le péroné correspondant n'ayant pas pris part à cet accroissement exagéré,

(1) Schede. *Berlin. Klin. Wochensch.*, 4°, 36, p. 532, 37 ou 1877.

il en était résulté une courbure en arc à convexité interne du tibia et une déviation oblique en bas et en dehors de la mortaise tibiale.

La malade était affectée ainsi, d'un pied valgus et pendant la marche c'était la malléole interne qui touchait le sol.

Les ligament latéraux internes distendus avaient subi un relâchement considérable et l'usage de béquilles était indispensable.

Schede enleva, immédiatement au-dessus de la jointure du cou-de-pied un segment cunéiforme du tibia en même temps qu'il pratiquait la section linéaire du péroné. Il obtint ainsi le redressement du membre.

Bien qu'il reste encore un certain allongement de la jambe, la jeune fille se promène la journée durant.

Pour combattre le relachement des ligaments latéraux qui n'a pas encore entièrement disparu, elle porte une bottine de Scarpa.

Dans le fait suivant, c'est encore un travail irritatif qui provoque un allongement anormal, mais c'est sous l'influence de la pression exercée par le poid du corps que l'os s'est incurvé.

OBSERVATION III

Communiquée au Congrès de Modène, 1882, par Margary.

Jeune garçon de 12 ans. En 1870 ostéomyélite des fémur et tibia droits. Ankylose complète du genou. Allongement de 25 millimètres du membre (20 pour le fémur, 5 pour le tibia). Le tibia décrit a 2 centimètres au-dessous de la tubérosité antérieure, un angle de 153 degrés ouvert en avant.

Opération : Ostéotomie du tibia et du péroné au niveau de l'angle. L'opérateur détache un segment des deux os, dans ce tissu hypertrophié qui donnait l'allongement de 25 millimètres.

En un mois la plaie est cicatrisée mais le cal encore mou. Soit sous l'influence de la chaleur de l'été, soit sous celle de l'onanisme, la consolidation du cal fut retardée de plus d'un an. A ce moment l'articulation est parfaitement correcte, le cal consolidé et l'état général très satisfaisant.

Guidé par ses recherches sur l'ostéogénèse, M. Ollier, de Lyon a dirigé contre cette catégorie d'incurvations, un procédé opératoire des plus ingénieux (1). Il agit sur les cartilages de conjugaison, remplaçant ainsi l'ostéotomie par une opération qu'on pourrait désigner, croyons-nous, sous le nom de *chondrotomie juxta-épiphysaire*.

M. Ollier a depuis longtemps démontré expérimentalement que l'on peut agir sur l'accroissement, la forme, la direction des os par l'excision des cartilages de conjugaison. Sur de jeunes lapins ou de jeunes chats, il excise le cartilage de conjugaison inférieur du cubitus et bientôt la patte se dévie en dehors, déviation qui augmente de plus en plus jusqu'à ce point que la patte arrive à former un angle droit avec l'avant-bras. M. Ollier fait la contre-épreuve en excisant sur l'autre membre le cartilage de conjugaison du radius. D'un côté la patte est déviée en dedans et de l'autre en dehors.

En outre, on enraye la déviation de la patte en excisant sur le membre opéré lui-même le cartilage de conjugaison du radius. Cette opération correctrice est démonstrative.

L'occasion s'est ultérieurement présentée à lui d'appliquer à la thérapeutique chirurgicale les données de la physiologie expérimentale.

Les deux observations que nous rapportons plus loin (obs. IV et V) lui ont servi pour établir un certain nombre de conclusions que nous croyons devoir rapporter in extenso, car elles donnent les indications et le procédé opératoire de cette nouvelle méthode :

1° On arrête l'accroissement des os en longueur par l'excision de leurs cartilages de conjugaison. Cette opération donne chez l'homme les mêmes résultats que chez les animaux.

(1) De l'excision des cartilages de conjugaison pour arrêter l'accroissement des os et remédier à certaines difformités du squelette. *Revue Mensuelle de Médecine et de Chirurgie*, 1877.

2° L'excision des cartilages trouve son application rationnelle dans le cas de développement inégal des os parallèles de
l'avant-bras et de la jambe. Si un des deux os qui composent les
segments de membre vient à être arrêté dans son développement, l'autre continuant à s'accroître selon les lois de son développement normal, deviendra relativement trop long. Sa
forme, sa configuration, ses rapports avec l'os voisin seront
nécessairement changés, et il en résultera des déviations pro-
gressives de la main ou du pied.

3° En arrêtant le développement de cet os, qui, tout en
ayant à peine sa longueur normale, se trouve trop long par
rapport à l'os parallèle, on fait cesser la déviation de la main
et du pied. Ces organes reprennent progressivement et d'eux-
mêmes leur direction première.

4° Cette opération n'est pas applicable à tous les cartilages de conjugaison à cause de leurs rapports avec les
cavités articulaires. Mais à la jambe et à l'avant-bras, c'est-
à-dire pour les régions auxquelles l'excision des cartilages
est spécialement applicable, les cartilages peuvent être
atteints sans dangers, pourvu qu'on n'intéresse que leur partie superficielle en respectant au moins leur moitié profonde.
Après l'opération, on doit placer le membre dans un bandage
ouato-silicaté et le condamner à une immobilité absolue.

5° Plus efficace et plus rationnelle que la résection d'un
fragment de la diaphyse, cette opération devra être proposée
toutes les fois que la déviation de la main ou du pied résistera
à l'usage des appareils de redressement, et, surtout lorsque
la difformité, progressive de sa nature, exposera le sujet à
une gêne fonctionnelle de plus en plus marquée. Les chances

d'aggravation sont en raison du temps que le sujet a encore à
parcourir pour l'achèvement de la croissance.

OBSERVATION IV.

Adolescent de 14 ans, un peu lymphatique, traité en 1873 dans
le service de M. Ollier à l'Hôtel-Dieu de Lyon. Arrêt de développement du tibia par ostéite suppurée de la région juxta-épiphysaire
inférieure de cet os. — Continuation de l'accroissement du péroné,
incurvation progressive de sa diaphyse, luxation de ses deux extrémités. Pied équin-varus dû à cette déformation osseuse.

1° opération, le 9 octobre 1873. Anesthésie. Incision commençant à 25 millimètres au-dessus de la pointe de la malléole dans la
direction du corps de l'os. Cette incision, de 2 centimètres, va
jusqu'au périoste exclusivement. On reconnaît le cartilage de conjugaison à sa teinte blanche. Avec un bistouri à lame étroite,
M. Ollier incise transversalement le cartilage de conjugaison, en
ayant soin de ne pas dépasser le centre de l'os. Il excise une première tranche cunéiforme du cartilage de 8 millim. de large, d'un
millim. d'épaisseur à la base. Il excise encore deux ou trois autres
petites tranches minces. De la sorte le cartilage est enlevé sur la
moitié environ de sa surface, complètement à la périphérie,
incomplètement vers le centre de l'os et la moitié profonde des
cartilages reste intacte. Les bords de la plaie sont abandonnés à
eux-mêmes, le membre placé et immobilisé dans un bandage ouato-
silicaté.

22 octobre. Opération semblable à la première sur le cartilage
de conjugaison supérieure du péroné.

Aucune complication.

6 mois après le péroné opéré n'a pas grandi, il est sensiblement
plus droit. Le tibia correspondant a grandi de 8 millim. Le membre est en partie redressé.

Enfin 2 ans après (18 novembre 1875) le pied est complètement
redressé. Plus d'équinisme, ni de déviation en dedans. L'accroissement du péroné s'était arrêté, mais non pas complètement puisque
les organes d'allongement avaient été ménagés dans leurs partie
profonde. Dans l'espace de 2 ans, le péroné sain a grandi de

55 millimètres, et le péroné opéré ne s'est allonge que de 25 millimètres.

OBSERVATION V.

Marius B. 12 ans, a eu, à 11 ans (1868), une ostéite suppurée de
la diaphyse du radius s'étendant jusqu'au cartilage de conjugaison
inférieur. Arrêt de développement de cet os qui ne peut suivre le
cubitus dans son accroissement. Luxation de l'extrémité inférieure
du cubitus en bas et en arrière. Inclinaison de plus en plus marquée
de la main sur le bord radial. Insuccès des appareils de redressement. Opération (3 juillet 1869). M. Ollier met à nu le cartilage de
conjugaison inférieur du cubitus et le détruit partiellement en excisant une tranche mince et surtout en broyant les parties voisines
avec un poïnçon. Il a renoncé depuis au broiement.

La main s'est redressée progressivement. Dans l'espace de 4 ans,
le cubitus opéré s'est accru de 4 ou 5 millimètres tandis que le
cubitus du côté opposé gagnait 25 millimètres.

DE L'OSTÉOTOMIE DANS LES ANKYLOSES
DU MEMBRE SUPÉRIEUR.

Nos recherches ne nous ont permis de réunir que cinq cas
d'ostéotomie pratiquées pour des ankyloses du membre
supérieur.

Un seul a trait à l'épaule.

Il appartient à Mears, de Philadelphie, qui le communiquait le 1er décembre 1876 à M. Adams (1).

Le sujet était un homme de 38 ans, porteur d'une ancienne
luxation sous-coracoïdienne non réduite. L'ostéotomie fut
faite dans le but de combattre la douleur et l'immobilité.

______

(1) *Brit. Med. Journal*, 2 janvier 1877, t. I, p. 700,

Après avoir fait l'incision des parties molles avec un ténotome à long manche , on sectionna l'os avec la scie d'Adams, juste au-dessous des tubérosités, vers le milieu environ du col chirurgical. A peine s'écoula-t-il quelques gouttes de sang. La plaie cutanée se cicatrisait en trois jours. — Six mois après, le patient qui, avant l'opération, ne pouvait en aucune façon se servir de son membre, pouvait facilement porter son bras le long de sa poitrine. Une néarthrose est en voie de formation et les mouvements y deviennent chaque jour plus marqués.

Pour le coude nous ne comptons que trois cas d'ostéotomie proprement dite et deux d'ostéotomie partielle. Nous croyons savoir cependant que d'autres tentatives ont été faites dans cette voie, et en particulier par M. Ollier, mais nous n'en avons trouvé mention nulle part.

Des trois ostéotomies totales, une appartient à Bennett (1881) et deux à Haynes Walton. Une quatrième aurait été pratiquée en 1841 par Wattmann, d'après Ceccherelli, mais nous n'avons aucun autre détail sur elle.

L'opérée de Bennett est une fillette de 11 ans, atteinte d'ankylose à angle droit de l'avant-bras sur le bras, consécutive à une fracture. L'ostéotomie linéaire (le siège n'est pas indiqué) fut pratiquée sans le moindre avantage. On ne put obtenir la pseudarthrose cherchée. L'ankylose reparut telle que par le passé.

Dans les deux cas où Walton (1) opéra, il eut spécialement en vue de ramener à l'angle droit une ankylose rectiligne, et dans les deux cas, il réussit à obtenir une ankylose dans la position cherchée.

Sa première opérée est une jeune femme de 18 ans, dont le bras s'était ankylosé après une immobilité absolue de plus

______

(1) *Lancet*, 1880, t. I., p. 526.

d'une année nécessitée par une vaste brûlure de la région.

L'opération fut pratiquée le 1er février 1880 de la façon suivante : à deux pouces au-dessus du condyle externe, on fait une incison verticale très courte, allant jusqu'à l'os. On insinue la scie d'Adams entre l'os et le périoste et l'on divise l'os dans toute son épaisseur en évitant autant que possible de léser les parties molles voisines. Il y eut cependant une légère hémorrhagie veineuse. — La flexion du membre ne fut faite que petit à petit, par étapes successives, et ne fut portée à angle droit qu'à la fin de la 3e semaine. — Au bout d'un mois, l'os commençait à être solide, au bout de 7 semaines, on enlève tout appareil de contention. — Dans la suite, la malade, revue à diverses reprises, déclare que le bras opéré lui est aussi utile que l'autre.

Dans la seconde observation, il s'agit d'une jeune fille de 17 ans atteinte d'ankylose à 160°, à la suite d'une arthrite d'origine scarlatineuse. Le poignet était fixé en pronation extrême. — Walton procéda comme dans le cas précédent, mais se contenta d'une ostéotomie incomplète qui fut complétée par ostéoclasie. Il y eut une hémorrhagie légère. Le bras fut de suite fléchi à 90° et maintenu dans cette position. Le 17e jour, à la suite d'une attaque d'épilepsie, il y eut une nouvelle petite hémorrhagie, suivie d'une suppuration abondante. Malgré cela le cal était solide vers la 5e semaine et à la fin du 2e mois on pouvait supprimer l'attelle. « Le bras était très utile. »

M. le professeur Denucé, dans l'article « Coude » du *Dictionnaire des Sciences médicales*, nous rapporte la seule observation d'ostéotomie incomplète que nous connaissions : elle fut pratiquée par Buck, sur un homme de 28 ans atteint d'ankylose osseuse consécutive à une chute. Le membre est dans une position intermédiaire entre la flexion et l'extension. Une production osseuse anormale surmonte l'olécrane. — Par une incision appropriée l'olécrane est mis à nu, puis sectionné à sa base et finalement réséqué après décollement du tendon du triceps. — On détruit par rupture les adhérences qui fixent l'humérus aux os de l'avant-bras. — La guérison fut complète et le malade retrouva un membre absolument utile, puisqu'il pouvait porter la main à la bouche.

Tels sont les seuls faits que nous ayons pu réunir. Nous avons tenu à citer celui de Mears, surtout à titre de rareté scientifique, car il est tout à fait exceptionnel, comme on sait, de voir l'ankylose de l'épaule entraîner une impotence fonctionnelle aussi prononcée que chez son malade. Grâce à la mobilité extrême de l'omoplate, il s'établit une sorte de tolérance et, si le membre est moins utile qu'à l'état normal, du moins n'est-il ni déformé, ni absolument impotent.

Les observations de Bennett, de Walton, de Buck nous intéressent au contraire directement. Elles nous montrent l'ostéotomie sous ses trois grandes formes : linéaire incomplète, linéaire complète, avec excision.

Que l'on ne nous objecte pas que chercher à fléchir un bras ankylosé dans la rectitude ce n'est plus faire du redressement. Ce serait engager une querelle de mots. Ce qui constitue le redressement d'un membre c'est d'abord et avant tout de lui rendre un rôle utile qu'il avait perdu en vertu d'une position vicieuse.

C'est à ce titre que nous croyons avoir le droit de parler des opérations et manœuvres faites pour fléchir le coude. Malheureusement, nous le répétons, nous manquons absolument de matériaux suffisants, soit qu'ils nous aient échappé, soit, ce que nous croyons plus volontiers, qu'ils n'existent pas.

Depuis le jour, en effet, où, avec Hey, Crampton, Syme, etc.,
la résection du coude, que Wainman avait faite pour la première fois vers 1758, entre franchement dans la pratique, on
a en sa possession un moyen précis et efficace d'agir sur
l'ankylose huméro-cubitale toutes les fois qu'il sera nécessaire. Plus les années s'écoulent, plus les travaux se multiplient sur ce point de pratique chirurgicale et plus aussi les
progrès acquis détournent le chirurgien de chercher dans
une autre voie. Aussi ne faut-il pas s'étonner si Velpeau, qui
nous a décrit de main de maître l'ostéotomie dans son application possible à l'ankylose du coude, n'en parle toutefois que
comme d'une possibilité, d'une tentative à essayer. Citons
d'ailleurs ce passage qui résume nettement le mode opératoire à suivre si, oubliant les brillants succès de la résection
sous-périostée, on tentait un jour ou l'autre de suivre l'exemple de Walton.

« L'opération, dit Velpeau, devrait être pratiquée de préférence immédiatement au-dessus de la jointure. On ferait une
incision longue de 2 à 3 pouces sur le bord externe de l'humérus; puis, après avoir séparé par une dissection convenable le muscle brachial antérieur et le triceps, on passerait
autour de l'os la scie à chaîne qui, bien protégée et bien conduite, en opérerait facilement la section. Je ne sais si je
m'abuse, mais il me semble que cette opération ne serait ni
très difficile ni très dangereuse, et qu'elle offre de véritables
chances de succès (1). »

(1) Richet, 1850. *Des opérations applicables aux ankyloses.*

DE L'OSTÉOTOMIE DANS L'ANKYLOSE VICIEUSE
DE LA HANCHE

Rhea Barton est, de l'aveu de tous, le premier qui ait eu recours à l'ostéotomie pour remédier à l'ankylose de la hanche. Cette opération, pratiquée en 1826 et publiée l'année suivante dans le *North american medical and surgical Journal*, fut suivie d'un plein succès et eut un grand retentissement. Quatre ans plus tard, en Amérique également, Kearny Rodgers sectionnait le fémur à l'exemple du chirurgien de Philadelphie et obtenait un succès non moins satisfaisant.

La troisième tentative dans cette voie fut faite en France, en 1847, par Maisonneuve, alors chirurgien de Bicêtre (1). Il s'agissait d'une ankylose coxo-fémorale, ayant entraîné une déformation telle que le genou était placé au niveau de l'épaule. Le procédé employé fut celui de Rhea Barton et de Kearny Rodgers, c'est-à-dire que la section osseuse linéaire porta entre les deux trochanters. Au bout de deux mois, le malade commençait à marcher sans bâton.

Nous ne pouvons entrer dans une énumération de noms qui seront mieux placés avec les procédés qui s'y rattachent. Qu'il nous suffise de signaler les dates qui font époque dans le sujet.

En 1862, Sayre creuse dans le fragment supérieur une véritable cavité articulaire nouvelle et obtient par cette méthode deux guérisons avec conservation très étendue des mouvements.

(1) *Bulletin de l'Académie de médecine*, t. XIII, p. 347 (1847-1848).

En 1869, Adams fait connaître son procédé de section sous-cutanée du col.

En 1874, Volkmann met la dernière main à l'ostéotomie sous-trochantérienne de Gant, en taillant au ciseau un coin osseux dont l'ablation amène la correction parfaite du membre.

PROCÉDÉS OPÉRATOIRES

Il est peu d'ankyloses qui aient autant exercé la sagacité des chirurgiens que l'ankylose coxo-fémorale ; il en est peu qui aient fait imaginer des procédés plus ingénieux et plus variés. La section peut porter à des hauteurs différentes, elle peut affecter des formes diverses, elle peut enfin prétendre, par une disposition absolument spéciale, à produire une énarthrose.

Deux modes de division pour les procédés sont donc possibles.

D'après le siège :
- sous-trochantériens.
- trochantériens { intertrochantériens. / intratrochantériens. }
- sur le col.

D'après la forme :
- linéaire.
- cunéiforme et trapézoïde.
- énarthrodial.

C'est ce dernier plan que nous allons suivre ; s'il n'est pas le plus anatomique, il est, par contre, croyons-nous, de beaucoup le plus clair.

I. PROCÉDÉS LINÉAIRES. — A. *Trochantériens.* — C'est avec intention que nous plaçons ici en première ligne le procédé de Rhea Barton (1) ; c'est lui, en effet, qui a été le promoteur des opérations multiples qui se sont succédé depuis.

Le sujet est un matelot de 21 ans, nommé John Coyle. A la suite d'un traumatisme, sa cuisse s'était fléchie sur le bassin avec adduction et rotation en dedans. Après plusieurs tentatives de mouvements sans résultat, voici l'opération à laquelle s'arrêta Rhea Barton :

Dans un premier temps il fit une incision verticale de 6 à 7 pouces de longueur sur le grand trochanter, puis une seconde transversale de 4 à 5 pouces d'étendue traversant la première sur la partie la plus saillante du trochanter et la convertissant en incision cruciale. — Dans un second temps il dégage l'os, le plus complètement possible, des parties molles, de manière à pouvoir embrasser entre les doigts indicateurs, la base du col du fémur, au-dessous de sa racine.

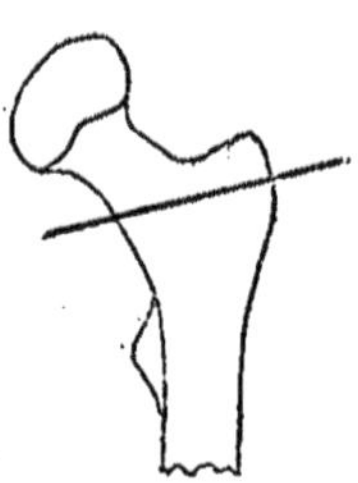

Procédé Rhea Barton.

Cela fait, il sectionne à l'aide d'une scie forte et étroite en suivant une ligne, qui, partant du milieu du grand trochanter, c'est-à-dire du milieu de l'insertion du carré crural, va se terminer en dedans vers la partie inférieure du col du fémur, un peu au-dessous de son implantation sur la dia-

____

(1) *North american medical and surgery Journal.* 1827, page 290.

physe. L'opération fut terminée en 7 minutes et ne nécessita pas de ligature.

La cuisse fut écartée, le genou tourné en dehors et le membre maintenu dans l'extension par l'appareil de Desault; enfin, la plaie fut simplement fermée à l'aide d'un emplâtre agglutinatif.

Dès le 20ᵉ jour on imprimait au membre de légers mouvements, et tout se comporta si bien qu'au 60ᵉ le malade marchait avec des béquilles, et qu'en 2 mois 1/2 il avait recouvré le fonctionnement normal de son articulation. La guérison se maintint pendant six ans. Puis, pendant deux ans, il se développa de l'arthrite et finalement le malade mourut avec une soudure complète (1).

En résumé : opération à ciel ouvert, section linéaire à la scie suivant une ligne étendue du milieu du grand trochanter à la partie inférieure du col du fémur. Pseudarthrose persistant pendant 6 ans.

C'est le même procédé que Maisonneuve (2) exécutait en 1847. Nous croyons toutefois devoir en rapporter ici les traits principaux. D'une part, le chirurgien français semble s'être proposé la section du col; d'autre part, nous y trouvons signalé des difficultés et des dangers opératoires qu'il nous faut apprendre à connaître.

Au niveau du trochanter, parallèlement à l'axe du membre, Maisonneuve pratique le 23 février 1847 une incision semilunaire à concavité antérieure qui met à découvert le grand trochanter. Le col reste très difficilement accessible même avec le doigt; aussi pendant 20 minutes fait-on de vains efforts pour le sectionner avec la gouge et le maillet, avec les cisailles de Liston, avec une scie à crête de coq. « Revenant

(1) *American Journal of the medical sc.*, 1838, p. 332.
(2) *Bulletin de l'Académie de médecine*, t. XIII, p. 347, 1847-1848.

alors à mon premier plan, dit l'auteur, je sectionnai l'os, comme Rhea Barton, entre les deux trochanters, chose facile et prompte. » Il y eut de la suppuration, des éliminations d'esquilles et un accident opératoire, la section du nerf sciatique; cependant la guérison fut obtenue en deux mois avec un raccourcissement de 10 centimètres.

Maisonneuve crut pouvoir annoncer une néarthrose, mais, d'après les auteurs du *Compendium* (1), qui examinèrent le malade, les mouvements se passaient dans la symphyse sacro-iliaque et dans les articulations vertébrales. D'où ce jugement général qu'ils portent sur le procédé de Rhea Barton : « La section pure et simple pourrait donc être pratiquée en vue d'obtenir un redressement; mais comme méthode propre à rétablir les mouvements de l'articulation elle est assez incertaine...; » nous arrêtons là cette citation en disant que nous partageons absolument cet avis.

Du procédé de Rhea Barton il faut absolument rapprocher celui de Barwell (2) (1880). Nous ne trouvons en effet que des modifications assez légères : incision cutanée moins étendue et section à la scie à chaîne.

B. *Sur le col.* — Le 1er décembre 1869, Williams Adams pratiquait pour la première fois l'opération qui porte son nom, et dont lui-même nous donne la description suivante :

« J'introduisis à un pouce au-dessus du grand trochanter
« un bitouri long et étroit, que je conduisis directement sur
« le col du fémur en coupant les muscles et en ouvrant large-
« ment la capsule articulaire. Dans le sillon ainsi ouvert, je

(1) T. II, p. 474, 1851.
(2) *Transac. of the clinic society of London*, 1880, p. 241. *British med. Journal*, 18 octobre 1879, t. II, p. 604.

« remplaçai alors le ténotome par une petite scie à lame très
« étroite, tout en ayant soin de comprimer les tissus avec
« ma main gauche pour empêcher l'introduction de l'air
« dans la plaie. Puis, je sciai le col fémoral d'avant en ar-

Procédé Adams.

« rière : la section était accomplie en cinq minutes, sans au-
« cune hémorrhagie.

« Aussitôt, le membre put se mouvoir librement dans
« toutes les directions. J'ajouterai qu'il me fallut cependant
« sectionner les tendons des muscles droit et abducteur. »

Les suites de cette opération furent très simples : il n'y
eut ni inflammation, ni rougeur, ni gonflement; à peine
quelques gouttes de pus. Trois semaines après, le malade
commençait à marcher avec des béquilles. En faisant balancer
la jambe durant la journée et en appliquant des poids pendant la nuit, Adams s'efforça de conserver la mobilité primitive ; mais celle-ci se perdit graduellement et, au bout de
quelque temps, la soudure osseuse des fragments sectionnés
était complète, le membre étant, il est vrai, en extension.

En résumé : opération sous-cutanée ; section osseuse
linéaire à la scie sur le col ; néarthrose espérée un moment ;
ankylose finale en rectitude.

C. *Sous-trochantériens*. — Sans vouloir rien affirmer,

nous pensons pouvoir rapporter à Gant (1) 1872 l'idée première de la section au-dessous des trochanters, méthode
facile et qui rallia bientôt de nombreux adhérents.

Il fait une ostéotomie linéaire sous-cutanée avec les mêmes
instruments qu'Adams.

Le principe reste le même, mais le mode opératoire se

Procédé Gant.

modifie peu à peu ; le ciseau succède à la scie (Maunder,
1875) et la division partielle à l'ostéotomie totale (Davy,
Bryant, Reeves, Morton). Et finalement aujourd'hui on peut
la décrire de la façon suivante :

Au côté externe et postérieur de la cuisse, immédiatement
au-dessous du petit trochanter, on fait à la peau une incision
curviligne ; puis un long bistouri est plongé jusqu'à l'os et
sectionne le périoste. Tandis qu'il est encore en place on
glisse le long de sa lame un ciseau, et on attaque alors la ligne
âpre puis le côté externe de l'os.

B. — Procédés cunéiformes. — A. *Trochantériens.*
— En 1840, Kearny Rodgers (2), appliquait l'ostéotomie à
un cas complexe d'ankylose de la hanche. Il s'agissait d'un

(1) *The Lancet*, décembre 1872.
(2) *American journal of med, sc.*, févr. 1840, n° 50.

homme de 47 ans, dont la cuisse ankylosée en flexion et abduction était en même temps plus longue que celle du côté
opposé. Cette dernière ayant subi un raccourcissement ancien
très marqué à la suite d'une fracture. Trois indications s'im-
posaient donc : il fallait corriger la flexion, l'excès de longueur et l'abduction. Pour remplir la première il suffisait
d'une section linéaire ; mais la seconde commandait l'excision,
excision qui devait naturellement, pour satisfaire à la troisième indication, être plus haute au côté interne qu'au côté externe. Telle fut, en effet, l'opération de Kearny Rodgers : il emprunte à Rhea Barton son incision cutanée cruciale (moins la
branche postérieure), et sa ligne de section intratrochanté-
rienne, mais il en fait une seconde au-dessous et enlève ainsi
un coin trapézoïde mesurant 6 lignes en dehors et 9 en
dedans. La cicatrisation fut rapide et le malade recouvra des
mouvements d'adduction et de rotation et même de flexion
presque jusqu'à angle droit.

B. *Sur le col.* — Dès 1862, Behrend (1) (de Berlin) enlevait
au-dessus du grand trochanter un coin osseux qui mesurait à
sa base 3/4 de pouce ; il se servit, dans cette circonstance, de
la scie de Charrière et de la scie à couteau, considérant que la
scie à chaîne est très difficile à introduire entre l'os et les parties molles ; l'opération aurait été très facilitée, d'après lui,
par l'application de larges érignes fenêtrées dont il est l'in-
venteur.

Trois ans après, en 1865, Brodhurst a pratiqué l'ostéotomie
trapézoïde sous-cutanée du col fémoral à l'aide de la scie (2).
L'incision cutanée fut faite verticalement (en remontant) à

(1) *Gazette hebdomadaire*, mai 1862.
(2) *Transactions of the clinical society of London*, 1877, page 91.

un centimètre au-dessus du grand trochanter ; elle mesurait 3 centimètres et demi.

C'était là des procédés difficiles et qui ne paraissent pas avoir rencontré d'imitateurs.

Il n'en est pas de même de l'excision cunéiforme sous-tro-chantérienne qu'il nous reste à exposer.

C. *Au-dessous des trochanters*. — Frappé de la coïnci-dence fréquente de l'adduction et de la rotation en dedans avec la flexion, Volkmann(1), en 1874, faisait connaître son premier procédé d'ostéotomie pour ankylose de la hanche : on découvre le grand trochanter par une incision postéro-externe de 10 centimètres. Après avoir soigneusement déta-ché le périoste, on taille à la gouge et au ciseau un coin osseux dont le sommet est dirigé vers le petit trochanter, et dont la base mesure une hauteur proportionnelle au degré de déviation qu'il convient de corriger.

Il est même bon, dit Volkmann, lorsqu'il y a raccourcisse-ment réel par destruction du col fémoral ou de la cavité coty-loïde, d'exagérer les dimensions de l'excision. En effet, en faisant consolider le membre inférieur dans l'abduction on entraîne un mouvement de bascule du bassin tel, que le côté opposé est remonté, et ainsi disparaît le raccourcissement réel du côté opéré.

C. *Procédés énarthrodiaux*. — Malgré les succès que le procédé cunéiforme sous-trochantérien lui avait donné, Volkmann, en 1880, fait connaître une nouvelle méthode qui a pour but, non plus seulement d'obtenir un membre en rec-titude, mais surtout d'établir une articulation nouvelle.

(1) *Centralblatt für chirurgie*, 1874, n° 1.

Comme lieu d'élection il choisit la région trochantérienne, conservant ainsi l'action du psoas sur le fragment inférieur. ·

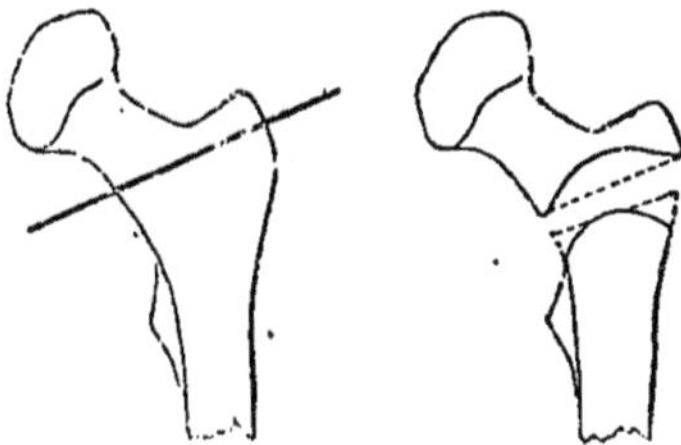

Procédé Volkmann.

Il pratique une incision en long sur le côté externe et postérieur de l'articulation, comme pour la résection de la hanche par la méthode de Langenbeck, et coupe le fémur au ciseau un peu au-dessous de la pointe du trochanter, ainsi que la face interne du col. Ensuite, il tente de constituer les surfaces articulaires d'une néarthrose, d'une part en arrondissant avec la pince coupante ou le ciseau l'extrémité supérieure du fragment inférieur, et d'autre part en creusant à la gouge une sorte de nouvelle cavité cotyloïde dans le fragment supérieur (1).

Comme Volkmann lui-même le reconnaît, ce procédé est

Autre procédé Volkmann.

long et laborieux. Et cependant, jaloux de rapprocher plus encore son énarthrose de l'ancien centre articulaire, il propose

(1) *Centrablat für chir.*, 1880, n° 5, page 65.

un peu plus tard de reporter la section jusqu'au point de
continuité de la tête et du col fémoral. Il est vrai qu'il ajoute
qu'il faut, en opérant à une pareille profondeur, craindre de
blesser le bassin avec le ciseau.

Dans cette voie ingénieuse Volkmann avait été précédé
depuis longtemps déjà par Sayre (1) qui, en 1862, pratiquait
deux fois, à six mois d'intervalle, l'opération suivante dont
nous lui empruntons les détails :

Au niveau du grand trochanter, on pratique, selon l'axe du
membre, une incision de 15 cent. environ, légèrement courbe
à concavité postérieure. Cette incision des parties molles
pourrait être rectiligne, mais il faudrait y ajouter, vers sa
partie moyenne, une autre petite incision transversale.

Avec le doigt et un instrument mousse, on libère toute la
circonférence de l'os, en ayant soin, chemin faisant, de
s'assurer qu'on est bien juste au-dessus du petit trochanter.

Le périoste est alors incisé, décollé et refoulé en forme de
manchette au-dessus et au-dessous.

Deux sections osseuses sont faites avec la scie à chaîne. La

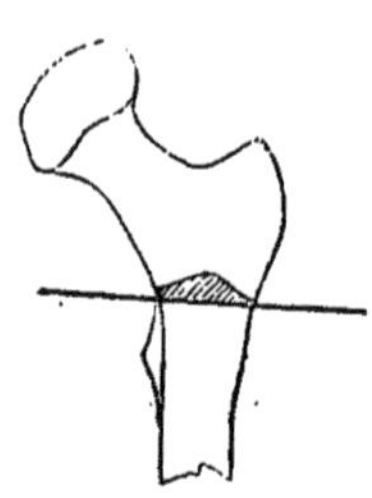

Procédé Sayre.

plus inférieure perpendiculaire à l'axe fémoral à quelques
lignes au-dessus du petit trochanter. La seconde commence

(1) *Orthopedic Surgery*, 1883, page 419.

en dedans presque immédiatement au-dessus de la première, se dirige tout d'abord en haut et en dehors, puis en bas et en dehors, pour venir finir au voisinage de la première section. On a découpé ainsi un fragment en forme de toit, de dos d'âne, et il ne reste plus qu'à arrondir légèrement l'extrémité supérieure du fragment inférieur pour avoir deux surfaces disposées à s'emboîter.

Deux opérations, disions-nous, furent faites par cette méthode, toutes deux avec plein succès. Chez sa seconde opérée il modifiait seulement l'ordre de succession de ses deux incisions osseuses ; il commence par la section courbe, pratique qu'il conseille de suivre désormais : les manœuvres compliquées devant être faites sur l'os encore solide et intact.

Enfin il est un dernier procédé que Hahn (de Berlin) proposait, sans l'avoir exécuté d'ailleurs, devant le 9e congrès des chirurgiens allemands, en 1880 :

« Scier, comme Rhea Barton, entre les deux trochanters, enlever avec le ciseau le grand trochanter en le détachant du col fémoral, et terminer en creusant dans la tête fémorale une cavité des dimensions de l'extrémité articulaire, de telle sorte qu'on constituerait de toutes pièces la néarthrose. » Ce procédé n'est pas, que nous sachions, sorti encore du domaine de la théorie.

TÉNOTOMIES COMPLÉMENTAIRES. — Nous ne saurions terminer ce qui a trait au Manuel opératoire sans signaler certaines difficultés qui, possibles à rencontrer au cours de toute ostéotomie, comme nous l'avons vu dans nos généralités, revêtent un degré de fréquence remarquable dans la région coxo-fémorale.

Nous voulons parler des résistances musculaires, musculoaponévrotiques, voire même cicatricielles, dont la section seule pourra triompher.

Ces ténotomies complémentaires sont fréquentes et presque toujours multiples.

J. Fagan dut sectionner le fascia lata et le tendon du long adducteur; Bryant, dans deux cas, pratiqua la section des mêmes muscles. Jones coupa le droit interne et le grand adducteur; Vanderveer les adducteurs; Williams Adams le droit antérieur, le long adducteur, le fascia lata; Backer l'aponévrose fémorale et le long adducteur; Morton le tissu cellulaire sous-cutané qui était profondément induré.

RECHERCHE D'UNE PSEUDARTHROSE

Pendant de longues années on a pu mettre en doute l'existence de néarthroses consécutives à l'ostéotomie du fémur.

On se rappelle encore cet opéré de Maisonneuve qui, présenté comme jouissant d'une certaine liberté de mouvements, n'avait en réalité que des oscillations compensatrices du bassin (1). Mais aujourd'hui il n'en est plus de même. Un certain nombre de faits sont venus affirmer la possibilité de mouvements assez étendus.

Laissons de côté ceux où il n'existe qu'une mobilité insignifiante constatée peu de temps après l'opération; l'expérience a prouvé qu'elle ne tarde pas à disparaître.

Certaines observations, au contraire, portent en elles-mêmes un cachet de netteté tel que le doute n'est pas possible.

C'est Maunder, rappelant (2) à la *Royal Medical and chi-*

(1) *Compendium de chirurgie, loc. cit.*
(2) *The Lancet,* 1876.

rurgical Society, en 1876, les succès de Jessay, de Leeds et de
Sands, de New-York.

Ce sont les deux malades de Brodhurst opérés par ostéotomie du col fémoral. Les résultats au point de vue des mouvements furent des plus heureux : chez l'un, ils persistent au
bout de deux ans (1), chez l'autre, 13 ans après (2). Chez un
troisième, il est vrai, la fusion osseuse eut lieu ; mais
ce ne fut que tardivement, et à la suite d'une chute, alors que
le malade marchait déjà depuis longtemps sans canne.

Un jeune homme, à qui Lund avait pratiqué, des deux côtés,
l'opération d'Adams, pouvait, six mois après la première opération, s'asseoir et marcher.

Même succès chez deux opérés de Sayre par son procédé
intratrochantérien.

Nous n'insisterons pas sur le premier, qui peut marcher
sans canne, croiser la jambe, etc...; mais nous retiendrons
surtout l'histoire du second : Cette jeune fille, de 24 ans,
opérée en novembre 1862, jouissant en février 1863 de
« mouvements aussi parfaits que dans la jointure naturelle
et normale, » mourut d'accidents étrangers à l'opération,
le 17 mai de la même année ; l'autopsie montra que l'articulation artificielle était « pourvue d'un ligament capsulaire
complet, que les surfaces articulaires étaient garnies de cartilage et munies d'une membrane synoviale... »

« La coaptation des surfaces articulaires était complétée

(1) « La mobilité de la hanche était complète, le malade marchait sans
aide d'aucune sorte. Il n'avait ni fléchissement, ni douleurs à la hanche. »
(*On Anchylosis by* Brodhurst, 1881, p. 91.)
(2) Jeune femme de 18 ans opérée en 1864 par ostéotomie trapézoïde sous-
cutanée du col. En 1877, on constatait « qu'il y avait dans le membre des
mouvements très étendus, particulièrement dans le sens de la flexion, l'abduction et l'adduction, et que le membre était fort et utile. La malade marchait sans support artificiel d'aucune sorte. » (*Clinical Society of London,*
v. X, p. 91, 1877).

« par la présence de deux ligaments ronds naissant de la sur-
« face du nouvel acetabulum, et qui, par leur convergence
« au même point d'insertion à la nouvelle tête fémorale,
« formaient un nouveau ligament rond (teres) (1). »

Le doute n'est donc plus possible. Mais nous croyons être dans la vérité en disant qu'il n'y a rien de précis, ni sur le Manuel opératoire, capable d'assurer le mouvement, ni sur les indications qui permettent de le chercher.

Si l'ostéotomie linéaire du col donne à Lund ses succès, c'est à une excision trapézoïde que Brodhurst doit les siens. Sayre attribue ses beaux résultats à son procédé énarthrodial.

Même incertitude si l'on demande aux auteurs quand il est permis de chercher une néarthrose, quand, au contraire, on doit l'éviter.

Maunder déclare qu'elle ne doit pas être recherchée lors-que la tête fémorale n'est plus dans le cotyle ni dans les cas de coxalgie scrofuleuse, parce que les mouvements peuvent développer des accidents, opinion à laquelle se rattache au-jourd'hui W. Adams (2), après avoir professé autrefois que la section du col convient à presque tous les cas.

Gant y renonce lorsque le col est épaissi par un dépôt arthritique, et préfère alors la section sous-trochantérienne.

De son côté Volkmann pense qu'il faut se proposer de créer une articulation mobile, quand, en dehors de l'ankylose et de la contracture forcée, le membre se trouve dans un état qui lui permettra de rendre des services, quand il n'est pas trop raccourci, pas trop atrophié, et que les parties qui sont au-tour de l'articulation ne sont pas envahies par le tissu cica-triciel.

(1) *A New operation for artificial Hip-joint in Bony Anchylosis, by Sayre*, 1863 (cité par Brodhurst, p. 93).
(2) *The Lancet*, 1876 et 1879, t. I, p. 742.

Nos	NOMS DES AUTEURS Indications bibliographiques	SEXE et âge des opérés	NATURE DE LA DÉFORMATION	MODE OPÉRATOIRE	SUITES de l'opération	RÉSULTAT FINAL.
1	BAKER. *Brit. medic. Journ.*, 1878, t. II, p. 438.	Enfant 7 ans 1/2	Ankylose en adduction et flexion.	Ostéotomie linéaire sous-trochantérienne au ciseau. Nécessité de sections tendineuses.	Chevauchement du fragment inférieur en dehors du supérieur.	Trois mois après, quelques mouvements ; raccourcissement de 6 centimètres.
2	BARWELL. *Brit. med. Journ.*, 1877, t. I, p. 155.	J. fille	Ankylose vicieuse.	Ostéotomie sous-trochantérienne au ciseau.	Pas d'accidents.	Bon résultat.
3	BARWELL, *Transact. of the clinical Society of London*, 1880, p. 241.	Homme 12 ans.	Ankylose osseuse, suite de coxalgie datant de 7 ans, à angle droit et adduction.	Procédé de Barwell. Ostéotomie sous-trochantérienne au ciseau. Pansement de Lister.	Peu de fièvre.	Guérison en bonne position.
4	BRYANT. *The Lancet*, 1877, t. II.	Homme 17 ans.	Ankylose des deux cuisses, suppuration prolongée des os du bassin.	Ostéotomie sous-trochantérienne des deux membres à quelques jours d'intervalle.		Guérison des plaies. Mort de pyohémie suite d'eschares.
5	CROFT S. *Trans. of the Clin. Society of London*, 1877, p. 93.	Homme 22 ans.	Ankylose en flexion, abduction, rotation en dehors.	Ostéotomie sous-trochantérienne linéaire incomplète à la scie. Pansement de Lister.	Légère hémorrhagie. Suppuration abondante pendant plus de 3 mois.	Guérison finale bonne.
6	EICKEN. *Centralblatt*, 1879.	?	Luxation obturatrice pathologique (coxalgie).	Ostéotomie sous-trochantérienne. Pansement antiseptique.	Pas d'accidents.	Guérison. Raccourcissement de 2 centimètres.
7	JOHN FAGAN. *The Dublin Journal of medic. science*, 1879, p. 444.	Femme 9 ans.	Ankylose avec cuisse fléchie à 130°. La tête et le col ont disparu ; le trochanter est très rapproché de la cavité cotyloïde.	Ostéotomie linéaire incomplète au ciseau du 1/3 supérieur du fémur. Nécessité de sectionner les tendons du long adducteur et du fascia lata. Pansement de Lister.	Pas une goutte de pus. Pas d'accidents.	Guérison parfaite.
8	GANT. *The Lancet*, 1872, t. II, p. 881.	Homme 6 ans.	Ankylose avec flexion et adduction.	Ostéotomie linéaire sous-trochantérienne.		Guérison.
9	GANT, *Brit. medic. Journ.*, 1879, t. II, p. 607.	Homme 14 ans.	Ankylose à angle droit.	Ostéotomie sous-trochantérienne. Pansement de Lister.	Pas d'accidents.	Six semaines après, marche avec des béquilles.
10	HAHN (de Berlin). *Congrès chir. Allem.*, 1880.	Homme	Ankylose à angle droit.	Excision cunéiforme au-dessous du trochanter.	Col éburné.	Résultat à moitié satisfaisant.
11	HAHN. *Berlin. Klin. Wochens.*, n° 21, p. 300.	?	?	Ostéotomie sous-trochantérienne.		Guérison. Raccourcissement de 5 centimètres.

Nos	NOMS DES AUTEURS Indications bibliographiques	SEXE et âge des opérés	NATURE DE LA DÉFORMATION	MODE OPÉRATOIRE	SUITES de l'opération	RÉSULTAT FINAL.
12	MARGARY.	16 ans.	Luxat. iliaque, suite de coxalgie, flexion, adduction, rotation en dedans.	Ostéotomie de Volkmann. Pansement de Lister.	Pas d'accidents.	Guérison complète. Léger raccourcissement (1/2 centimètre).
13	MARGARY.	10 ans.	Coxalgie, ankylose à angle droit, adduction.	Ostéotomie de Volkmann. Pansement de Lister.	Pas d'accidents.	Guérison. Raccourcissement 1 centimètre.
14	MARGARY.	Homme 8 ans.	Ankylose à angle droit, suite de coxalgie, ankylose du genou.	Procédé de Volkmann. Le même jour, ostéotomie linéaire du tibia.	L'opération dure 1 heure 1/2.	Mort le soir même. Collapsus.
15	MARGARY.	10 ans.	Ankylose incomplète en flexion et adduction, suite de coxalgie à 5 mois.	Ostéotomie subtrochantérienne (Volkmann). Pansement de Lister. Extension continue.	Suppuration, extraction d'un petit séquestre.	Guérison. Raccourcissement de 2 centimètres.
16	MARGARY.	16 ans.	Coxalgie, suite de fièvre typhoïde, ankylose avec flexion, adduction et rotation interne.	Ostéotomie subtrochantérienne cunéiforme (Volkmann). Pansement antiseptique.		Guérison. Raccourcissement de 1 centimètre.
17	MAUNDER. *The Lancet*, 1779, t. I, p. 742.	Homme 21 ans.	?	Ostéotomie sous-trochantérienne de Volkmann.	?	Résultat favorable.
18	MAUNDER, id.	Jeune enfant.	Double ankylose à angle droit.	Résultat nul par ténotomie et division sous-cutanée du col fémoral. Double opération sous-trochantérienne cunéiforme (Volkmann).	?	Résultat excellent.
19	MORTON. *The Lancet*, 1879, t. I, p. 264.	Fille 15 ans.	Ankylose à angle droit, suite de coxalgie.	Tentatives inutiles de redressement forcé. Ostéotomie linéaire incomplète sous-trochantérienne. Section sous-cutanée du tissu cellulaire sous-cutané très dense.	?	Consolidation six semaines après.
20	SOCIN. *Corresp. Blatt f. Schweiz Aerzte*, 15 avril 1880.	Femme 14 ans.	Ankylose en flexion, adduction et rotation en dehors.	Incision tégumentaire de 8 cent. au niveau du trochanter. Ostéotomie sous-trochantérienne cunéiforme à base externe et postérieure. Section du grand adducteur. Pansement de Lister.		Guérison complète en vingt-quatre jours.
21	DE VECCHI P. *Annali di medicina*, vol. 260, p. 35.	Garçon 12 ans	Ankylose à 45°, lordose, élévation du bassin.	Ostéotomie de Volkmann.		Guérison. Amélioration et presque disparition de la lordose.

Nos	NOMS DES AUTEURS / Indications bibliographiques	SEXE et âge des opérés	NATURE DE LA DÉFORMATION	MODE OPÉRATOIRE	SUITES de l'opération	RÉSULTAT FINAL.
22	Adams W. *Britis'h med. journ.*, t. II, p. 604.	Homme 24 ans.	Ankylose rhumatismale angulaire.	Trois tentatives vaines de redressement forcé, section du col à la scie. Nécessité de sections tendineuses.	Pas de complication.	On essaye en vain d'obtenir une pseudarthose. Un an après membre assez solide et utile.
23	Billroth. *Arch. f. Klin. chirurg.*, vol. XVIII, fasc. 1 et 2, 1875.	Homme 21 ans.	Ankylose de la hanche et du genou, suite d'ostéomyélite.	Ostéotomie sous-cutanée incomplète du col fémoral ; excision au ciseau du grand trochanter.	Infiltration sanguine. Abcès profond.	Mort le 4e mois de pyohémie. On trouve un séquestre au milieu d'un clapier.
24	Brodhurst. *Transact. of the clin. Soc. of London*, 1877, p. 91.	Femme 18 ans.	Ankylose en flexion et adduction depuis l'âge de 8 ans, marche impossible.	Ostéotomie sous-cutanée trapézoïde à la scie du col fémoral.	Pas de complication.	Guérison complète par première intention. Douze ans après, reste encore légère mobilité.
25	Brodhurst. Id.	Homme 16 ans.	Ankylose avec flexion et adduction forcée datant de 9 ans.	Ostéotomie sous-cutanée, à la scie, du col fémoral.	Éburnation. Difficulté de section. Hémorrhagie assez considérable. Suppuration légère.	Guérison complète après extension continue.
26	Brodhurst. *On anchylosis by Brodhurst*, 1881, p. 88.	Femme 25 ans.	Ankylose avec flexion, suite de coxalgie.	Ostéotomie linéaire à la scie sur le col fémoral perpendiculairement à son axe.	Pas de complication.	Guérison de la plaie par première intention. Pseudarthose persistant encore deux ans après : mobilité complète de la hanche ; marche sans béquilles ni canne.
27	Brodhurst. Id., p. 91.	Femme 18 ans.	Ankylose avec flexion et adduction.	Incision cutanée verticale de 3 cent. 1/2 à 1 cent. au-dessus du grand trochanter. Ostéotomie cunéiforme à la scie du col fémoral.	Pas de complication.	Réunion par première intention. Guérison parfaite avec pseudarthose persistant encore 13 ans après.
28	Brodhurst. Id., p. 93.	Jeune femme.	?	Ostéotomie linéaire à la scie du col.	Plaie tégumentaire à peine assez grande pour passer la scie. Abcès attribué à la dilacération des bords de la plaie.	Guérison finale. Le malade marche bien au bout de 3 mois (pas de néarthose).

N°s	NOMS DES AUTEURS	SEXE et âge des opérés	NATURE DE LA DÉFORMATION	MODE OPÉRATOIRE	SUITES de l'opération	RÉSULTAT FINAL.
29	BRODHURST. *On anchylosis by Brodhurst*, p. 94.	Femme 29 ans.	Ankylose avec flexion, adduction rotation en dedans datant de plus de 20 ans.	Ostéotomie linéaire, à la scie, du col.	Pas de complication.	Guérison cutanée en 3 jours. Guérison sans néarthrose. Marche possible sans canne au bout de 3 mois.
30	BRYANT. *The Lancet*, 1877, t. II.	Homme 15 ans.	Ankylose traumatique datant de 10 ans. Flexion à angle droit.	Opération d'Adams. Il est nécessaire de faire la section du grand adducteur et du fascia lata.	Pas d'accidents.	Guérison sans suppuration.
31	BRYANT. Id.	Homme 16 ans.	Raideur de la hanche due à dix mois de décubitus dorsal pour affection du tibia.	Procédé d'Adams. Section du muscle Sartorius.	Pas d'accidents.	Guérison.
32	BRYANT. Id.	8 ans.	Ankylose incomplète dans la flexion datant de 5 ans.	Procédé d'Adams.	Pas d'accidents.	Pas de suppuration. Guérison avec légère mobilité.
33	HOLMES. *The Lancet*, 1876. Discussion : Royal medical and surgical Society.	Enfant 14 ans.	Ankylose de la hanche.	Procédé d'Adams.	Longue suppuration.	Mort.
34	JONES. *Brit. medic. Journ.*, 1879, vol. II, p. 613.	Fillette 11 ans.	Ankylose à angle droit datant de 5 ans.	Opération d'Adams. Ténotomie du grand adducteur et du droit interne.	Pas d'accidents.	Guérison. Léger raccourcissement.
35	LUND. *Brit. med. Journ.*, 1876., 29 janvier.	Homme 20 ans.	Double ankylose à angle droit, rhumatismale.	Tentatives inutiles de redressement. Opération d'Adams des deux côtés.	Pas de complication.	3 mois après la dernière opération, le malade peut s'asseoir et marcher.
36	MACEWEN. *Osteotom.*, traduction française, 1882, p. 90.	Homme 42 ans.	Ankylose datant de 28 ans avec flexion. La tête fémorale est près de l'échancrure sciatique.	Incision d'un pouce 1/2. Ostéotomie linéaire du col.	Ni fièvre, ni douleurs.	Guérison. Un mois après le malade marche avec des béquilles.
37	MORTON. *Philadelph. medic. Times*, 1881, 31 déc., p. 219.	Enfant 10 ans.	Ankylose d'origine traumatique datant de 4 ans.	Section du col fémoral avec la scie.	Pas de complication.	Guérison en 5 semaines.
38	SERVAIS, *Bull. acad. Belgique*, XV, n° 5, 1881.	Homme 23 ans.	Ankylose vicieuse de la hanche.	Opération d'Adams.	3/4 d'heure pour scier le col ; hémorrhagie au 20e jour. Ligature de la crurale sous l'arcade. Large débridement.	Guérison complète au 6e mois.

N°s	NOMS DES AUTEURS Indications bibliographiques	SEXE et âge des opérés	NATURE DE LA DÉFORMATION	MODE OPÉRATOIRE	SUITES de l'opération	RÉSULTAT FINAL.
39	BEREND (de Berlin). *Gaz. hebd.*, mai 1862. Comptes rendus de l'Acad. des sciences, 1862.		Ankylose à angle droit et dans l'abduction.	Ostéotomie cunéiforme (la base a 3/4 de pouce) à la scie au-dessus du grand trochanter. Pansement ouaté.	Érysipèle périodique. Suppuration fétide au fond de la plaie.	Guérison.
40	L.-A. SAYRE. *Orthopedic surgery and diseases of the joints.* London, 1883, p. 419.	20 ans.	Double ankylose de la hanche avec flexion consécutive à des abcès datant de 13 ans.	Opération à gauche. Ténotomie des adducteurs, redressement forcé. Opération à droite, section intratrochantérienne transversale à la scie à chaîne. Section dans le fragment supérieur d'un fragment en forme de dôme.	Suppuration sans réaction générale. Elimination des 2 séquestres provenant probablement du fragment inférieur.	Guérison. Le malade marche avec une canne assez facilement et presque sans fatigue. La mobilité est presque normale à gauche ; elle est très appréciable à droite.
41	L.-A. SAYRE. Id.	Fille 24 ans.	Ankylose datant de 5 ans de la hanche gauche, de nature inflammatoire, avec flexion et adduction extrêmes.	Tentative infructueuse de ténotomie des adducteurs, du pectiné, etc. Section à la scie à chaîne intratrochantérienne, courbe et à concavité dirigée en bas, section rectiligne et transversale à 1/8 de pouce au-dessous de la première. Enlèvement du fragment compris entre les 2 lignes de section.	Elimination d'un séquestre, 3 mois après la guérison.	Guérison. La marche est presque normale malgré un peu de raccourcissement. Mort par causes étrangères. A l'autopsie, on trouve une néo-articulation parfaite.
42	VANDERVEER. *New-York med. record.* 1882, t. XXI, p. 189.	Femme 19 ans.	Ankylose avec adduction, suite de traumatisme.	Section sus-trochantérienne à la scie, section des adducteurs. Pansement antiseptique.		Guérison avec pseudarthrose.
43	NUSSBAUM. Malgaigne, Le Fort, t. I, p. 386.		Ankylose.	Procédé de Kearny Rodgers, modifié par Seymanowsky (intratrochantérien).	Suppuration considérable.	Mort de pyohémie.
44	MAISONNEUVE. *Gazette médicale*, 1847, p. 935.	Homme 19 ans.	Ankylose de la hanche droite, suite de coxalgie *a frigore* suppurée et s'accompagnant d'une luxation consécutive dans la fosse ovale ; la cuisse est couchée sur l'abdomen.	Incision sur le trochanter, demi-circulaire de 20 cent., et parallèle à l'axe du membre. Essais infructueux de section à la gouge, aux cisailles de Liston, à la scie à crête de coq. Section intertrochantérienne de Rhea Barton et Kearney. Pansement à plat.	La rectitude s'obtient en un mois. Elimination d'esquilles. Section du sciatique pendant l'opération.	Guérison en deux mois avec raccourcissement de 10 centimètres. Il y aurait fausse articulation, ce qui n'est l'opinion ni de Velpeau, ni de Moreau, ni des auteurs du *Compendium*.

RÉSULTAT ET CHOIX DU PROCÉDÉ

Deux questions se présentent à nous, également importantes toutes deux, à savoir : le résultat opératoire proprement dit, et le résultat fonctionnel, ou, pour préciser, la formation ou non d'une pseudarthrose.

Tout en reconnaissant, une fois pour toutes, que le nombre des faits que nous avons recueillis est bien loin de représenter la totalité des opérations, nous croyons cependant que, tel qu'il est, il peut permettre un certain nombre de déductions utiles.

1° *Résultat opératoire.* — Sur 46 ostéotomies, nous trouvons 5 morts (1 de choc, 3 de pyohémie, 1 d'épuisement).

9 fois de la suppuration,
1 érysipèle périodique,
4 hémorrhagies (dont une nécessite la ligature de la crurale).
4 fois des séquestres,
17 fois guérison sans complication,
6 guérisons (sans détail).

Soit une proportion de 10,8 de mort pour 100.

La gravité de l'ostéotomie pour ankylose de la hanche est donc évidente. Cherchons, en subdivisant les faits, si tel ou tel mode opératoire, si tel ou tel siège de la section peuvent être plus particulièrement incriminés.

Et d'abord comparons le procédé linéaire à l'excision.

22 cas d'ostéotomie linéaire........ { 1 mort. / 4 suppurations. / 1 séquestre. }

19 ostéotomies cunéiformes........ { 3 morts. / 3 séquestres. / 4 suppurations. }

5 procédés indéterminés............ 1 mort.

L'influence exercée par le siège de la section se traduit par les chiffres suivants :

Procédés sous-trochantériens : 23 fois. { 2 suppurations. / 2 fièvres. / 1 hémorrhagie. / 1 séquestre. / 2 morts. / 6 guérisons sans accident aucun. / 10 guérisons sans détail. }

Procédés trochantériens : 6 fois.... { 1 mort par pyohémie. / 6 suppuration et élimination d'esquilles. / 1 guérison sans accident. }

Sus-trochantériens (col) : 17 fois.... { 2 morts. / 4 suppurations. / 3 hémorrhagies. / 11 guérisons sans accidents. }

Ces chiffres ne nous permettent pas évidemment de tirer une conclusion précise ; tout au plus sommes-nous autorisés à en déduire quelques remarques générales que nous formulerons de la façon suivante : 1° L'ostéotomie cunéiforme est plus grave que la section simple.

2° La gravité de l'opération semble augmenter progressivement au fur et à mesure qu'on se rapproche de l'articulation coxo-fémorale.

Cette influence du siège de l'ostéotomie sur le résultat opératoire est bien en rapport avec cette remarque de Messenger Bradley, qu'il ne faut agir près de la tête fémorale que lorsqu'on est en droit de croire que la région osseuse, sur laquelle on va porter l'instrument tranchant, est saine. Or, c'est là un renseignement bien difficile à acquérir, quand bien même on tiendrait compte, avec Gant, de la longueur des deux fémurs, ou, avec Volkmann, de l'état d'atrophie plus ou moins prononcé des parties molles, ou avec Bradley, de la nature étiologique de l'ankylose. (On peut agir sur le col si l'on est présence d'une coxalgie rhumatismale ou traumatique ; il faut s'en éloigner dans tous les cas contraires.)

Nous ne pouvons nous empêcher de comparer nos chiffres fort peu encourageants avec les déclarations de Volkmann et de Davy annonçant, le premier, 12 succès sur 12 opérés par sa méthode sous-trochantérienne ; le second 15 succès sur 15 opérations dont 5 personnelles et 10 empruntées à la pratique de Maunder.

2° *Résultat fonctionnel.* — Tous les survivants ont largement bénéficié de l'opération. Ils ont retrouvé un membre utile.

Ce premier fait acquis, il en est un second qu'il nous faut envisager : dans quelle proportion voyons-nous s'établir une néarthrose plus ou moins imparfaite ?

Laissons de côté les 23 cas d'ostéotomie sous-trochantérienne, car dans cette opération on n'a aucune prétention à rétablir les mouvements. Sur les 23 autres, nous trouvons 3 pseudarthroses confirmées, et 3 fois de légers mouvements, soit environ un malade sur 7 qui retire un bénéfice complet de l'opération sanglante.

En présentant ce chiffre nous répétons nos réserves initiales sur le nombre insuffisant d'observations que nous avons pu recueillir sur ce point spécial.

DE L'OSTÉOTOMIE DANS L'ANKYLOSE ANGULAIRE DU GENOU

L'histoire de l'ostéotomie dans l'ankylose angulaire du genou date véritablement de 1835, époque à laquelle Rhea Barton (1) répéta, sur le fémur, l'excision cunéiforme que Clémot avait appliquée l'année précédente aux cals vicieux. Bientôt les faits se multiplient. En Amérique, c'est Gibson (2) en 1841, puis Gurdon Buck, qui, en 1844, indique un procédé différent de celui de Rhea Barton. A peu près à la même époque la méthode est introduite par Muetter (1844), en Allemagne, où elle est appliquée par un certain nombre de chirurgiens.

En 1862, Heyfelder (3) signalait 14 observations de résection partielle pour ankylose du genou. En 1863, de nouveaux faits sont signalés au congrès de Lyon, par Philipeaux. Depuis lors, l'opération est pratiquée, surtout à l'étranger. Signalons

(1) *American Journ. of the Med. Sc.*, vol. 21, 1837-1838.
(2) *The American Journ. of the Med. Sc.*, juillet 1842.
(3) *Loc. cit.*, p. 112.

en Allemagne les noms de Volkmann (1), de Billroth (2) de Lucke (3), en Angleterre, ceux de Price, de Stromeyer Little (4), de Macewen (5), de Lister (6), de Folker (7).

En France, cette pratique rencontre peu de partisans ; signalons toutefois, en 1865, une opération de Bœckel, en 1868, une autre de Richet, toutes deux mentionnées dans la thèse de Pénières (8).

Disons toutefois que ces deux opérations se rapportent autant à des résections qu'à des ostéotomies. Enfin, en 1880, nous trouvons signalée une opération de Péan (9).

Ces différents chirurgiens ne se sont pas bornés aux procédés primitifs de Rhea Barton et de Gurdon Buck. Volkmann, Margary, et Macewen ont appliqué à l'ankylose du genou le procédé d'ostéotomie linéaire dans le genu valgum.

Pour plus amples détails sur cette importante question on consultera avec fruit le livre de Heyfelder (10), la thèse de Pénières (1869), les articles *Genou* de MM. Denucé (11) et Bouland (12), la thèse de Chalot (1878), et enfin, le travail déjà cité de Poinsot (1879).

PROCÉDÉS OPÉRATOIRES

Lorsqu'on cherche à classer les nombreux procédés d'os-

(1) *Berlin, Klin. Wochens.*, 1874, n° 50.
(2) Voir tableau.
(3) *Langenbeck : Archives*, 1862, t. III, p. 318.
(4) *Brit. Med. Journ.*, 1871, t. I, p. 652.
(5) *The Lancet*, 1878, t. I, p. 449.
(6)   *Ibid.*   t. I, p. 5.
(7) *Brit. Med Journ.*, 1878, t. I, p. 227.
(8) Thèse de Paris, 1869.
(9) *Gaz. des Hôpitaux*, octobre 1880.
(10) *Loc. cit.*
(11) *Dict. Jaccoud.*, 1873.
(12) *Dict. Dechambre*, 1881.

téotomie proposés pour l'ankylose du genou, on reconnaît de suite qu'ils doivent être divisés tout d'abord en deux grands groupes absolument distincts. Dans l'un, on respecte l'ankylose ; c'est en dehors d'elle qu'on fait porter la section osseuse. Dans l'autre, au contraire, c'est à l'ankylose elle-même qu'on s'adresse, c'est au niveau du point où les os sont fusionnés qu'on opère. Comme type de. la première méthode nous avons l'opération de Rhea Barton, comme type de la seconde, celle de Gurdon Buck.

Le tableau ci-joint indique la classification que nous adoptons et l'ordre d'exposition que nous suivrons.

I. Opérations portant en dehors de l'ankylose.

1º Sur le fémur .
- Excision cunéiforme.
  - Incomplète. Rhea Barton.
  - Complète. Malacky Kilgarriff, Schillbach.
- Section linéaire sus-condylienne.. Volkmann.
- Perforation sous-cutanée........ Pancoast.

2º Sur le tibia. — Excision cunéiforme.... Wahl.

3º Sur les deux os. Ostéotomie linéaire (procédé Macewen)............................
- Macewen.
- Volkmann.
- Margary.

II. Opérations portant sur l'ankylose elle-même.

1º Excision cunéiforme.
- Incomplète... Gurdon Buck.
- Complète.. Sayre, Eantrikin.

2º Section linéaire sous-cutanée...... Stromeyer Little, Langenbeck et Gross.

3º Perforation sous-cutanée........... Brainard.

Mais avant d'aller plus loin, il est une remarque importante qué nous devons faire à propos de l'excision cunéiforme appliquée au niveau même de l'ankylose.

Lorsqu'avec Gurdon Buck, Sayre ou Eantrikin on enlève un coin, intéressant tout à la fois, le fémur, la rotule et le tibia, est-on en droit de prononcer le mot d'ostéotomie, ou faut-il dire qu'on a fait une résection? La question est des plus difficile à résoudre, et les auteurs ne nous fournissent aucun éclaircissement sur ce point.

Pour nous, nous proposons la solution suivante : toutes les fois que l'ankylose est osseuse, toutes les fois qu'il y a fusion complète entre les os, toutes les fois, en un mot, que le fémur et le tibia ne forment plus qu'une seule et même pièce, l'opération, quel que soit son siège, est bien réellement une ostéotomie ; elle en a tous les caractères, car c'est sur la continuité d'une même tige rigide qu'elle agit ; elle en a tous les bénéfices, car on opère sur un os sinon normal, du moins sain. — Ces cas exceptés, et nous reconnaissons qu'ils sont rares, il faut laisser de côté l'expression d'ostéotomie cunéiforme et parler franchement de résection articulaire.

On nous objectera, peut-être, que cette division est plus théorique que pratique. Nous l'accordons volontiers si l'on veut entendre par là qu'il est fort difficile de savoir, lorsqu'on lit une observation, dans quel groupe la ranger, car mieux que personne nous avons pu apprécier cette difficulté, et cela parce que nombre d'auteurs négligent de nous donner une notion même approximative sur l'état des parties qu'ils retranchent. Mais de ce que les observations sont incomplètes, insuffisantes ou peu claires, nous ne saurions en conclure qu'on doive englober sous un même titre deux opérations absolument distinctes en principe et distinctes aussi comme résultat final : car, sans conclure d'une façon positive, nous pouvons dire cependant que, de la lecture des faits, il nous est restée cette impression fort nette que l'excision ostéotomique, telle que nous la comprenons, donne des résultats sensiblement meilleurs que la résection articulaire timide en forme de V étroit.

I. Opérations portant en dehors de l'ankylose. — 1° *Ostéotomie fémorale cunéiforme*. — En 1835 (et non en 1839, ainsi que l'écrivent quelques auteurs), c'est-à-dire un an après l'opération de Clémot pour le cal vicieux, Rhea Barton appliquait le procédé de l'excision cunéiforme au traitement de l'ankylose du genou. Nous acceptons absolument cette date de 1835 qui est indiquée par M. Le Fort (1), car l'opération de Rhea Barton est décrite dans une publication américaine (2) qui date de 1837-1838 ; elle est donc antérieure à l'année 1839.

Rhea Barton fit une incision cutanée en forme de ⊳ à som-

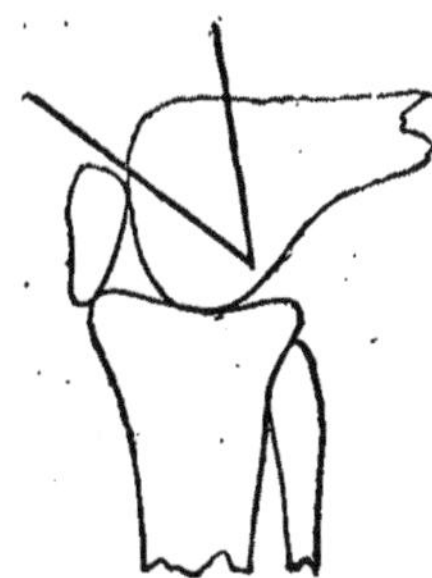

Procédé Rhea Barton.

met interne. Une branche, horizontale, passait immédiatement au-dessus du bord supérieur des condyles ; la seconde, oblique, comprenait également toute la largeur du membre, se terminait à 8 cent. au-dessus du condyle externe. « Le lambeau

(1) Malgaigne et Le Fort, *Médec. opérat.* t. 1, p. 381.
(2) *American Journ. of the Med. Soc.*, vol. XXI, 1837-1838.

renversé en dehors, il enleva avec une petite scie un morceau en coin du fémur, et ne laissa intacte qu'une très petite épaisseur de l'os en arrière ; un léger mouvement de flexion en arrière suffit pour en opérer la fracture (1). » Le membre ne fut pas ramené de suite à la rectitude ; on prit soin, au contraire, de ne procéder que par degrés presque insensibles. L'extension faite progressivement fut à peu près complète au bout de deux mois.

L'opéré de Barton était un médecin du nom de Diaz. « En 5 mois et demi il fut guéri et put reprendre ses courses tant à pied qu'à cheval (2). »

Quelques modifications insignifiantes au procédé initial de Rhea Barton méritent à peine d'être mentionnées :

Gross (3) pratique le redressement immédiat et assure la position des fragments par une suture osseuse avec les fils d'argent.

Ried (4) fait une incision cutanée en forme de ⊐ renversée.

Avec Beck, de Fribourg (5), la ligne d'incision osseuse se rapproche de l'interligne articulaire. Après avoir fait, lui aussi, une incision en ⊐ , il excisa un coin comprenant non seulement l'extrémité inférieure du fémur, mais encore la partie supérieure de la rotule. C'est un acheminement vers le procédé de Buck.

A l'excision incomplète, Schillbach, (6) préfère la section totale. Il opère tout d'abord comme Rhea Barton, puis il coupe le pont osseux avec la scie à chaîne ; néanmoins, il

(1) Le Fort ; *loc. cit.*
(2) Heyfelder, *loc. cit.*, 108.
(3) *A System of Surgery by Gross.*
(4) *The Lancet*, 1878, t. I, p. 449.
(5) *Archiv. für Klinik Chirurg.*, t. II, 3° liv., 1682.
(6) Heyfelder, p. 109.

ne pratique pas l'extension immédiate, mais, à l'exemple de Textor, de Ried, il attend plusieurs jours, et alors l'extension se fait en quelque sorte spontanément.

En 1880, Malacky Kilgarriff (1) suit la même pratique.

2° *Ostéotomie fémorale linéaire.* — C'est pour ne pas exposer à une confusion de mots que nous nous servons de l'expression de « linéaire » pour désigner l'application que Volkmann, de Halle (2), fit de l'ostéotome de Macewen, au traitement de l'ankylose du genou. Il s'agit, en réalité, d'une section cunéiforme, comme il prend soin lui-même de nous en avertir en spécifiant nettement qu'il s'est servi de ciseaux gradués. Seulement, le coin est obtenu ici, comme dans toutes les opérations de Macewen, par tassement et non par excision. Ce qui permet de réunir les conditions les plus favorables au succès : méthode sous-cutanée et pansement antiseptique.

Il ne faut donc pas nous étonner des succès obtenus par Barwell (3), par Anderson (4), par Macewen qui « pratiqua l'ostéotomie dans six cas d'ankylose du genou avec des résultats toujours identiques : guérison de la plaie par organisation du caillot sanguin, sans formation de pus; redressement du membre et soudure solide de l'os sectionné (5). »

3° *Ostéotomie fémorale par perforations multiples.* — En 1859, Pancoast (6) fit à l'aide d'une forte vrille (par le pro-

(1) *The Dublin Journal of Med. Sc.*, 1880, p. 189.
(2) *Berliner Klinische Wochens.*, 1874.
(3) *Brit. Med. Journ.*, avril 1877.
(4) *Glascow Med. Journ.*, octobre 1879.
(5) *Loc. cit.*, p. 95.
(6) *System of Surgery by* Gross. *Philadelphia.* 1872, 5ᵉ édition t. I, p. 1089.

cédé sous-cutané) une demi-douzaine de trous au même niveau, juste au-dessus du genou ; puis dans un second temps, il rompit l'os ainsi affaibli. Une énorme suppuration suivit cette opération. Néanmoins le malade guérit avec un membre à peu près droit. Nous ne sachions pas que Pancoast ait eu beaucoup d'imitateurs, si même il en compte un seul.

4° *Ostéotomie tibiale*. — Nous verrons dans un instant que la section du tibia a été assez souvent associée à celle du fémur ; elle est alors linéaire incomplète.

Lorsqu'elle est seule pratiquée, c'est sous forme d'excision cunéiforme, à en juger du moins par les faits de Wahl, de Margary.

En 1877, Wahl (1), pour une ankylose à angle de 140° ouvert en dedans, fit l'ostéotomie cunéiforme au tiers supérieur du tibia. Il y eut suppuration abondante et nécrose du fragment supérieur du tibia.

Margary fut plus heureux et bien qu'il ait joint la section du péroné à l'excision cunéiforme du tibia, son opéré guérissait, sans complication, en trois mois.

5° *Ostéotomie fémorale et tibiale*. — Volkmann, généralisant l'application du procédé de Macewen (2) fit, en 1874, pour une ankylose du genou, une double section linéaire, incomplète, au ciseau, l'une au-dessus, l'autre au-dessous de l'interligne articulaire. Il s'agissait d'une jeune fille de 13 ans, atteinte d'ankylose avec luxation du tibia en arrière et hypertrophie des condyles fémoraux. — Il n'y eut pas de suppuration et la guérison fut rapide.

(1) *Petersbourg, Med. Wochens.*, 1878, p. 420.
(2) Voir au genu valgum les détails que comporte cette opération.

Même succès de Macewen, par l'ostéotomie multiple, sur un jeune homme de 22 ans porteur d'une ankylose à angle droit. Le résultat fut satisfaisant. Malgré une saillie très prononcée du genou en avant et un raccourcissement de deux centimètres et demi, la marche se faisait facilement.

Margary fut plus heureux encore puisqu'il accuse un résultat parfait au double point de vue esthétique et fonctionnel. Or la franchise remarquable avec laquelle ce chirurgien confesse ses échecs et ses demi-succès nous fait une loi de croire fermement, dans le cas présent, à son affirmation.

II. Opération portant sur l'ankylose même. — 1° *Ostéotomie cunéiforme incomplète.* — C'est à Gurdon Buck, en 1853, que revient l'idée première de ce procédé, qui fut depuis appliqué nombre de fois, soit comme ostéotomie véritable, soit comme résection articulaire proprement dite. Car, s'il est juste de chercher à distinguer comme nous l'avons fait ces deux opérations l'une de l'autre, il n'en est pas moins vrai que le Manuel opératoire est identique pour toutes deux. Qu'on n'enlève que de l'os, ou qu'on trouve au sein du coin séparé des traces de l'articulation, on n'en a pas moins fait les mêmes sections profondes, les mêmes incisions superficielles.

Nous en trouvons une description si nette et si précise dans le *Traité de médecine opératoire* Malgaigne-Le Fort (1), que nous ne saurions mieux faire que de l'emprunter à ces auteurs :

« Une incision transversale fut pratiquée sur la partie moyenne de la rotule ; une autre verticale, partant du milieu de la première, fut menée en bas jusqu'à la tubérosité du tibia. Les deux lambeaux triangulaires figurés par ces

____

(1) T. I, p. 382 (1874).

incisions furent disséqués, le ligament rotulien et les tissus
fibreux voisins coupés en travers ; puis, avec une scie ordinaire, on fit sur le tibia, à 2 cent. au-dessous de son rebord
articulaire, une section en travers, qui remontait obliquement
en arrière vers le rebord articulaire postérieur ; une autre
section pratiquée en haut à travers la partie supérieure de la
rotule et les condyles fémoraux, et rejoignant la première,

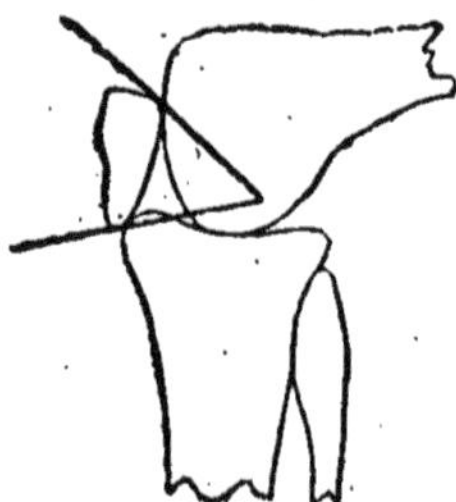

Procédé Gurdon Buck.

détacha un coin osseux qui laissait intacte la portion la plus
postérieure de l'os. Celle-ci se trouvant trop épaisse pour
être brisée facilement, on reporta la scie au fond de l'entaille
déjà faite ; et un léger mouvement de flexion en arrière opéra
la fracture.

A l'inverse de Rhea Barton, Gurdon Buck résolut d'étendre
immédiatement la jambe. Dans cette vue, cinq jours auparavant, il avait divisé, par une section sous-cutanée, les tendons
du biceps, du demi-tendineux, du demi-membraneux et du
droit interne ; cela ne suffit pas, il fallut détruire, en forçant la
flexion de la jambe, les ligaments postérieurs du genou ; puis
faire une seconde excision sur le fémur, la première n'étant
pas assez forte. »

Bien qu'une suppuration abondante suivit cette opération, la plaie était guérie au bout de 3 mois, mais la consolidation ne fut parfaite qu'au bout de 5 mois ; l'opéré pouvait marcher sans fatigue ni douleur.

Le procédé de Gurdon Buck fut généralement adopté et l'on peut voir qu'il figure pour une part importante dans les 35 observations que nous relatons plus loin.

2° *Ostéotomie cunéiforme complète.* — En conservant une lamelle osseuse postérieure, Gurdon Buck semble avoir voulu se mettre à l'abri de toute lésion possible des vaisseaux, et s'être efforcé de ne pas ouvrir le creux poplité.

Telle ne fut pas la conduite de Eantrikin (1) chez un malade opéré en 1876.—Deux incisions horizontales, courbes,

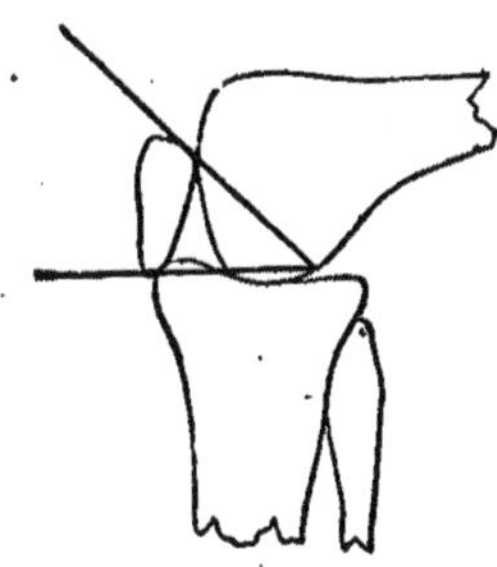

Procédé Eantrikin.

circonscrivent au point le plus saillant de l'ankylose un lambeau cutané qui ne sera pas conservé. Aux dépens de l'ankylose on taille à la scie un coin osseux complet. Le membre est ramené de suite à la rectitude et fixé dans cette position. Ce redressement doit être accompli avec douceur.

Sayre (2), en 1883, conseille à peu de chose près la même

(1) *The Clinic*, 12 mars 1876.
(2) *Orthopedic Surgery by Sayre*, 1883, p. 442.

ligne de conduite : il ne diffère de Eantrikin que parce qu'il ne résèque aucune partie des téguments et parce qu'il prend soin, soit d'employer la scie à chaîne, soit de protéger les vaisseaux avec une sonde à résection ou tout autre instrument. Ajoutons qu'il pratique la suture osseuse métallique.

3° *Ostéotomie linéaire sous-cutanée.*— Pratiquée un peu à l'aveugle par Stromeyer Little (1) qui, en 1868, enfonça un fort ciseau de charpentier dans plusieurs directions à travers les os réunis, elle a été réglée dans ses divers temps par Langenbeck et Gross (2). — Ils font une petite incision cutanée étroite au côté interne du genou, au niveau du plan normal

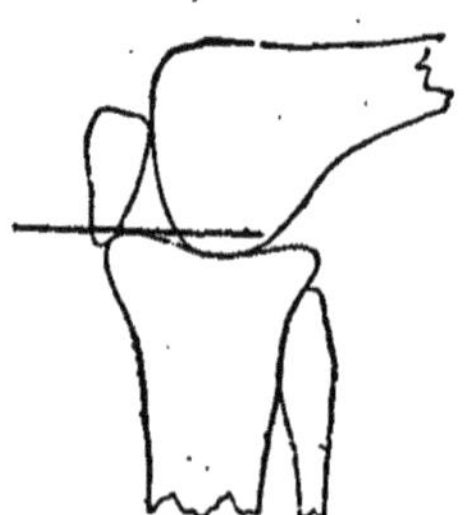

Procédé Langenbeck et Gross.

de la surface articulaire. Par cette petite plaie le ciseau est enfoncé dans le tissu de l'ankylose ; puis on termine par rupture.

4° *Perforation sous-cutanée.*— Brainard (3) a appliqué à l'ankylose du genou son procédé de perforation sous-cutanée proposé en 1858 pour le cal vicieux. Par une incision longi-

(1) *Medico. chirurg. transact.*, v. LIV, p. 247. Longham, 1871.
(2) *System of Surgery by Holmes*, v. III, p. 722.
(3) *American Journ., of the Med Sc.*, v. IV, 1868.

tudinale de 1 cent. 1/2 environ faite à la face externe du genou et au niveau de l'interligne, on enfonce une tige d'acier (perforator). Quand les os sont perforés de part en part, on imprime à l'instrument des oscillations destinées à rompre le plus de tractus osseux possible ; puis on termine par la rupture manuelle.

L'opération fut laborieuse, mais aurait été couronnée de succès.

Signalons enfin, comme constituant un fait unique, croyons-nous, dans la science, cette *ostéotomie fémoro-rotulienne* pratiquée une fois par Richardson (1). Ce n'est pas un procédé opératoire, c'est une simple indication suivie. Nous lisons, en effet, que Richardson se préparait à pratiquer l'opération de Gurdon Buck lorsqu'il reconnut que la rotule seule, fortement soudée au fémur, s'opposait au redressement; avec un ciseau il dégagea et sculpta la rotule. Le membre put facilement alors être redressé.

(1) *The Lancet*, v. II, p. 183, 1877.

N°ˢ	NOMS DES AUTEURS Indications bibliographiques	SEXE et âge des opérés	NATURE DE LA LÉSION	PROCÉDÉ OPÉRATOIRE	SUITES de l'opération	RÉSULTAT FINAL
1	BECK (de Fribourg). *Archiv. für Klin. Chirurg.*, t. 11, 3ᵉ liv., 1862.	H. 22 ans.	Ankylose traumatique datant de 8 ans.	Incision en H. Ostéotomie cunéiforme du fémur et de la partie supérieure de la rotule. Plusieurs traits de scie nécessaires.	Cicatrisation en 2 mois.	Guérison complète en 8 mois.
2	BILLROTH. *Wien, med. Wochens.*, n° 14, 1881.	H. 23 ans.	Ankylose en varus. Subluxation du tibia en dedans et en arrière.	Ostéotomie cunéiforme à la scie sur l'ankylose, mesurant 16 centimètres. (Procédé Gurdon Buck.)	Pas de complications.	Guérison complète en 2 mois.
3	Id.	H. 12 ans.	Ankylose à 45° entourée de cicatrices.	Ostéotomie cunéiforme. (Procédé Gurdon Buck.)	Fièvre ; suppuration prolongée. Consolidation très lente.	Guérison au bout de 8 mois.
4	BILLROTH. *Chirurg. Klin.* Zurich, 1860, p. 67.	H. 33 ans.	Ankylose complète à angle droit.	Essais infructueux de redressement. Résection cunéiforme.	Inflammation, trajets fistuleux pendant 3 mois.	Guérison en 4 mois avec 2 pouces de raccourcissement.
5	BILLROTH. *Langenbeck. Archiv.*, 1875, t. XVIII, p. 408.	H. 19 ans.	Ankylose à angle droit datant de 2 ans, consécutive à une ostéomyélite.	Ostéotomie cunéiforme des condyles fémoraux au ciseau. (Procédé Rhea Barton.)	Ostéomyélite enkystée, suppurée ; pyohémie mortelle.	Mort 50 jours après l'opération.
6	BOWMANN. In Swain. *On injuries and diseases of the knee Joint*, London 1879.	H. 11 ans.	Ankylose moitié osseuse, moitié fibreuse, consécutive à une tumeur blanche.	Enlèvement à la scie d'un coin du fémur de 3 centimètres. Enlèvement d'une mince lame du tibia.	Pas de complications.	Guérison.
7	CROSSE. *Brit. med. journ.* 1883, vol. II, p. 211.	F. 8 ans.	Ankylose à angle droit.	Résection cunéiforme portant sur les deux os.		Guérison rapide.
8	EANTRIKIN. *The clinic.* 12 mars 1876.	11 ans.	Ankylose d'origine traumatique avec flexion et adduction.	Ostéotomie cunéiforme complète à la scie. (Procédé Eantrikin.) Suture des téguments.	Pas de complications. Plaie tégumentaire guérie en 8 jours.	Guérison complète en 1 mois.
9	FERGUSSON. *Med. Times and Gaz.*, vol. XI, p. 276- 1862.	H. 25 ans.	Ankylose ancienne.	Résection cunéiforme (Gurdon Buck).		Ankylose solide en 2 mois.
10	FOLKER. *Brit. med. journ.* 1878, t. I, p. 227.	H. 23 ans.	Ankylose des deux genoux.	Ostéotomie cunéiforme à gauche. (Procédé Rhea Barton.) A droite, excision de l'articulation.	Pas d'accidents locaux.	Guérison en rectitude.

N°ˢ	NOMS DES AUTEURS Iudications bibliographiques	SEXE et âge des opérés	NATURE DE LA LÉSION	PROCÉDÉ OPÉRATOIRE	SUITES de l'opération	RÉSULTAT FINAL
11	GURDON BUCK. *Gazette des Hôpitaux*, 1846.	H. 22 ans.	Ankylose traumatique.	Ostéotomie cunéiforme complète à la scie. (Procédé de l'auteur.) Après section préalable des tendons du biceps, du demi-tendineux, du demi-membraneux et du droit interne.	Suppuration. Soubresauts tendineux.	Plaie guérie au bout de 3 mois, consolidation parfaite au bout de 5 mois.
12	GIBSON. *The Americ. journ. of med. scienc.* (juillet 1842).	H. 17 ans.	Ankylose à angle aigu.	Ostéotomie cunéiforme incomplète. (Procédé Rhea Barton.) 3 jours plus tard, ostéoclasie progressive.	Suppuration abondante.	Marche au bout de 5 mois sans béquille.
13	GROSS. *Syst. of surg. by Holmes.* Vol I, p. 1097 (1882).	H. 22 ans.	Ankylose osseuse à angle droit consécutive à une arthrite par plaie pénétrante	Incision longitudinale de 2 centimètres au côté externe. Introduction d'un foret entre le tibia et le fémur et entre celui-ci et la rotule.	?	Guérison.
14	W. KORTE. *Langenbeck archiv.*, 1880, t. XXV, p. 508.	H. 18 ans.	Ankylose du genou droit à angle aigu.	Vaste résection cunéiforme. (Procédé Gurdon Buck.)	Fièvre ; suppuration légère. Élimination d'esquilles.	Guérison en 8 mois avec 9 cent. de raccourcissement.
15	LISTER. *The Lancet*, 1878, vol. 1, p. 5.	E. 10 ans.	Ankylose à angle droit. Subluxation du tibia.	Tentatives infructueuses de redressement. Ostéotomie cunéiforme du bord inférieur des condyles.	Pas de complications.	Guérison.
16	STROMEYER - LITTLE. *Brit. med. journ.*, t. 1, p. 652 (1871).	H. 14 ans.	Ankylose à angle droit.	Ostéotomie linéaire dans l'articulation (sous-cutanée au ciseau).	?	Guérison dans la rectitude.
17	A. LUCKE. *Langenbeck arch.* 1862, t. III, p. 318.	H. 25 ans.	Ankylose à angle droit, suite d'arthrite.	Section cunéiforme incomplète d'un copeau osseux. (Gurdon Buck.)	?	Guérison avec ankylose. Raccourcissement et marche peu facile.
18	MALACKY - KILGARIFF. *The Dublin journ. of med. scienc*, 1880, p. 189.	H. 30 ans.	Ankylose traumatique à angle droit.	Ostéotomie (procédé Rhea Barton), mais complète. Pansement de Lister.	Suppuration pendant quelques semaines.	Guérison. Raccourcissement de 1/10 de pouce; rectitude incomplète; marche facile.
19	MARGARY.	F. 12 ans.	Ankylose à angle aigu datant de 10 ans.	Ostéotomie cunéiforme du tibia et du péroné.	Pas de complications.	Guérison en 3 mois.
20	Id.	H. 8 ans.	Ankylose angulaire du genou. Ankylose de la hanche.	Ostéotomie cunéiforme du fémur à 27 millimètres au-dessus des condyles. (Procédé Rhea Barton.) Ostéotomie linéaire du tibia à 2 centimètres au-dessous de la tubérosité antérieure.	?	Mort par choc le soir de l'opération.

Nos	NOMS DES AUTEURS Indications bibliographiques	SEXE âge et des opérés	NATURE DE LA LÉSION	PROCÉDÉ OPÉRATOIRE	SUITES de l'opération	RÉSULTAT FINAL
21	MACEWEN. *The Lancet*, 30 mars 1878, t. I, p. 449.	F. 6 ans.	Ankylose du genou droit presque à angle droit.	Ostéotomie cunéiforme incomplète du fémur. Pansement antiseptique.	Pas de suppuration.	Guérison en 2 mois.
22	Id.	H. 22 ans.	Ankylose à angle droit datant de 16 ans.	Ostéotomie linéaire incomplète au ciseau au-dessus et au-dessous de l'articulation.	?	Guérison. Difformité par saillie du genou. Raccourcissement de 2 cent. 1/2.
23	Id.	F. 16 ans.	Ankylose angulaire. Subluxation du tibia en arrière.	Ostéotomie linéaire incomplète sus-condylienne au ciseau.	?	Guérison en 6 semaines.
24	TH. G. MORTON. *Philadelph. med. Times*, mars 1881, p. 377.	G. 15 ans.	Ankylose traumatique à angle aigu.	Ostéotomie cunéiforme. (Procédé Gurdon Buck.)	Erysipèle ; suppuration.	Guérison et consolidation en 7 semaines.
25	G. NEUBER. *Langenbeck arch.*, 1881, t. XXVI, p. 100.	G. 13 ans.	Ankylose à angle aigu.	Résection cunéiforme du genou. 2 drains résorbables, 4 perforations de la peau.		Guérison en 1 mois.
26	PÉAN. *Gaz. Hôpitaux*, oct. 1880.	?	Ankylose angulaire traumatique datant de 2 ans. Subluxation du tibia en arrière et de la rotule en dehors.	Incision prérotulienne courbe à convexité inférieure. Ostéotomie sous-périostée cunéiforme des condyles fémoraux et du plateau tibial. (Procédé Gurdon Buck.)	?	?
27	H. SMITH. *Medical Times and Gaz.*, vol. II, p. 2777 (1862).	?	Ankylose à la suite de plaie par arme à feu.	Résection cunéiforme. (Rhea Barton.)	?	Excellent. Raccourcissement de 3 cent. Guérison très bonne en 3 mois.
28	SOCIN. *Corresp. Blatt für Schweitz. Aertze* (15 avril 1880).	G. 16 ans.	Ankylose à angle droit.	Ostéotomie cunéiforme de l'ankylose. (Procédé Gurdon Buck.) Suture osseuse au catgut. Pansement de Lister. Drainage.	Pas d'accidents	Guérison complète en 32 jours.
29	THOMSON. *Brit. med. Journ.* t. I, p. 488 (1874).	F. 21 ans.	Ankylose à angle droit.	Résection cunéiforme. (Gurdon Buck.)	?	?
30	VON WAHL. *St-Petersb. med. Wochens.*, 1878, p. 420.	F. 25 ans.	Ankylose à angle de 140° ouvert en dedans.	Ostéotomie cunéiforme du tiers supérieur du tibia.	Suppuration. Séquestre du fragment supérieur du tibia.	?

Nos	NOMS DES AUTEURS Indications bibliographiques	SEXE et âge des opérés	NATURE DE LA LÉSION	PROCÉDÉ OPÉRATOIRE	SUITES de l'opération	RÉSULTAT FINAL
31	Von Wahl. *St-Petersb. med. Wochens.*, 1878, p. 470.	F. 13 ans.	Ankylose.	Vain essai de redressement. Ostéotomie cunéiforme au-dessus de la ligne épiphysaire.	Pas d'accidents.	Guérison en 5 semaines; raccourcissement de 4 cent.
32	Id.	H. 27 ans.	Ankylose des deux genoux à 80° complète à droite, presque complète à gauche.	Résection cunéiforme incomplète comprenant la rotule.	Hémorrhagie osseuse. Fièvre.	Guérison en 3 mois.
33	J. M. Warren, *American Journal*, t. XXXVII, 1859, p. 574.	H. 25 ans.	Ankylose à angle droit.	Ostéotomie cunéiforme du fémur.		Guérison en 27 jours avec ankylose et léger raccourcissement.
34	Volkmann.*Berlin, Klin. Wochens.*, 1874, n° 50.	F. 13 ans.	Ankylose datant de 9 ans.	Ostéotomie sus-condyllenne identique à celle de Macewen pour le genu valgum; on a soin seulement de creuser le coin aux dépens de la face antérieure. Pansement de Lister.	Pas de suppuration.	Guérison rapide.
35	Id.	F. 15 ans.	Ankylose angulaire datant de 6 ans. Tibia luxé en arrière. Condyle du fémur hypertrophié.	Ostéotomie linéaire au ciseau : du tibia au-dessous de l'articulation, du fémur au-dessus.	Pas d'accidents.	Plaie cutanée guérie en un mois. Guérison finale rapide.

RÉSULTATS ET CHOIX DU PROCÉDÉ OPÉRATOIRE

Avant de chercher à interpréter les observations que nous rapportons, nous devons, pensons-nous, fournir quelques explications.

Nous nous sommes trouvé, en effet, en face de deux difficultés résultant, d'une part, du manque de détails dans un certain nombre d'observations et, d'autre part, de la confusion que les auteurs semblent apporter, comme à plaisir, dans le sujet, en faisant les mots d'ostéotomie et de résection, presque synonymes. .

Un certain nombre d'observations n'ont pu être nettement classées et ont dû, par suite, être laissées dans l'ombre. Parmi celles qui semblent se rapporter au procédé de Rhea Barton nous citerons les deux de Muetter (1) et les trois de Ried (2) ; mais comme nous manquons absolument de renseignements suffisants sur ces faits, sauf le dernier qui date de 1857, et dans lequel le malade mourut au bout de 20 jours, nous sommes obligé de rester sur la réserve. Nous pensons également, mais sans preuve absolue, que les deux cas signalés au congrès de Lyon, 1863, par Philipeaux, l'un tiré de la pratique de Smith (observation qui figure dans notre tableau), l'autre personnelle à l'auteur, doivent se rapporter au procédé de Rhea Barton.

Quant au fait de Price signalé par Bouland, nous manquons de documents précis pour lui donner une place exacte. La même absence de renseignements nous empêche de classer d'une manière exacte les faits de Bruns (1857), de Langen-

(1) Steinert, *Dissert. Inaug.*, Iéna, 1852.
(2) *Loc. cit.*

beck, de Heuser, de Roser, de Funck, cités par Heyfelder, et les cas de Nussbaum et de Post signalés par M. Le Fort.

Quant aux opérations de Bœckel et de Richet (1), on doit les ranger à juste titre parmi les résections complètes et elles ne sauraient trouver place dans notre travail.

Enfin, et sans avoir la prétention d'avoir réussi dans tous les cas à séparer d'une manière absolue l'excision cunéiforme portant sur l'ankylose elle-même de la résection vraie, nous n'avons pas cru devoir considérer les faits consignés par Poinsot (2) dans son fort intéressant mémoire, comme se rapportant véritablement à l'ostéotomie. A la rigueur quelques-unes de ses observations pourraient être rapprochées de l'excision cunéiforme ; mais, à de très rares exceptions près, il est évident que les faits en question visent la résection complète. C'est pour la même raison que nous n'avons pu faire aucun emprunt aux nombreux matériaux recueillis par Swain (3).

Tout en éliminant ainsi un assez grand nombre de cas, nous avons pu réunir néanmoins un total de 55 observations, qui toutes se rapportent, croyons-nous, à l'ostéotomie.

Nous avons essayé de préciser, dans la mesure du possible, le procédé employé dans chacun des cas. Dans 10, cependant, il nous a été impossible d'établir s'il s'agissait d'une excision cunéiforme portant sur le fémur (procédé de Rhea Barton), ou bien d'une résection partielle au niveau de l'ankylose (procédé de Gurdon Buck). Il est facile de comprendre la différence qui existe entre ces deux procédés, distinction fort bien établie par M. Le Fort (4) et qui cependant a été beaucoup trop perdue de vue dans l'ankylose du genou.

(1) Pénières. *Thèse*, 1869.
(2) *Journal de Méd. de Bordeaux*, 1879, p. 26 et suivantes.
(3) *Injuries and diseases of the Knee joint, by Swain*, 1869.
(4) *Loc. cit.*

Mais, à côté de ces deux grands procédés, nous avons eu soin de faire figurer leurs dérivés plus ou moins directs, dont notre tableau, au début du mode opératoire, permet facilement de se rendre compte.

Nous ajouterons enfin, qu'à l'exemple de Bouland, nous reprocherons aux statistiques, d'une manière générale, de confondre non seulement les procédés opératoires, mais encore les causes des ankyloses. Il est bien évident que les résultats pourront diverger lorsqu'on pratique une opération d'exérèse dans un tissu de tumeur blanche encore en voie d'évolution ou bien dans des ankyloses pures. Aussi, ne tiendrons-nous compte, pour apprécier les résultats opératoires comme les résultats définitifs, que des faits que nous avons relevés et qui nous paraissent ne pas appartenir à la résection véritable.

Ces faits constituent un total de 35 cas. Sur ces 35 cas 2 morts; soit une mortalité de 5,7 pour 100.

Cette statistique est par conséquent plus favorable que celle de Pénières (1) qui, sur 32 opérations pour ankylose pure, signale 4 morts, soit une mortalité de 12,50 pour 100. Mais cette statistique s'applique aux résections complètes.

Elle se rapproche davantage de celle de Bouland qui, sur un total de 48 cas, comprenant à la fois des résections complètes et des ostéotomies (dans le sens que nous attachons à ces dernières), relate 5 cas de mort, soit une mortalité de 10,40 pour 100.

Il semble donc résulter de ces chiffres, dont nous n'entendons nullement faire article de foi, que l'ostéotomie offre une gravité moindre que la résection complète.

Nous pensons qu'il est juste d'attribuer cette amélioration de la statistique de l'ostéotomie (indépendamment de la

(1) Thèse de Pénières, 1869.

question du pansement) à l'introduction du procédé linéaire (1) qui, à n'en pas douter, constitue une opération
d'une gravité moindre que l'excision cunéiforme par le procédé de Gurdon Buck. Relativement à cette dernière opération, sans toutefois pouvoir fournir à l'appui de cette opinion
des chiffres démonstratifs, nous pensons qu'elle n'offre ni
plus ni moins de gravité que la résection complète. D'ailleurs, l'une et l'autre de ces opérations relèvent d'indications
particulières que nous signalerons plus loin.

Relativement aux suites de l'opération nous voyons que
sur les 33 opérés survivants :

12 fois la guérison a eu lieu sans complication,
 6 fois il y eut une suppuration très abondante,
 2 fois   —   nécrose,
 1 fois   —   hémorrhagie,
12 fois   —   aucune indication.

Le résultat final est indiqué seulement dans 32 cas (3 fois
il n'est pas signalé) :

Dans 3 — marche facile,
   —   1 — résultat très incomplet,
   —   8 — raccourcissement plus ou moins considérable,
   — 18 — guérison sans autre indication,
   —   2 — mort.

Ces résultats nous donnent les deux renseignements suivants :

1° L'ostéotomie, appliquée au traitement de l'ankylose du
genou, présente une gravité moins grande qu'on ne l'a cru
jusqu'ici ; néanmoins, en dehors des chances de mort, il faut
tenir compte des complications possibles (suppuration pro-

(1) Nous pourrions ajouter, pour appuyer ce dire, une statistique de
Volkmann portant sur 13 ostéotomies pour ankylose du genou, faites
en 1874. Sur ces 13 cas, il y eut 10 fois la guérison sans suppuration,
3 fois avec une suppuration médiocre. La réaction locale fut nulle chez
tous les opérés. *Berlin. Klein. Wochenschrift*, 1874, n° 60, 14 décembre.

longée), et aussi de la longue durée du traitement. En effet,
Poinsot (1) nous apprend que, dans la première période de
l'opération, la durée moyennne du traitement était de cinq
mois et que, dans les faits plus récents, elle demande encore
trois mois.

2° Il est assez difficile, à l'aide des documents actuels,
d'établir la valeur orthopédique de cette méthode.

Cette dernière réserve, et pour les mêmes motifs, nous
pouvons l'inscrire en tête des considérations qu'il nous faut
exposer maintenant sur le choix du procédé.

D'une façon générale, on se trouve tout d'abord aux prises
avec les deux procédés rivaux de Rhea Barton et de Gurdon Buck. Ce sont eux qui, jusqu'à ces dernières années, se
partagent à peu près également les suffrages des chirurgiens.

Le procédé de Gurdon Buck a l'avantage de faire disparaître
la saillie toujours disgracieuse de la rotule et de rétablir sur
la même ligne, non seulement apparente mais réelle, les axes
du fémur et du tibia. C'est à lui que se rattache en principe
M. Ollier lorsque, parlant des ankyloses en général, il ajoute :
« Il vaut mieux agir au niveau de l'articulation : la plaie
osseuse est sans doute plus étendue, vu l'élargissement des
os à ce niveau, mais on obtient un résultat esthétique bien
supérieur. On n'a pas à craindre le danger des arthrotomies,
car, ici, il n'y a plus d'articulation (2). »

Par contre M. le professeur Le Fort (3) estime que l'excision
diaphysaire est plus avantageuse : « Dans l'ankylose osseuse
complète, la section du fémur au-dessus de l'articulation,
comme l'a pratiquée Rhea Barton, paraît être le moyen à
employer dans l'état actuel de la science. »

(1) *Loc. cit.*
(2) *Dictionn. encycl. des sciences méd.* Art. *Ankylose.*
(3) **Malgaigne et Le Fort.** — *Traité de médecine opératoire*, t. I, p. 385.

Les faits que nous avons étudiés ne nous permettent de trancher la question ni dans un sens ni dans l'autre. Car aussi bien les résultats opératoires sont-ils sensiblement les mêmes de part et d'autre. Ce sera, croyons-nous, d'après l'examen de la saillie rotulienne, d'après la nature et la cause de l'ankylose, peut-être aussi d'après son degré qu'on devra se laisser conduire.

Du reste, nous avouons franchement que ces grandes excisions nous paraissent destinées sinon à disparaître, car il se trouvera toujours des cas où elles seront la seule ressource, du moins à ne plus occuper que le second rang dans le cadre de l'ostéotomie appliquée au traitement de l'ankylose du genou.

Il est, en effet, une nouvelle opération en faveur de laquelle nous nous sentons porté. Nous voulons parler des ostéotomies linéaires multiples faites par le procédé de Macewen et pratiquées au-dessus et au-dessous de l'ancienne articulation.

Peut être nous objectera-t-on que les faits sont encore bien peu nombreux et que les succès de trois chirurgiens, fussent-ils Volkmann, Macewen, Margary, ne suffisent pas pour juger un mode opératoire.

Nous n'aurions rien en effet à répondre à cette objection, si nous ne jugions que d'après les faits propres à l'ankylose du genou. Mais on lira plus loin, à propos du genu valgum, combien l'opération de Macewen est simple, sûre, et, on peut le dire, presque absente de tout danger. Il nous semble donc parfaitement naturel d'étendre son application au redressement de l'ankylose du genou. C'est donc à elle, le cas échéant, qu'il faudrait, croyons-nous, donner la préférence, à moins de contre-indications particulières.

Nous avons en vue, il est bien entendu, dans les lignes qui précèdent, l'ostéotomie linéaire hors de l'ankylose et non pas les opérations de Robert Little et ses imitateurs. Porter le ciseau, par la méthode sous-cutanée, c'est-à-dire à l'aveugle, au niveau de l'ancien interligne articulaire, c'est s'exposer volontairement à réveiller des accidents locaux plus ou moins graves, car on ne sait jamais, d'une façon vraiment absolue, si, entre les os les mieux soudés en apparence, il ne reste pas quelques vestiges de l'ancienne cavité, prêts à protester contre toute violence.

OSTÉOTOMIE DANS L'ANKYLOSE TIBIO-TARSIENNE.

Ce n'est qu'à titre de curiosité que nous consacrons quelques lignes au redressement de l'ankylose tibio-tarsienne par l'ostéotomie. C'est qu'en effet la soudure articulaire se faisant ordinairement à angle droit, et cette attitude n'amenant pas une trop grande difficulté de la marche, le chirurgien n'a que très rarement à intervenir. Toutefois on a pu voir l'ankylose tibio-tarsienne déterminer une attitude vicieuse du pied en varus ou en équinisme; et alors on peut être amené à une opération sanglante pour obtenir le redressement. Nous n'avons pu recueillir que deux observations de ce genre; aussi, croyons-nous devoir les rapporter plus loin avec les détails principaux qui s'y rattachent.

Velpeau, dans son *Traité de Médecine opératoire* (p. 595, t. I) expose en ces termes le mode opératoire à employer :

« Si le pied équin, par exemple, tenait à une ankylose tibio-tarsienne, je ne vois pas pourquoi on ne tenterait pas l'enlèvement d'un coin du tibia et du péroné. Il faudrait pour cela une incision longitudinale, étendue du bord inférieur

de la malléole interne à 3 pouces au-dessus. Après avoir
isolé de l'os toutes les parties molles, on les ferait écarter de
chaque côté à l'aide d'un crochet mousse qu'un aide repous-
serait en même temps en arrière ou en dehors. Une scie en
crête de coq, portée en travers, diviserait l'os perpendiculairement, pour le trait supérieur, obliquement, de bas en
haut pour le trait inférieur, jusqu'à quelques lignes de sa
face postérieure, et de manière à circonscrire un coin dont
la base, plus ou moins large, selon le degré de déviation du
pied, serait tournée en avant. Après avoir répété la même
opération sur le péroné, on achèverait de rompre les os
de la jambe en agissant sur le pied. Celui-ci étant ensuite
relevé, on mettrait les deux faces de la section en contact, en
donnant une direction horizontale à la face plantaire de l'or-
gane dévié.

« L'appareil dextriné des fractures de la jambe serait aussitôt appliqué, et l'on tenterait d'ailleurs la réunion immédiate
des plaies.

« Comme il ne s'agit point, dans cette opération, de rétablir la mobilité de la jointure, on comprendrait sans dangers
réels les tendons de la région dans le lambeau des parties
molles. »

Voici maintenant une observation qui fait époque dans
l'histoire de l'ostéotomie pour ankylose tibio-tarsienne, et
sur laquelle Ollier se fonde dans son article du *Dictionnaire
encyclopédique des sciences médicales* (t. V, page 211)
pour admettre dans le traitement de cette difformité l'ablation d'une tranche cunéiforme du tibia et du péroné.

Il s'agit d'un opéré de H. W. Berend (de Berlin), qui fut
présenté à la Société médicale le 27 février 1861, et dont

nous empruntons l'histoire aux comptes rendus de l'Académie des sciences de la même année (p. 544) :

Jeune homme de 16 ans. Deux ans auparavant, il se fait en tombant une fracture compliquée qui ne reçoit aucun traitement ; il survient une suppuration abondante qui entraîne l'expulsion d'un séquestre. Lorsque le malade entre à l'hôpital, on constate qu'il s'appuie sur l'extrémité des orteils, et que son pied, fléchi un peu en dehors, a perdu tous ses mouvements.

Le talon est à 4 lignes du sol ; la malléole externe présente une cicatrice étoilée et fait une saillie considérable en dehors. Assis, la difformité persiste. — On fait la section du tendon d'Achille : pas de résultat.

On applique un appareil orthopédique pendant deux mois : pas de résultat. Enfin on se décide à pratiquer l'ostéotomie du tibia et du péroné.

Tibia. — Incision de la peau de 2 pouces à partir du 1/3 inférieur de l'os. Décollement du périoste ; section d'une portion cunéiforme du tibia, large de un pouce environ à sa base ou face antérieure, au moyen de la scie de Jeffray, puis de la scie à couteau ; enfin soulèvement et extraction de cette même portion du tibia à l'aide de la double tenaille à résection.

Péroné. — Ostéotomie d'une portion, longue de 2 pouces après incision préalable de la peau.

L'opération se termina sans qu'il fût nécessaire de lier aucun vaisseau.

L'adaptation des surfaces osseuses résultant de l'ostéotomie fut aisée, et suivie de l'application d'un appareil plâtré avec redressement du pied à angle droit sur la jambe. Dès ce moment, les orteils peuvent exécuter leurs mouvements.

Après 5 mois pendant lesquels il y eut des hémorrhagies et des éliminations d'esquilles nécrosées, la consolidation fut obtenue. Depuis, le malade court, s'appuyant sur toute la plante du pied. Il a un soulier exhaussé d'un pouce 1/2.

Dans un autre exemple, celui-là dû à Billroth (1), nous retrouvons une application toute semblable de l'ostéotomie à l'orthopédie. Il s'agit d'un garçon de 16 ans atteint de pied bot équin, consécutif à la nécrose totale du tibia, avec anky-lose de l'articulation du cou-de-pied ; on pratique à 5 centi-mètres au-dessus de la malléole, une excision cunéiforme incomplète du tibia qui enlève un segment de 3 centimètres de haut. Au bout d'un mois l'opéré sort guéri.

DE L'OSTÉOTOMIE DANS LE GENU VALGUM

La première tentative dans cette voie date de Meyer de Wurzbourg (1850 ou 1851); elle semble n'avoir eu aucun retentissement, et ne fut d'ailleurs publiée qu'assez tardi-vement. Toutefois nous devons faire remarquer que l'opéré était un rachitique à cambrure osseuse très prononcée, que l'ostéotomie fut pratiquée au niveau même de cette courbure et qu'ainsi Meyer paraît avoir eu beaucoup plus en vue la déformation rachitique que la déviation en valgum.

Ce n'est qu'en 1875 que l'attention est décidément éveillée sur ce point de la thérapeutique chirurgicale par Annandale. Mais, en réalité, c'est à Ogston (17 mai 1876) et à Schede (27 septembre 1876) que revient l'honneur d'avoir introduit

(1) *Wien. Med. Wochenschrift*, t. XIV, 1881.

l'ostéotomie dans le traitement du genu valgum. L'impulsion était dès lors donnée et les chirurgiens allaient rivaliser d'ardeur pour répéter les procédés déjà existants ou en proposer de nouveaux. Nous aurons, dans un instant, à exposer ces modes opératoires divers avec leur date d'apparition et ce serait nous livrer à des redites inutiles que de les signaler dès à présent.

Contentons-nous de faire remarquer que, d'une façon générale, trois phases bien nettes se succèdent dans le choix du mode opératoire. — Dans la première, avec Annandale et Ogston, on ouvre résolument l'articulation. — Dans la seconde, représentée par Reeves, par Chiene, on tente de la respecter; on n'y arrive pas toujours, tant s'en faut, mais du moins on a pris pour devise « ostéotomie extra-articulaire. » — Dans la troisième enfin, on s'écarte franchement de l'article, on n'agit plus qu'à son voisinage comme Billroth et Macewen; ou même, comme Reeves (2ᵉ procédé) et Taylor, l'on reporte la section jusque sur la diaphyse... Et tout cela se succède en quelques années au milieu des discussions ardentes, ici de la société clinique de Londres, là, des congrès des chirurgiens allemands.

Mais pour bien comprendre cette évolution dans les procédés opératoires, il nous faut rappeler en quelques mots les théories successives qui ont eu cours sur la pathogénie du genu valgum. Ce sont elles, comme nous allons le voir, qui ont directement inspiré telle ou telle opération dont l'idée première serait difficile à comprendre sans cette notion pathogénique.

Pathogénie du genu valgum. — Les théories invoquées pour expliquer la pathogénie du genu valgum peuvent être ramenées à trois principales : *ligamenteuse, musculaire, osseuse.*

Émise par Malgaigne (1), soutenue par Dubreuil (2) et Langenbeck (3), la théorie ligamenteuse ne compte plus aujourd'hui que de rares partisans. Admettre, parce qu'on constate un jour donné des mouvements de latéralité possibles, que l'affection première porte sur le ligament latéral externe raccourci, ou sur le ligament latéral interne trop long, c'est donner le premier rang à un fait qui n'est, en réalité, que secondaire, comme le prouve l'évolution du genu valgum, dans tous les cas où le malade a été observé pendant plusieurs années.

Même reproche à la théorie musculaire, bien qu'à première vue elle paraisse assez séduisante. Rien de plus tentant que d'admettre avec J. Guérin, avec Duchenne, de Boulogne (4), avec Bonnet, de Lyon (5), que si les surfaces articulaires se déforment, que si les os se tordent, c'est parce qu'il y a « manque d'équilibre entre les muscles rotateurs externes et internes du genou, le biceps crural (rotateur en dehors) présentant un développement trop considérable relativement aux muscles de la patte d'oie (rotateurs en dedans). »

Si le rôle des muscles peut être invoqué avec une certaine raison, comme le faisait M. le professeur Verneuil, en 1874 devant la Société de chirurgie, pour le genu valgum tardif, apparaissant de 15 à 20 ans sur des membres jusqu'alors bien conformés, cette théorie reste tout à fait impuissante en présence de ces faits nombreux de genu valgum de l'enfance que l'on a trouvés associés d'une façon presque constante à des courbures rachitiques complexes et multi-

(1) Malgaigne. *Traité d'orthopédie.* Paris, 1862.
(2) Dubreuil. *Cours d'orthopédie.* Paris, 1874.
(3) *Archives de Langenbeck,* 1879. Vol. XXIII.
(4) Duchenne, de Boulogne. *Physiologie des mouvements.*
(5) Bonnet. *Traité des sections tendineuses.*

ples. Nous en retiendrons toutefois une donnée, que nous verrons présenter son application chez plus d'un opéré, à savoir : la résistance qu'un muscle trop court oppose parfois au redressement et la nécessité alors d'ajouter à la section osseuse une ténotomie sous-cutanée.

La théorie osseuse, à laquelle se rallient aujourd'hui la plupart des chirurgiens, distingue deux variétés de genu valgum : l'un de l'enfance, de nature rachitique, l'autre de l'adolescence, d'origine ostéogénétique.

Quand la déviation a débuté dans les premières années, rien de plus naturel que de la rattacher au rachitisme dont on trouve de nombreuses manifestations sur les autres points du squelette. Les diaphyses fémorale et tibiale s'incurvent, les surfaces articulaires se dévient ; elles sont saines d'abord, mais, à la longue et par le fait de la répartition inégale des pressions, elles se déforment en même temps que se modifient plus ou moins les systèmes ligamenteux et musculaire.

Mais, comme le font remarquer avec juste raison MM. Tillaux, de Santi (1), Baude (2), etc., le rachitisme proprement dit ne peut plus être invoqué lorsque le genu valgum n'apparaît que vers l'âge de 15 à 20 ans.

C'est à Delore (3), en France, à Macewen (4), en Angleterre que revient le mérite d'avoir les premiers tenté de rattacher à un trouble de nutrition et de vitalité des cartilages interépiphysaires le genu valgum des adolescents.

Confirmé bientôt par les recherches d'Ollier (5), de de.

---

(1) Thèse de Paris, 1876.
(2) Thèse de Lille, 1880.
(3) Delore, Congrès de Lyon (Assoc. franç. pour l'avancement des sciences) 1873.
(4) Macewen, *The Lancet*, 1878-79.
(5) Ollier, *Revue mensuelle*, février 1877.

Santi, de Marchand et de Terrillon, ce rôle des cartilages ne paraît plus pouvoir être mis en doute aujourd'hui. Il est toutefois différemment interprété par les auteurs que nous venons de citer. Pour Ollier, il y a raccourcissement réel de la partie externe du fémur et continuation normale de l'allongement du condyle interne. De Santi, au contraire, pense qu'il y aurait surcroît de l'activité fonctionnelle de la partie interne du cartilage diaphyso-épiphysaire et comme conséquence: hypertrophie véritable du condyle interne.

Ce n'est là qu'une différence d'interprétation : l'un et l'autre admettent, en somme, l'inégalité de longueur des condyles, inégalité signalée d'ailleurs dans les autopsies de de Santi, de Guéniot, de Lannelongue; relatées dans la thèse de Peyre.

Toute autre est l'opinion de Mikulicz (1), pleinement adoptée par Barwell (2) et Macewen (3). Pour lui:

1° Les épiphyses sont déviées, mais non déformées, aussi bien dans le genu valgum des adolescents, que dans celui des enfants ;

2° Du côté du fémur, on trouve un allongement de l'extrémité inférieure de la diaphyse à son côté interne, d'où courbure à convexité interne du tiers inférieur de l'os. Le condyle interne est ainsi abaissé, mais il n'est pas allongé ; du côté du tibia, même déviation possible à l'extrémité supérieure de la diaphyse ;

3° La cause de cet allongement partiel de la diaphyse s'explique par l'étude du cartilage de conjugaison dont les lésions histologiques se rapprochent beaucoup de celles du rachitisme. Élargie et épaissie du côté interne, la zone chondroïde

(1) Mikulicz, *Archiv. f. Klin. Chirurg.*, vol. XXIII, fasc. 3 et 4, 1879.
(2) Barwell, *British Med. Journal*, t. II, p. 609, 1879.
(3) Macewen, *Ostéotomie*, trad. franç. de Demons, 1882.

est le siège d'une prolifération très notable, mais irrégulière,
de cellules cartilagineuses. — C'est la confirmation histolo-
gique de l'opinion émise déjà par M. Lannelongue sur la
parenté intime du rachitisme et du genu valgum à quelque
âge qu'il se montre.

Il est difficile, avec les notions que nous possédons aujour-
d'hui, de décider entre les partisans du rachitisme tardif et
les défenseurs d'un simple trouble de nutrition du cartilage interépiphysaire, et nous dirons avec M. le professeur Gosselin (1) : « Rien de positif n'est établi. »

Quoi qu'il en soit, une fois la théorie osseuse admise,
deux opinions rivales restent en présence :

α — Il y a inégalité de longueur des condyles fémoraux,
c'est-à-dire : déformation de la surface articulaire ;

β — Il y a intégrité de l'articulation ; mais il y a déviation
du plan articulaire sous l'influence d'un trouble de nutrition
juxta-épiphysaire ou d'une courbure diaphysaire, déviation
qui peut porter aussi bien sur le plateau tibial, que sur la
face fémorale.

Il est facile de saisir quelle influence l'adoption de l'une
ou l'autre de ces manières de voir exercera sur la nature de
l'intervention chirurgicale.

Se rattache-t-on à la théorie de la *déformation* et l'on sera
conduit, comme Annandale, comme Ogston, comme Reeves,
comme Chiene, à pratiquer l'ostéotomie condylienne, c'est-à-
dire l'arthrotomie.

Les partisans de la *déviation* respecteront au contraire
l'articulation, soit qu'ils opèrent à son voisinage (Macewen,

(1) *Clinique chirurgicale de l'hôpital de la Charité*, 1879. T. I, p. 232.

Billroth), soit qu'ils reportent la section plus ou moins loin (Reeves, Taylor), et, dans l'un et l'autre cas, ils auront encore à choisir entre le fémur (Macewen) et le tibia (Billroth, Mikulicz, Schede), ou même ils feront porter l'ostéotomie sur l'un et sur l'autre os (Barwell).

Mais, à vrai dire, et c'est par là, que nous terminons cet exposé anatomo-pathogénique, l'exclusivisme n'est pas permis, et il convient de dire avec Macewen, qu'il y a en réalité, dans tout genu valgum, trois facteurs, d'importance et de fréquence absolument différentes et qu'il convient, par suite, de classer dans l'ordre suivant :

1° Courbure en dedans du 1/3 inférieur du fémur, courbure qui abaisse le niveau du condyle interne et élève celui du condyle externe ;

2° Allongement anormal du condyle interne ;

3° Aberration de développement du cartilage interépiphysaire tibial, qui fait que le plateau n'est plus perpendiculaire à l'axe de l'os.

Procédés opératoires. — Nous avons cru devoir, pour la facilité de la description, laisser de côté l'ordre chronologique pour rechercher surtout un groupement naturel. Il est plus facile ainsi, croyons-nous, d'apprécier les ressemblances et de juger les différences.

Nous exposerons donc successivement les méthodes fémorale, tibiale, tibio-péronière et enfin fémoro-tibiale.

Or, même en laissant de côté des modifications sans valeur réelle, nous ne trouvons pas moins de 12 procédés opératoires parfaitement distincts, dont le tableau suivant permet d'apprécier les caractères principaux :

Opération sur le fémur.	ostéotomie bicondylienne		Annandale.
	ostéotomie uni-condylienne.	linéaire.	Ogston. Reeves.
		cunéiforme.	Macewen. Chiene.
	ostéotomie sus-condylienne		Macewen.
	ostéotomie diaphy-saire	linéaire.	Reeves.
		cunéiforme.	Rhea Barton
Opération sur le tibia.	ostéotomie linéaire incomplète.		Billroth.
	ostéotomie cunéiforme incomplète.		Meyer.
Opération sur le tibia et le péroné.			Schede.
Opération sur le fémur et sur le tibia			Barwell.

Opérations portant sur le fémur. — La première opération faite sur le fémur appartient à Annandale (1) (16 mars 1875).

Le sujet était une petite fille de six ans. La déviation très prononcée avait résisté à tous les moyens orthopédiques. Une incision longitudinale à la face interne du genou permit d'arriver sur le ligament latéral interne qui fut sectionné. La rotule déjetée en dehors, on coupe les ligaments croisés et le ligament latéral externe. On enlève, à la scie, une tranche cunéiforme comprenant les deux tiers du condyle interne et effleurant à peine le condyle externe. Quelques points de suture ferment en partie la plaie cutanée. Un drain assure l'écoulement des liquides. La méthode antiseptique est appliquée dans toute sa rigueur. — Les suites furent des plus simples; la plaie était cicatrisée en cinq semaines, et huit

____

(1) *Edinburgh Med. Journ.*, juillet 1875, p. 18.

jours plus tard l'enfant commençait à marcher ; la jambe était droite ; mais il y avait ankylose. Quelques jours plus tard, on pratiquait, pendant le sommeil anesthésique, la flexion

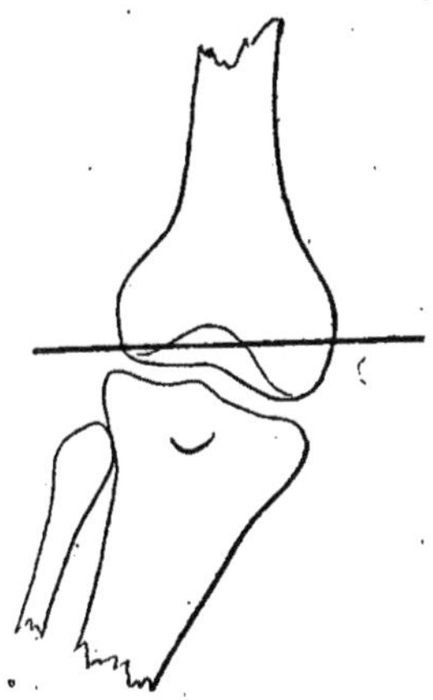

Procédé Annandale.

forcée. — L'observation ne dit pas, malheureusement, quel fut le résultat définitif de ces tentatives de mobilisation.

Malgré ce succès, Annandale n'eut pas, à notre connaissance, d'imitateurs, et lui-même d'ailleurs, dans une lettre adressée à Pilcher, à la date du 4 novembre 1878, déclare renoncer à son procédé pour se rattacher à celui de Reeves (1).

Du procédé d'Annandale, Macewen rapproche, mais à tort, une opération pratiquée, cette même année 1875, par Howse pour un cas de varum. Il fit, il est vrai, la section oblique des condyles, mais elle ne fut que le premier temps d'une

(1) *Annals of the Anatomical and Surgical Society.* Brooklyn. T. I, 1878-79, p 61.

véritable résection, car il enlevait également le plateau du tibia (1).

Un an plus tard (17 mai 1876), Ogston (2) pratiquait pour la première fois l'opération qui porte son nom. Corriger l'obliquité de la surface articulaire en détachant le condyle interne du reste de l'os, en en faisant un fragment qu'on pourra refouler de bas en haut, tel est le but qu'il se proposa. Il obtint un plein succès chez son opéré, jeune homme de dix-huit ans, affecté d'un double genu valgum.

Le genou étant fléchi autant que possible et le membre tourné en dehors, un long et fort ténotome est introduit à plat

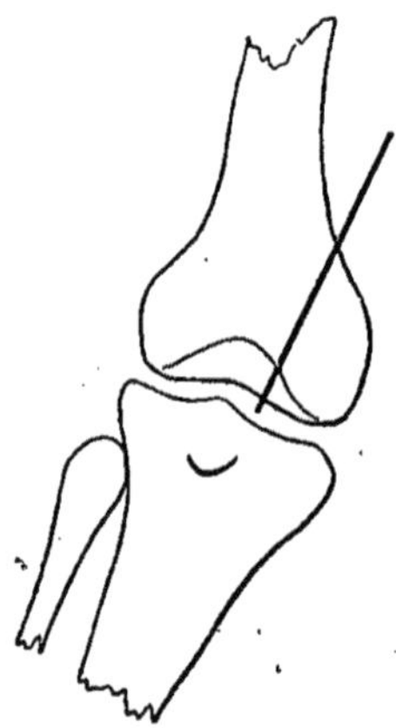

Procédé Ogston.

sous la peau, à 9 centimètres au-dessus du condyle interne. On le pousse en bas, en avant et en dehors, jusqu'à ce que sa pointe soit sentie dans l'espace intercondylien. Le bord tran-

(1) *Guy's Hosp. Reports,* 1875.
(2) *Edinburgh Med. Journal,* avril 1877.

chant est alors tourné vers l'os et les parties molles sont divisées ainsi que le périoste en retirant l'instrument. La plaie cutanée mesure à peine 1 centimètre. Avec la scie d'Adams, introduite dans le trajet que vient de creuser le ténotome, on divise le condyle d'avant en arrière, dans les trois quarts de son épaisseur environ. Le détachement du condyle se complète par fracture au moment où l'on pratique le redressement. Devenu libre, il remonte par glissement le long de la section fémorale.

Au bout de quelques semaines, on commence à imprimer des mouvements passifs.

On s'explique difficilement l'enthousiasme avec lequel fut accueillie et imitée l'opération nouvelle par les chirurgiens allemands et anglais. Ne s'agit-il pas, en effet, d'une plaie pénétrante du genou et d'une fracture intra-articulaire? Sans doute, grâce à la méthode sous-cutanée mise en usage, grâce aux précautions antiseptiques rigoureusement observées, on peut, et la plupart des observations le prouvent, obvier aux dangers inhérents à l'ouverture de l'article ; mais il y aura épanchement intra-articulaire ; mais il se produira de l'arthrite ; mais, de l'ascension même du condyle interne, résultera une déformation véritable de la surface articulaire fémorale, profondément encochée au point de séparation des deux fragments, comme en fait foi une autopsie pratiquée par Thiersch, de Leipsig (1). Il semble difficile, dès lors, que

(1) Il s'agit d'un jeune homme âgé de 16 ans, mort d'urémie aiguë six semaines après l'opération. « Il y avait une fracture raboteuse dans la jointure ; l'angle résultant de la cassure était rempli de matière osseuse provenant principalement du périoste. Les surfaces du condyle coupées avec la scie et la diaphyse étaient séparées par un intervalle de trois ou quatre millimètres, et la brèche était remplie par un tissu rouge délicat formé par l'organisation du caillot sanguin ; sur le cartilage et la membrane synoviale, les vestiges d'un coagulum sanguin étaient aussi visibles. » (*Centralblatt f. Chirurg.*, n° 6, 1879.)

l'opéré puisse échapper à une roideur articulaire plus ou moins prononcée, voire même à un certain degré d'ankylose.

Toutefois, comme nous l'avons dit, l'idée d'Ogston fit fortune, et pendant quelques années les chirurgiens rivalisèrent d'ardeur pour la pratiquer telle quelle ou pour lui faire subir des modifications plus ou moins importantes.

Quelques-unes méritent à peine d'être mentionnées :

C'est Bradley (1) « rapprochant le plus possible la section osseuse de la rotule et du centre de l'articulation, car autrement on ne peut pas redresser complètement la jambe. »

C'est Bardeleben (2) qui, au risque de léser les parties molles du creux poplité, sectionne le condyle dans toute son épaisseur.

C'est Schmitz Arnold, de Saint-Pétersbourg (3) qui exagère encore l'audace d'Ogston en renonçant à la méthode sous-cutanée, sans même recourir aux précautions antiseptiques.

Mais déjà (17 mars 1878), Reeves (4) avait pratiqué une opération qui, pour être dérivée de celle d'Ogston, n'en est pas moins un procédé vraiment personnel. Comme Ogston, dont il emprunte la ligne d'opération, il agit sur le condyle interne qu'il détache du reste de l'os, mais, différence fondamentale, son ostéotomie reste, en théorie du moins, extra-articulaire.

(1) *Brit. Med. Journal*, 7 sept. 1878.
(2) *In Berlin. Klin. Wochensch.* 1878, nos 19 et 21.
(3) *Centralblatt für Chirurgie*, avril 1879.
(4) *Brit. Med. Journ.*, 21 sept. 1878.

Le 8 novembre 1878, il l'exposait devant la *Clinical society of London* dans les termes suivants : « On commence par « mettre le genou en flexion, de façon à faire saillir le con- « tour des condyles, et à attirer vers le bas le diverticule « supra-rotulien de la synoviale articulaire. La cuisse et la « jambe étant solidement maintenues dans cette position, on

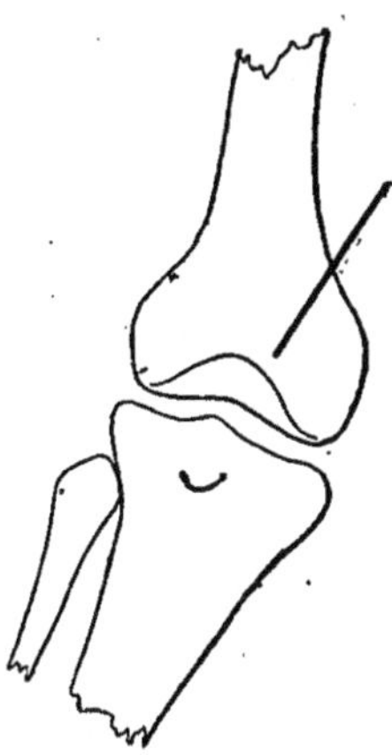

Procédé Reeves.

« introduit un scalpel obliquement, juste au-dessus de la « tubérosité interne : on sectionne les parties molles, et un « *ciseau*, sur lequel la profondeur du condyle et des parties « molles a été préalablement marquée, est introduit à côté « du bistouri. On relâche alors le condyle, mais sans le sépa- « rer : *le ciseau ne doit pas se rapprocher de la face arti-* « *culaire cartilagineuse de plus d'un huitième de pouce.* « Puis, redressement forcé. On applique sur la plaie un tam- « pon de charpie imbibé d'huile phéniquée, et l'on met le « membre dans un appareil plâtré.

« Le dixième jour, on enlève l'appareil; le patient peut

« fléchir en partie le genou. On imprime chaque jour des
« mouvements passifs doux que l'on continue jusqu'à ce que
« la flexion complète soit atteinte. Enfin l'opéré est autorisé
« à marcher avec ses béquilles quinze jours après l'inter-
« vention chirurgicale. Comme surcroît de sûreté on peut
« employer le pansement de Lister. »

Reeves, qui appuyait cette communication sur vingt-trois
opérations déjà pratiquées par lui, se propose, comme on le
voit, de respecter la surface articulaire. Malheureusement
cette prétention est susceptible de deux graves objections.
La première a été formulée par Macewen et Margary, et
nos propres recherches la confirment entièrement : il est à
peu près impossible d'éviter, pendant le maniement du ciseau,
qu'à un moment quelconque il ne vienne à franchir la couche
qu'on veut respecter. L'accident est arrivé à Reeves lui-
même (1). Il est vrai que pour le chirurgien anglais l'ouverture au ciseau serait sans gravité! Mais admettons que la
section soit faite sans lésion aucune de la face cartilagineuse,
reste la seconde objection de beaucoup la plus sérieuse. Au
moment où le redressement sera accompli, au moment où le
condyle interne sera refoulé en haut, la lamelle ostéo-carti-
lagineuse devra fatalement être rompue; car, si l'on peut
admettre qu'elle soit susceptible jusqu'à un certain point de
plier, il est absolument impossible de comprendre qu'elle
puisse s'étirer, si l'on veut nous permettre cette expression,
pour suivre le chevauchement des deux fragments.

Mais, ce qu'il est juste de dire, bien que le chirurgien
anglais n'en parle pas, c'est qu'en arrêtant le ciseau à un
centimètre de la surface libre on évite les éclats qu'il pourrait
détacher et chasser devant lui.

______

(1) *Lettre à Swann*, 16 oct. 1880. *Dublin Journal of Medical Science*, 1880,
p. 465.

En réalité Reeves, tout comme Ogston, fait une fracture intra-articulaire et dès lors son procédé comporte les mêmes reproches, atténués quelque peu cependant par l'emploi du ciseau.

A plus forte raison en est-il de même si l'on accepte la modification proposée et exécutée en novembre 1880 par Swann qui, de parti pris et comme dernier temps de l'opération de Reeves « achève la séparation en utilisant le ciseau comme levier, le corps du fémur jouant le rôle de point d'appui... Le membre se laisse facilement redresser (1). »

En même temps que Reeves et presque à la même date

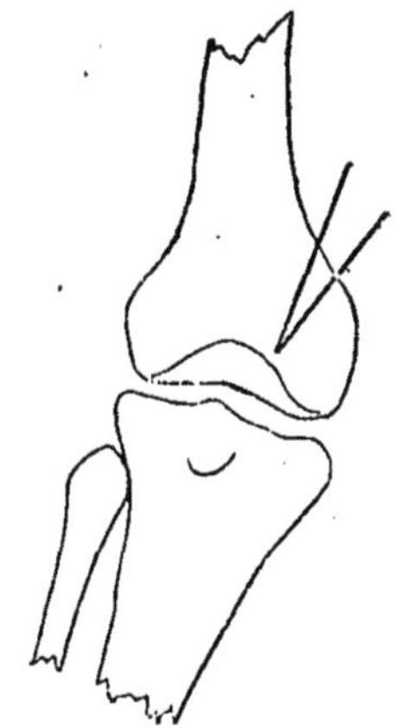

Procédé Macewen (*abandonné*).

Macewen (2), obéissant d'ailleurs aux mêmes vues, cher-

(1) Swann, *in Dublin Journal of Medical Sciences*, 1er déc. 1880, p. 465.
(2) Macewen, *loc. cit.* p. 110 et 111.

chait, lui aussi, à pratiquer une ostéotomie condylienne extra-articulaire. En « creusant soigneusement au ciseau, suivant la ligne d'Ogston, un coin dont le cartilage articulaire (laissé intact) forme le sommet » on doit obtenir le redressement du condyle par un mouvement de bascule « comme un livre qu'on ferme » et dès lors la lamelle cartilagineuse, invitée seulement à se fléchir, n'est pas rompue. — C'est le 10 mai 1878 que Macewen mit en pratique, pour la première et dernière fois d'ailleurs, ce procédé aussi ingénieux que difficile à exécuter. Les manœuvres opératoires furent laborieuses et le résultat final paraît avoir été peu satisfaisant.

Ce n'était pas d'ailleurs la première application de l'ostéo-

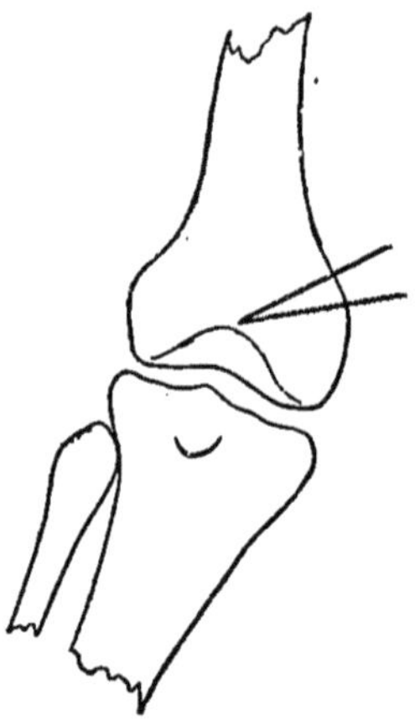

Procédé Chiene.

tomie cunéiforme au redressement du genu valgum. Déjà, en avril 1877, Chiene d'Edimbourg (1) enlevait, avec le maillet

____

(1) *On the Treatment of Knock-Knee in Edinburgh Med. Journ.,* 1879, p. 881.

et le ciseau, un coin osseux de la base du condyle interne, immédiatement au-dessus du tubercule d'insertion du grand adducteur. « Le grand axe du coin se dirige en bas et en dehors vers l'échancrure intercondylienne ; sa largeur dépend du degré de difformité. » Il arrivait à l'os par une incision de 5 à 7 centimètres de longueur, parallèle à l'axe du fémur et faite directement sur le tubercule du condyle interne, juste en avant du tendon de l'adducteur. — Ici encore la flexion de la portion osseuse conservée est plus théorique que pratique ; l'intégrité de l'articulation est plus théorique que réelle ; comme dans les procédés d'Ogston, de Reeves, de Macewen on a une fracture pénétrante. Si nous ajoutons que la ligature de l'artère articulaire supérieure constitue un des temps de cette opération faite presque à ciel ouvert, nous aurons suffisamment fait comprendre pourquoi Chiene ne rencontra que peu d'imitateurs.

Avec Macewen (18 mai 1877) (1) la section du fémur cesse d'être partielle. Ce n'est plus le condyle interne seul qu'il a en vue. Il s'attaque résolument à toute l'épaisseur de l'épiphyse qu'il divise transversalement au-dessus des tubérosités condyliennes (2). C'est que pour lui en effet, comme nous l'avons dit déjà, la déformation des condyles n'est qu'un fait secondaire ou consécutif pour mieux dire. Si le genou est dévié en dedans, si la jambe est déjetée en dehors, c'est parce que le fémur est incurvé, incurvation qui porte plus spécialement sur le côté interne de l'extrémité inférieure. C'est donc à ce niveau qu'il faut attaquer l'os, comme c'est au

____

(1) *The Lancet*, 30 mars 1878.
(2) D'où le nom d'*ostéotomie supra-condyloïdienne* que Macewen a donné à son procédé, pour bien en marquer le trait principal.

côté interne qu'il faut produire une perte de substance. Si à
ces deux premières données nous ajoutons que cette perte de
substance est obtenue par simple tassement, grâce à un artifice instrumental, et enfin qu'il convient de respecter les lames
superficielles de la face externe, nous aurons résumé l'opération de Macewen dans ce qu'elle a de fondamental et nous
pourrons la définir : une *ostéotomie sus-condylienne, incomplète, pseudo-cunéiforme.*

« *L'ostéotomie supra-condylienne* » se pratique de la
façon suivante : le sujet étant bien anesthésié, on dispose

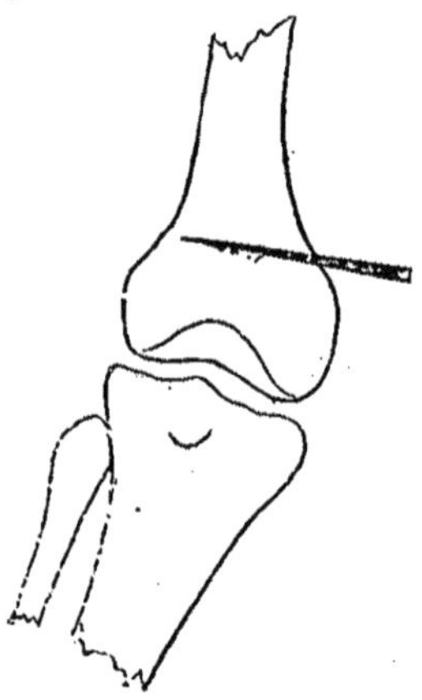

Procédé Macewen.

sous le membre, placé dans un léger degré de flexion, d'abduction et de rotation en dehors, un sac rempli de sable humide.
Le point de rencontre de deux lignes, l'une transversale tirée
à un travers de doigt au-dessus du niveau du bord supérieur
du condyle externe, l'autre parallèle au tendon du grand
abducteur, à 1 cent. en avant de lui, marque le point où l'on

divisera les parties molles. Cette incision ne mesure pas plus
de 12 à 25 millim.; elle est faite d'un seul coup, en enfonçant
d'emblée le bistouri jusqu'à l'os. Le long de la lame laissée en
place on glisse l'ostéotome que l'on conduit jusqu'à l'os, suivant les principes généraux que nous avons exposés dans notre
premier chapitre : c'est-à-dire que, présenté et engagé selon
la direction même de la plaie cutanée, on lui imprime, une
fois arrivé sur l'os, un mouvement de rotation d'un quart de
cercle ; il répond dès lors par sa largeur au diamètre transverse
de l'os. Il ne reste plus qu'à le faire pénétrer par une série de
petits coups, en même temps qu'on lui fait décrire un léger
« mouvement en éventail » qui porte successivement le tranchant sur les divers points de la zone à couper.

Pendant cette section osseuse deux points doivent spécialement fixer l'attention du chirurgien : la direction suivie par
l'ostéotome et la profondeur à laquelle il pénètre.

La direction dépend absolument de l'opérateur, car l'ostéotome n'a par lui-même aucune tendance à dévier. Or il
importe de ne pas agir perpendiculairement à l'axe fémoral ;
on irait fatalement se perdre, vu la direction anormale de
l'interligne articulaire, dans le condyle externe ; *il faut
opérer suivant la ligne sus-condylienne* qui a servi à trouver
le point de repère cutané. Aussi est-il bon, comme nous
l'avons vu faire à M. Delens, de marquer d'emblée cette ligne
par un trait de plume ou de crayon ; l'opération devient ainsi
beaucoup plus sûre.

Il faut surveiller avec non moins de soin le degré de
pénétration, car *l'ostéotomie doit rester incomplète.* Lorsqu'on suppose avoir coupé une épaisseur suffisante pour pouvoir terminer facilement par ostéoclasie on retire l'ostéotome.
L'épaisseur du pont osseux conservé variera suivant les âges
et pour mieux dire suivant le degré de solidité de l'os. S'il

est mou et cède aisément, il suffit d'avoir divisé les deux tiers environ ; si l'on sent au contraire que l'os est dur et cassant, il ne faut s'arrêter que lorsque le tranchant de l'ostéotome est arrivé au contact de la lame compacte du côté externe, « ce qu'avec un peu d'expérience le chirurgien reconnaît par le tact et le son. » Pendant l'opération de M. Delens, comme au cours de nos essais sur le cadavre, cette appréciation exacte de la profondeur à laquelle on est arrivé, nous a paru des plus difficiles à bien acquérir ; aussi conseillerons-nous à tout opérateur novice de commencer, avant toute manœuvre opératoire, par comparer la longueur de son ostéotome à l'épaisseur du segment de membre à traverser et à marquer sur la tige le point limite qu'il pourra atteindre.

Il est enfin un troisième précepte, formulé celui-là par Macewen, et qui n'est pas moins important que les deux premiers : au fur et à mesure que le coin coupant pénètre dans le tissu osseux, il est, en vertu même de sa forme, de plus en plus serré par les parties qu'il divise. Son maniement devient plus pénible ; les sensations recueillies par l'extrémité tranchante cessent d'être nettes ; on n'a plus la notion de ce qui est encore à couper. Aussi, à moins qu'il ne s'agisse d'un os très mou, d'un jeune enfant, il convient d'*employer successivement des ostéotomes de calibre décroissant*, soit que l'on se contente de deux des numéros de Macewen, soit que l'on fasse intervenir tour à tour les trois instruments gradués dont il se sert.

Lorsque l'opérateur pense que l'os a été suffisamment divisé, on retire l'ostéotome après l'avoir dégagé par une série de petits mouvements oscillatoires dirigés suivant la largeur même de la lame (autrement on s'exposerait à casser l'instrument ou à faire éclater l'os), puis, une éponge imbibée d'une solution antiseptique étant appliquée sur la plaie, on procède au redressement immédiat, par un petit mouvement brusque si l'os est dur, par une pression lente s'il est souple et mou. Macewen termine par l'application d'un pansement de Lister et la fixation du membre dans une sorte de demi-gouttière en bois formée de deux attelles, l'une postérieure, ne dépassant pas le pli fessier, l'autre externe, remontant jusque sur le thorax et aboutissant toutes deux, par en bas, à une semelle en bois. — A ce mode de contention nous préférons, sans hésiter, la gouttière plâtrée recommandée par Billroth et ses élèves; elle a le grand avantage de répartir les pressions, et l'on n'est pas exposé à ces eschares multiples signalées d'une façon presque constante dans toutes les observations de Margary, et qui ont dû sans doute arriver entre les mains d'autres opérateurs qui ont cru pouvoir négliger d'en parler.

Le rôle du chirurgien n'est pas fini parce qu'il a redressé le membre et qu'il l'a fixé en bonne position. Comme après tout acte opératoire, une surveillance attentive et journalière est nécessaire.

Le soir même, le lendemain au plus tard, on interrogera la sensibilité et la motricité des orteils, pour s'assurer qu'il n'existe pas de phénomènes de compression, auquel cas le membre devrait être sorti de sa gouttière et maintenu plus doucement.

Si le malade accuse de la douleur, on devra analyser ce symptôme avec soin : — est-elle rapportée au siège même de la section, se montre-t-elle dès les premières heures qui suivent l'opération, pour aller en s'atténuant, elle ne réclame qu'un traitement palliatif tel qu'une injection de morphine, par exemple. — Lorsqu'elle est tardive, lorsqu'elle se prolonge, lorsqu'elle est progressive, elle a une valeur toute autre, car elle est l'indice d'une compression trop énergique et l'avant-coureur d'une eschare. Ici encore il faudra relâcher l'appareil contentif, quitte à recourir, comme chez un certain nombre d'opérés de Margary, à un redressement complémentaire ultérieur aux dépens du cal en voie de formation.

Le premier pansement pourra rester en place de six à huit jours, mais à la condition seulement qu'on ne sera pas en droit de soupçonner un peu d'écoulement sanguin sous-jacent, auquel cas il devrait être changé dès le lendemain.

Il faudra enfin, toutes les fois que la température, qui sera prise exactement matin et soir, présentera une élévation de quelque importance ou de quelque durée, tout défaire et examiner attentivement et la plaie et le membre tout entier.

A la fin de la seconde semaine, l'incision cutanée est généralement guérie et le pansement de Lister peut être supprimé. Mais ce n'est que vers la sixième semaine, et après qu'on se sera assuré que le cal est résistant, qu'on laissera le membre libre. Quelques jours plus tard, le malade est autorisé à faire quelques mouvements, et finalement, au bout de deux mois en moyenne, il peut se lever et marcher avec des béquilles, qu'il ne quittera qu'un mois plus tard, époque à laquelle il pourra, aidé pendant quelque temps d'un appareil de protection, reprendre ses occupations.

Soit, en tout, un traitement de deux mois et demi à trois mois.

On nous pardonnera cette description, peut-être un peu minutieuse, si l'on veut bien songer que l'opération de Macewen est aujourd'hui le procédé ostéotomique, nous ne dirons pas unique, mais à coup sûr le plus estimé et le plus pratiqué pour la cure sanglante du genu valgum.

Un mot nous suffira pour définir la pratique de Warden (1);

(1) *British med. Journ.* 1882.

c'est l'opération de Macewen renversée. Il ne diffère en effet du chirurgien écossais que parce qu'il aborde l'os par le côté externe. Excellente quand il· s'agit du genu varum, cette manière de procéder est difficile à comprendre en face d'un genu valgum.

C'est également à la face externe que Taylor et Reeves

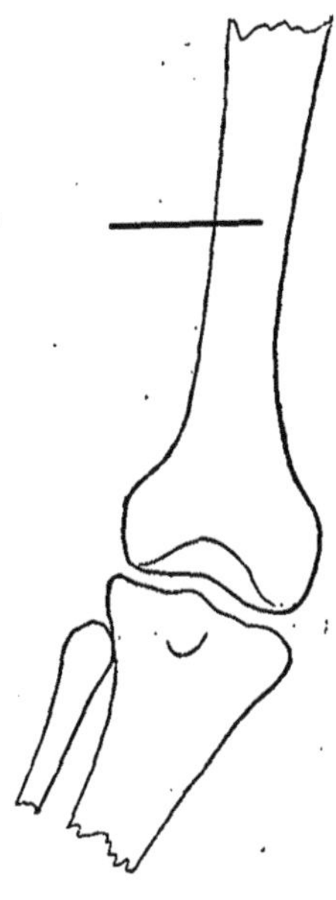

Procédé Reeves.

(2ᵉ procédé) (1) font l'incision cutanée. Mais ils opèrent à la partie moyenne de la cuisse. Pour eux, en effet, la section osseuse doit porter sur la diaphyse fémorale. On a ainsi, dit Reeves, l'avantage d'attaquer l'os au point où il est le moins

(1) *British med. Journ.*, 10 décembre 1881.

volumineux ; d'où : opération plus rapide, surfaces de sections moins étendues, consolidation plus prompte et plus régulière. Il oublie, il est vrai, que c'est aussi le point le plus compact, et que la résistance de lames toujours denses et parfois éburnées pourra créer une véritable difficulté opératoire. Quoi qu'il en soit, c'est une ostéotomie linéaire, incomplète, au ciseau, qu'ils pratiquent, et le redressement définitif n'est obtenu qu'au moyen d'un cal cunéiforme interfragmentaire.

Dans les cas d'incurvation considérable du fémur, Schede, Billroth, Langenbeck ont suivi le conseil qu'avait donné Rhea Barton. Ils ont pratiqué des ostéotomies cunéiformes tantôt complètes, tantôt incomplètes, tantôt à la scie, tantôt au ciseau. Avec Mikulicz (1) nous engloberons volontiers toutes ces opérations sous le nom de « procédé de Rhea Barton » mais en faisant remarquer toutefois qu'il ne s'agit pas là d'une méthode véritable, mais d'une sorte d'opération de nécessité en face de certains cas donnés. Et encore, avant de se décider à le mettre en pratique, faudra-t-il se rappeler que chez un opéré de Billroth le fragment inférieur glissant sur le supérieur vint perforer la peau, perforation qui fut suivie d'accidents graves qui entraînèrent la mort (2).

Opérations portant sur les os de la jambe. — Trois procédés seulement se trouvent en présence : la section linéaire incomplète du tibia, de Billroth, l'excision tibiale cunéiforme, de Meyer, l'ostéotomie cunéiforme du tibia avec ostéotomie linéaire du péroné, de Schede.

(1) *Mikulicz. Arch. fur Klin, Chir.* 1879. Vol. XXIII, fasc. 3 et 4, p. 561, 671, 767 et 881.
(2) *Ibid.*

Tous trois peuvent et doivent être considérés, non comme des méthodes générales, mais comme des opérations indiquées seulement dans ces cas relativement rares où la déviation du genou paraît être la conséquence d'une malformation du tibia. De même aussi ne faut-il pas les regarder comme des opérations rivales, mais seulement comme les trois degrés successifs d'une seule et même méthode qu'on pourrait définir : ostéotomie de l'extrémité supérieure des os de la jambe. C'est cette considération clinique qui nous décide à les exposer en allant du simple au composé sans nous occuper de l'ordre chronologique.

Nous commençons donc par le procédé de Billroth.

A un doigt au-dessous de l'épine du tibia il fait, sur la face

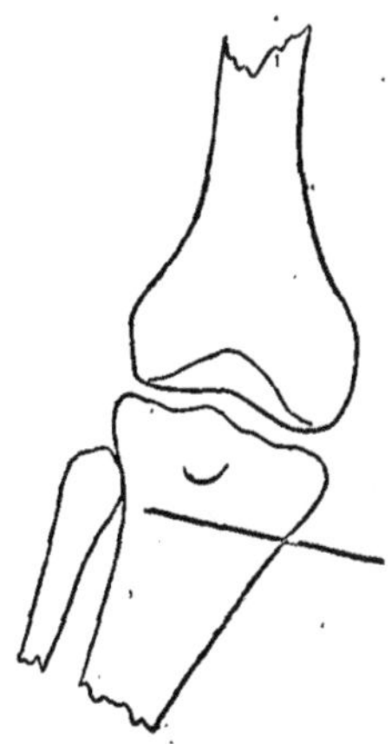

Procédé Billroth.

interne de l'os, ou vers son bord postérieur, une incision verticale juste suffisante pour permettre l'introduction du ciseau avec lequel il va pratiquer une ostéotomie linéaire incomplète.

Le 2 juillet 1873 il appliquait pour la première fois, au traiment du genu valgum, ce *modus faciendi* qu'il avait déjà mis en pratique le 16 décembre de l'année précédente pour un genu varum (1).

L'opération de Meyer de Wurzbourg est de date beaucoup plus ancienne puisque nous avons vu qu'elle remonterait à 1849, d'après Mikulicz. Toutefois ce n'est qu'en 1853 (2) que nous la trouvons décrite à propos d'un jeune garçon opéré

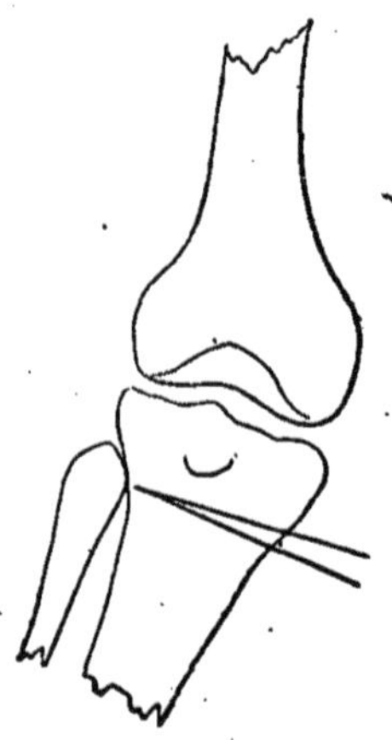

Procédé Meyer.

successivement des deux côtés les 14 août et 3 octobre 1851. L'incision cutanée commençait à 2 centimètres au-dessous

(1) *Archives de Langenbeck*, 1875.
(2) *The Lancet*, 1853, p. 557.

du ligament rotulien et se recourbait en bas de manière à
entourer à peu près la face antérieure et le côté interne de la
tête du tibia. Le lambeau ainsi dessiné fut disséqué et relevé.
Le périoste, coupé suivant la même ligne que les téguments,
fut détaché aux côtés externe et interne du tibia. Avec une
scie ronde on enleva un coin dont le sommet restait distant
de quelques millimètres de la face postérieure. — La guérison fut rapide et complète. Malheureusement il n'en fut pas
toujours ainsi, car Mikulicz nous apprend que Meyer perdit,
par rétention du pus, un de ses trois opérés.

C'est pour parer à ce danger que Kœnig (1) a apporté au
procédé primitif de Meyer les modifications suivantes : à
travers une incision cruciale il enlève un coin osseux comprenant toute l'épaisseur de l'os, ce qui dispense de toute
manœuvre violente de redressement. Puis il assure l'écoulement des liquides par l'interposition d'un drain qu'il fait
ressortir à travers les parties molles du mollet.

Que l'on emploie l'incision de Billroth ou l'excision de
Meyer, on n'en est pas moins aux prises, au moment du
redressement, avec la résistance du péroné, résistance qui
peut être parfois considérable. C'est pour éviter cet écueil que
Max Schede (2) — qui d'ailleurs n'opère que chez l'adulte
alors que tout espoir de réussir par les moyens orthopédiques
est perdu — conseille de faire porter l'ostéotomie sur l'un et
l'autre os. Sur le tibia, il fait, par le procédé ordinaire, une
ostéotomie cunéiforme complète ; quant au péroné, après

<hr>

(1) Neuvième congrès des chirurgiens allemands, 8 avril 1880.
(2) Réunion des naturalistes de Hambourg (section de chirurgie),
21 sept. 1876, et *Berlin Klin. Wochenschrift*, 1877. 1er octobre, n° 40,
p. 592.

l'avoir découvert immédiatement au-dessous de sa tête par
une incision de 2 à 3 centimètres, il le sectionne linéairement à ce niveau, soit avec la scie, soit à l'aide du ciseau. —
Cette opération serait grave, d'après Kœnig (1) qui professe
que les solutions de continuité du péroné suppurent beaucoup
plus facilement que celles du tibia. Ce qui expliquerait fort

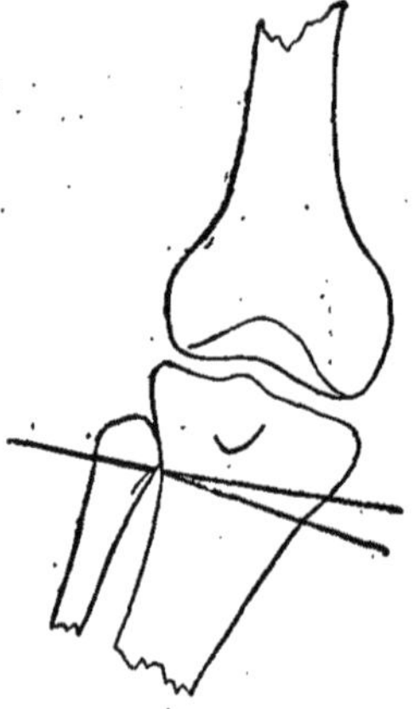

Procédé Schede.

bien l'ostéomyélite grave dont fut atteint un opéré de
Von Heine (2). Même réserve pronostique de la part de
Margary ; il communiquait au neuvième congrès de Genève
l'observation d'un de ses malades qui fut atteint de gangrène
de la jambe consécutivement au déplacement en arrière de
l'extrémité inférieure du fragment supérieur, qui venait comprimer le tronc tibio-péronier.

_____

(1) Septième congrès de la Société des chirurgiens allemands.
(2) *Berliner Klin. Wochenschr.* N° 40, p. 592. 1er oct. 1877,

Opérations portant sur le fémur et les os de la jambe.
— Lorsque la déformation est très considérable, lorsque les
deux os, fémur et tibia, paraissent être à peu près également
en cause on peut, comme l'a pratiqué Macewen en avril 1878,
faire une double ostéotomie, l'une sur le fémur (procédé
Macewen), l'autre sur le tibia (procédé Billroth).

Ce qui n'est pour Macewen qu'un procédé d'exception,
dont il se montre d'ailleurs peu enthousiaste, devient pour

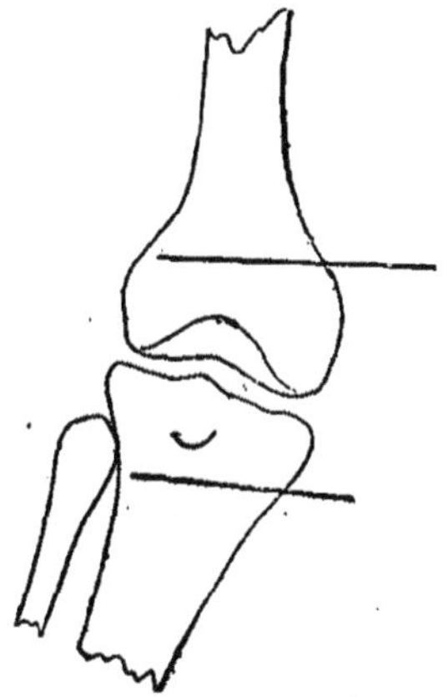

Procédé Barwell.

Barwell (1), une méthode d'application générale. Pour tout
genu valgum, il préconise et pratique l'*ostéotomie double*, et
même triple, car le péroné devra être sectionné, sans hésiter,
toutes les fois qu'il apportera un certain obstacle au redressement.

(1) *British med. journ.*, 1879, t. II, p. 609.

Nᵒˢ	NOMBRE des opérés	NOMS DES AUTEURS Indications bibliographiques	SEXE et âge des opérés	NATURE DES DÉVIATIONS	PROCÉDÉ OPÉRATOIRE	SUITES de l'opération	RÉSULTAT
1	1	ANNANDALE, *Edinburgh med. Journal*, Juillet 1875, page 18.	F. 6 ans.	Genu valgum.	Procédé d'Annandale. Pansement de Lister.	A peine de suppuration. Ankylose incomplète rompue au 3ᵉ mois, après anesthésie.	Guérison finale heureuse.
2	2	BRADFORD, *Boston med. and. surg. Journal*. 1880, page 349.	H. 11 ans.	Double genu valgum.	Opération des deux côtés. Procédé de Bradford (condylotomie).		Succès parfait.
3	2	BRADLEY, *Brit. med. Journal*. 7 septembre 1878.	H. 9 ans.	Double genu valgum.	Double opération. Procédé de Bradley (Ogston modifié).		Guérison très rapide.
4	1	DUNLOP, *Brit. med Journal*. 21 juin 1879, tome 1, page 936.	H. 25 ans.	Genu valgum.	Ablation d'un coin osseux ; la ligne d'incision traverse la partie supérieure de la surface articulaire destinée à la rotule ; ouverture de l'articulation.		Mort par septicémie aiguë trois jours après l'opération.
5	1	MARGARY, *Osteotomia e sue varie applicazioni nella cura della deformità con relativa statistica personale*. Turin. 1882.	H. 34 ans.	Double genu valgum.	Résection d'un segment de 5 à 6 centim. à l'extrémité diaphysaire inférieure du fémur gauche, faite huit jours après une ostéotomie de Macewen du côté droit.	Septicémie, douleurs, incision et drainage de l'articulation. — Hémorrhagie abondante. — élimination de sequestre.	Correction assez bien réussie trois mois après.
6	1	L. S. PILCHER, *Annals of the anatomical and surgical society*. 1878-1879, t. I, page 61.	H. 10 ans.	Genu valgum droit.	Procédé de Chiene.		Guérison en un mois avec mobilité normale.
7	1	L. S. PILCHER (id.).	H. 14 ans.	Double genu valgum.	Opération à droite. Procédé de Chiene ; enlèvement d'un coin osseux très épais.		Guérison, mais redressement imparfait.
8	2	CRAVEN, *Brit. med. Journal*. 1882.	H. 3 ans 1/2.	Double genu valgum.	Double opération. Procédé d'Ogston.		Résultats exc 'unt .

Nos	NOMBRE des ostéotomies	NOMS DES AUTEURS Indications bibliographiques	SEXE et âge des opérés	NATURE DES DÉVIATIONS	PROCÉDÉ OPÉRATOIRE	SUITES de l'opération	RÉSULTAT
9	2	BARKER, *Transact. of. the clinical society of London.* 1879, page 27.	H. 6 ans.	Genu valgum double.	Double opération. Procédé d'Ogston.	Hémorrhagie osseuse assez intense.	Mort 48 heures après l'opération de pneumonie septique.
10	1	R. FOWLER, *Annals of the anatomical and surgical society.* 1878-1879, tome I, page 53.	H. 19 ans.	Genu valgum gauche.	Procédé d'Ogston. Pansement de Lister.	Pas de fièvre.	Guérison complète avec mobilité normale.
11	2	JONES, *Brit. med. Journal.* 1879, vol. 2, page 612.	F. 7 ans.	Double genu valgum.	Double opération. Procédé d'Ogston.	Id.	Guérison.
12	2	JONES (id.).	F. 5 ans.	Double genu valgum.	Double opération. Procédé d'Ogston.	Id.	Correction incomplète.
13	2	JONES (id.).	F. 5 ans.	Double genu valgum.	Double opération. Procédé d'Ogston. Section, de chaque côté, du tendon du biceps.	Id.	Guérison.
14	1	JONES (id.).	F. 13 ans.	Genu valgum.	Procédé d'Ogston.	Id..	Guérison.
15	2	JONES (id.).	F. 11 ans.	Double genu valgum.	A gauche, ostéotomie cunéiforme intra-condylienne; à droite, procédé d'Ogston.	Suppuration à gauche.	Guérison.
16	1	R. FOWLER, *Annals of the anatomical and surgical society.* 1878-1879, tom I, page 53,	F. 3 ans.	Genu valgum gauche.	Procédé d'Ogston après essais infructueux d'orthopédie. Ténotomie du biceps.	Pas de fièvre.	Guérison ; la flexion ne dépasse pas l'angle droit,
17	2	JORDAN, *The Lancet.* 1878, vol. I, page 645.	H. 20 ans.	Double genu valgum.	Double opération, à 6 semaines d'intervalle. Procédé d'Ogston.	Pas d'accidents.	Guérison avec légère raideur combattue par des mouvements commencés au bout de quelques semaines.
18	2	KOLACZEK, *Berlin. Klin. Wochens.* Mai, 1878, nos 19 et 21.	H. 20 ans.	Double genu valgum	Double opération. Procédé d'Ogston.	Pas d'accidents, malgré la pénétration d'une notable quantité d'air dans une des articulations.	Guérison complète et rapide.

N°°	NOMBRE des ostéotomies	NOMS DES AUTEURS — Indications bibliographiques	SEXE et âge des opérés	NATURE DES DÉVIATIONS	PROCÉDÉ OPÉRATOIRE	SUITES de l'opération	RÉSULTAT
19	1	Kurtner, *Arch. f. Klin. chirurg.* 1880.	H. 30 ans.	Genu valgum.	Procédé d'Ogston. Pansement antiseptique.	?	Bon résultat.
20	1	Mikulicz, *Arch. f. Klin. chirurg.* 1879.	H. 17 ans.	Genu valgum gauche.	Procédé d'Ogston. Pansement antiseptique.	?	Bon résultat.
21	2	Mac Cormac (cité par L. Pilcher), *Annals of the anatom. and surgical society.* 1878-1879, tom 1, page 61.	H. 9 ans.	Double genu valgum.	Double opération. Procédé d'Ogston. Pansement de Lister.	Pas de fièvre.	Bonne guérison
22	1	Mosetig-Moorhof, *Bericht S. Y. K. hans wieden.* 1879.	H. 19 ans.	Genu valgum.	Procédé d'Ogston. Pansement antiseptique.	?	Bon résultat.
23	1	Mosetig-Moorhof (id.).	H. 18 ans.	Genu valgum.	Procédé d'Ogston. Pansement antiseptique.	?	Bon résultat.
24	1	Négapil, cité par Mikulicz.	H. 17 ans.	Genu valgum gauche à 157°.	Procédé d'Ogston.		Guérison en 6 semaines.
25	1	Ogston, *Edinburg med. Journal.* Avril 1877.	H. 18 ans.	Double genu valgum.	Procédé d'Ogston.	Épanchement de sang intra-articulaire, mais pas de fièvre.	Guérison en 7 semaines.
26	1	Riedlinger, *Arch. f. Klin. chirurg.* Vol. 23, fas. 2, page 288. 1879.	H. 18 ans.	Genu valgum gauche.	Procédé d'Ogston. Pansement antiseptique.	Température un peu élevée les six premiers jours sans avoir dépassé 38°,4. Suintement sanguin.	Marche facile le 3e mois.
27	1	Riedlinger (id.).	H. 16 ans.	Genu valgum gauche.	Procédé d'Ogston. Pansement antiseptique.	Quelques douleurs ; un peu de fièvre.	Marche facile en 2 mois.
28	1	Schoenborn, *9e congrès allemand.* 1880	H. 16 ans.	Genu valgum double.	Procédé d'Ogston.	Suppuration.	Ankylose.

N°ˢ	NOMBRE des ostéotomies	NOMS DES AUTEURS Indications bibliographiques	SEXE et âge des opérés	NATURE DE LA DÉFORMATION	PROCÉDÉ OPÉRATOIRE	SUITES de l'opération	RÉSULTAT
29	1	Sonnenburg, 9ᵉ congrès allemand, 1880.	H. jeune.	Genu valgum.	Procédé d'Ogston.	?	Ankylose incomplète, allongement du fémur.
30	1	Sonnenburg (id.).	H. jeune.	Genu valgum.	Procédé d'Ogston.	Épanchement sanguin dans l'articulation. Suppuration. Incisions multiples.	Ankylose.
31	1	Tiersch, Arch. f. Klin. chirurg. 1879.	H. 16 ans.	Genu valgum gauche.	Procédé d'Ogston. Pansement antiseptique.	?	Mort avec des symptômes urémiques la 6ᵉ semaine.
32	1	Tiersch (id.).	H. 16 ans.	Genu valgum.	Procédé d'Ogston.	?	Ankylose incomplète qui disparaît progressivement en deux ans.
33	1	Weinlechner, cité par Mikulicz.	F. 13 ans.	Genu valgum à 130°.	Procédé d'Ogston.	?	Guérison complète.
34	2	Weinlechner (id.).	F. 13 ans.	Genu valgum double.	Double opération. Procédé d'Ogston.	?	Guérison avec raideur persistant 6 mois après.
35	1	Szumann, Inaug. Diss Breslau. 1879.	H. 17 ans.	Genu valgum à droite à 145°.	Opération d'Ogston.	La scie se brise et un morceau reste. Pas de réaction, mais douleurs pendant quelques jours.	Guérison parfaite constatée 8 mois après. La marche était possible au bout de 1 mois.
36	1	Szumann (id.).	H. 18 ans.	Genu valgum gauche très prononcé.	Opération d'Ogston.	Fièvre du 3ᵉ au 8ᵉ jour. Ostéoclasie complémentaire le 19ᵉ jour. 27 jours plus tard, section sous-cutanée du ligament latéral externe.	Guérison.

N°s	NOMBRE des opérations	NOMS DES AUTEURS — Indications bibliographiques	SEXE et âge des opérés	NATURE DE LA DÉFORMATION	PROCÉDÉ OPÉRATOIRE	SUITES de l'opération	RÉSULTAT
37	2	Szumann (id).	H. 21 ans.	Double genu valgum très masqué.	Double opération. Procédé d'Ogston.	Légère hémorrhagie. De la fièvre et douleurs vives dans les genoux pendant quelques jours.	Guérison, marche possible au bout de un mois.
38	1	Billroth. J. Mikulicz. Arch. f. Klin. chirurg. Vol. XXIII, fas. 3 et 4. 1879.	H. 21 ans.	Double genu valgum.	Opération par le procédé de Rhea Barton.	Pas d'accidents au début. Au 12e jour, le fragment inférieur est poussé jusqu'à la peau, ouvre les lèvres de la plaie déjà réunie et fait saillie au dehors. Suppuration. Érysipèle.	Mort. A l'autopsie on constate que les os sont réunis.
39	2	Macewen, Lancet. 30 mars 1871, tome I, page 449.	H. 18 ans.	Double genu valgum.	Double opération. Ostéotomie cunéiforme incomplète au ciseau. Pansement antiseptique.	Légère suppuration à droite.	Guérison assez rapide.
40	1	Macewen (id.).	F. 7 ans.	Genu valgum droit.	Même opération (procédé de Macewen). Pansement antiseptique.	?	Pas de résultat indiqué. Le cas était en observation.
41	1	Macewen (id.).	F. 2 ans.	Genu valgum.	Ostéotomie linéaire du condyle, supra-épiphysaire, au ciseau.	?	Guérison rapide.
42	1	Bradford, Boston med. and surg. Journal. 1881, v. 105, page 444.	F. 4 ans 1/2.	Genu valgum.	Procédé Macewen.	?	Guérison.
43	1	Beauregard (du Havre), Société de chirurgie. 31 décembre 1879.	H. 18 ans.	Genu valgum gauche gênant considérablement la marche.	Ostéotomie de Macewen au-dessus du condyle interne. Pansement de Lister.	?	Guérison parfaite en 1 mois et demi.

Nᵒˢ	NOMBRE des opérations	NOMS DES AUTEURS Indications bibliographiques	SEXE et âge des opérés	NATURE DE LA DÉFORMATION	PROCÉDÉ OPÉRATOIRE	SUITES de l'opération	RÉSULTAT
44	2	Warden, *Brit. med. Journal.* 4 février 1882.	H. 15 ans.	Double genu valgum.	Double ostéotomie sus-condylienne à l'ostéotome en sectionnant de dehors en dedans.	?	Résultat excellent; marche facile.
45	1	Margary.	H. 7 ans.	Genu valgum droit.	Procédé Macewen.	Pas de réaction.	Résultat complet en 6 mois.
46	1	Margary.	H. 20 ans.	Genu valgum double.	Procédé Macewen.	Pas de fièvre. Ulcérations à la malléole externe et à la cuisse droites dues au bandage allicaté.	Succès en 4 mois.
47	2	Margary.	H. 20 ans.	Genu valgum double.	Double opération le même jour. Procédé Macewen.	Petite eschare par compression au bout de 5 semaines.	Guérison excellente 9 mois après.
48	1	Margary.	H. 17 ans.	Genu valgum droit.	Procédé Macewen.	Pas de fièvre.	Résultat normal et complet.
49	1	Margary.	H. 34 ans.	Genu valgum double.	Opération à droite. Procédé Macewen.	Id.	Correction assez bien réussie 3 mois après.
50	2	Margary.	H. 15 ans.	Genu valgum double.	Double opération le même jour. Procédé Macewen.	Petite eschare par compression.	Guérison complète en 5 mois.
51	2	Margary.	H. 18 ans.	Genu valgum double.	Double opération le même jour. Procédé de Macewen.	Légère eschare au genou gauche due à l'appareil.	Guérison en 2 mois et demi.
52	2	Margary.	H. 16 ans.	Genu valgum double.	Double opération le même jour. Procédé de Macewen.	Légère ulcération aux deux genoux.	Résultat complet.
53	2	Margary.	H. 15 ans.	Genu valgum double.	Double opération le même jour. Procédé de Macewen.	?	En moins de 2 mois, résultat parfait.
54	2	Margary.	H. 16 ans.	Genu valgum double.	Double opération le même jour. Procédé de Macewen.	Légère eschare au genou droit.	En 4 mois, résultat excellent.

N°s	NOMBRE des ostéotomies	NOMS DES AUTEURS Indications bibliographiques	SEXE et âge des opérés	NATURE DES DÉVIATIONS	PROCÉDÉ OPÉRATOIRE	SUITES de l'opération	RÉSULTAT
55	1	MARGARY.	H. 20 ans.	Genu valgum double.	Opération à droite. Procédé de Macewen.	Petite eschare sur la rotule	Guérison complète en 2 mois et demi.
56	2	MARGARY.	H. 15 ans.	Genu valgum double.	Double opération le même jour. Procédé de Macewen. Ténotomie des biceps.	Eschare à la rotule droite par compression.	Guérison complète en 2 mois.
57	2	MARGARY.	H. 14 ans.	Genu valgum double.	Double opération le même jour. Procédé de Macewen.	Eschare aux deux rotules.	Guérison.
58	1	MARGARY.	H. 14 ans.	Genu valgum droit.	Procédé de Macewen.	Quelques érosions.	Résultat complet en 2 mois.
59	1	MARGARY.	H. 14 ans 1/2	Genu valgum gauche.	Procédé de Macewen.	?	Résultat favorable.
60	1	MARGARY.	H. 17 ans.	Genu valgum droit.	Procédé de Macewen.	Eschare au genou.	Résultat complet et excellent en 3 mois.
61	1	FRANCESCO-PARONNA, *Annali di medicina.* 1879, v. CCXLIX, p. 488.	F. 15 ans.	Genu valgum gauche par courbure fémorale.	Procédé de Macewen, à 5 centimètres au-dessus de l'interligne.	Abcès assez considérable, mais sans communication avec la section osseuse.	Guérison complète en 4 mois.
62	2	JAMES WHITSON, *British med. Journal.* 22 avril 1881.	H. 7 ans.	Double genu valgum.	Double opération le même jour. Procédé de Macewen.		Guérison. Marche facile en 2 mois.
63	2	JAMES WHITSON (id.).	H. 4 ans.	Double genu valgum.	Double opération le même jour. Procédé de Macewen.		Guérison par 1re intention. Marche facile en 2 mois.
64	1	REEVES, *Brit. med. Journ.* 10 décembre 1881.	H. 18 ans.	Genu valgum.	Ostéotomie linéaire du fémur à sa partie moyenne.		Bon résultat.
65	2	BRIDDON, *New-York med. Record.* 1880, tome XIII, page 578.	F. 4 ans.	Double genu valgum.	Double opération. Procédé de Reeves. Pansement de Lister.	A gauche le ciseau a pénétré dans l'articulation : un peu de suppuration.	Guérison en 2 mois ; raideur et impossibilité de fléchir au delà de l'angle droit.

N^{os}	NOMBRE des ostéotomies	NOMS DES AUTEURS Indications bibliographiques	SEXE et âge des opérés	NATURE DES DÉVIATIONS	PROCÉDÉ OPÉRATOIRE	SUITES de l'opération	RÉSULTAT
66	2	HOLMES. *S. George Hosp. Reports*, vol. X. 1879.	H. 11 ans.	Double genu valgum.	Double opération. Procédé de Reeves. Pansement antiseptique.	Peu de suppuration.	Guérison.
67	1	HAWARD. id.	F. 16 ans.	Genu valgum.	Procédé de Reeves.	Suppuration assez marquée. Vive réaction générale.	Guérison sans amélioration.
68	1	STIRLING. id.	H. 6 ans.	Genu valgum très prononcé.	Procédé de Reeves.	Peu de suppuration.	Guérison.
69	1	LITTLEWOOD, *The Lancet*, 1879, tome II, page 910.	F. 14 ans.	Double genu valgum.	Procédé de Reeves à droite. Pansement de Lister.	Suppuration pendant plus d'un mois.	Guérison fonctionnelle et esthétique.
70	2	POORE, *New-York med. Record*. 1880, t. XVII, p. 398.	F. 4 ans 1/2.	Double genu valgum.	Double opération. Procédé Reeves.	Aucun accident.	Guérison.
71	1	REEVES, *Transact. of. Clinic. Society of London*. 1879, page 32.	F. 13 ans.	Double genu valgum.	Procédé Reeves.	Pénétration du ciseau dans l'articulation; épanchement pendant 3 à 4 semaines dans le genou.	Guérison.
72	1	REEVES id.	F. 8 ans.	Genu valgum gauche.	Procédé Reeves.		Bon résultat.

N°s	NOMBRE des ostéotomies	NOMS DES AUTEURS Indications bibliographiques.	SEXE et âge des opérés	NATURE DES DÉVIATIONS	PROCÉDÉ OPÉRATOIRE	SUITES de l'opération	RÉSULTAT
73	1	GUSSENBAUER, *Arch. f. Klin. chirurgie.* 1875, vol. XVIII, fasc. 1 et 2.	F. 17 ans.	Génu valgum droit à 147°.	Ostéotomie sous-cutanée linéaire incomplète au ciseau du tibia à un pouce au-dessous de la tubérosité.	?	Guérison en 2 mois et demi.
74	2	GUSSENBAUER id.	H. 12 ans.	Double genu valgum à 150°.	Opération sur les deux membres, même procédé que plus haut.	?	Résultat favorable.
75	1	GUSSENBAUER id.	H. 16 ans.	Genu valgum gauche à 146°.	Même procédé.	?	Guérison parfaite en 2 mois.
76	2	MARGARY.	H. 8 ans.	Double genu valgum congénital.	Double opération le même jour, ostéotomie linéaire des deux tibias.	Fièvre nulle.	3 mois après, succès.
77	1	MARGARY.	H. 19 ans.	Genu valgum droit.	Ostéotomie linéaire du tibia droit.	Légère synovite du genou 6 semaines après l'opération.	En 2 mois et demi, résultat satisfaisant et complet.
78		MARGARY.	H. 15 ans.	Genu valgum droit.	Ostéotomie linéaire du tibia.	Ulcération sur la rotule.	Guérison en 3 mois, avec laxité dans les ligaments du genou.
79	2	MARGARY.	H. 22 ans.	Double genu valgum.	Double opération. Ostéotomie linéaire des deux tibias.	Fièvre nulle.	Résultat fonctionnel excellent et esthétique imparfait.
80	1	MARGARY.	H. 15 ans.	Genu valgum droit.	Ostéotomie linéaire du tibia.	id.	Résultat complet en 2 mois.
81	2	MARGARY.	H. 18 ans.	Double genu valgum.	Double opération le même jour. Ostéotomie linéaire des deux tibias.	Correction complémentaire 1 mois après.	Résultat fonctionnel et esthétique excellent en 5 mois.
82	2	MARGARY.	H. 25 ans.	Double genu valgum.	Double opération le même jour. Ostéotomie linéaire des deux tibias.	Correction complémentaire 15 jours après.	Résultat parfait en 2 mois et demi.
83	2	MARGARY.	H. 16 ans.	Double genu valgum.	Double opération le même jour. Ostéotomie linéaire des deux tibias.	?	Guérison complète en 2 mois.

N°ˢ	NOMBRE des ostéotomies	NOMS DES AUTEURS Indications bibliographiques	SEXE et âge des opérés	NATURE DES DÉVIATIONS	PROCÉDÉ OPÉRATOIRE	SUITES de l'opération	RÉSULTAT
84	2	MARGARY.	H. 24 ans.	Double genu valgum.	Ostéotomie linéaire du tibia gauche, incomplète. Ostéotomie linéaire du tibia droit trois semaines après.	Correction complémentaire à gauche le jour même de l'ostéotomie droite. Correction complémentaire à droite et de nouveau à gauche 4 jours plus tard.	Guérison normale et naturelle.
85	2	MARGARY.	H. 3 ans.	Double genu valgum.	Double opération le même jour. Ostéotomie linéaire des deux tibias.		Résultat complet en 1 mois.
86	2	MARGARY.	H. 26 ans.	Double genu valgum.	Ostéotomie cunéiforme du tibia droit. Pansement de Lister. Ostéotomie linéaire du tibia gauche, deux mois plus tard.	Les 2 premiers jours sont sans accidents; mais à partir du 3ᵉ, persistance de la fièvre et des douleurs; une gangrène humide s'empare du membre et nécessite l'amputation au tiers inférieur le 5ᵉ jour après l'opération.	Amputation.
87	1	MARGARY.	H. 7 ans 1/2.	Double genu valgum.	Ostéotomie de Billroth.	Fièvre nulle.	Succès.
88	1	MAX SCHEDE, *Médical Times and Gazette*. 1877.	H. 7 ans 1/2.	Genu valgum.	Incision cunéiforme du tibia.	id.	Résultat médiocre.

Nᵒˢ	NOMBRE des ostéotomies	NOMS DES AUTEURS Indications bibliographiques	SEXE et âge des opérés	NATURE DES DÉVIATIONS	PROCÉDÉ OPÉRATOIRE	SUITES de l'opération	RESULTAT
89	2	Konig (de Göttingen) (9ᵉ congrès des chirurgiens allemands, 8 avril 1880).	H. 17 ans.	Double genu valgum.	Double opération le même jour. Ostéotomie cunéiforme des deux tibias.	?	Guérison en 6 semaines; résultat esthétique incomplet, le malade se penche en marchant.
90	2	MARGARY.	H. 20 ans.	Double genu valgum.	A gauche, ostéotomie linéaire du tibia. A droite, procédé de Macewen.	Pas de fièvre.	Résultat complet en 1 mois et demi.
91	2	MARGARY.	H. 22 ans.	Double genu valgum.	A gauche, ostéotomie de Macewen. A droite, ostéotomie linéaire du tibia, après sept semaines.	Correction complémentaire à gauche et à droite un mois et demi après.	Guérison 10 mois après.
92	1	MARGARY.	H. 6 ans.	Genu valgum droit.	Ostéotomie linéaire incomplète du tibia.	Redressement complémentaire 1 mois après. Fièvre nulle.	Guérison en 2 mois.
93	1	MARGARY.	H. 3 ans.	Double genu valgum congénital.	Redressement forcé des deux côtés et ostéotomie linéaire au 1/3 inférieur du tibia gauche.	Mouvements de latéralité très prononcés.	Guérison en 20 jours.
94	1	MARGARY.	H. 7 ans.	Double genu valgum.	Ostéotomie linéaire du tibia droit. Procédé de Delore, à gauche.	Fièvre nulle.	Guérison en 1 mois.
95	2	WAHL, *Deutsche Zeit. f. chirur.* IV. 1873.	H. 19 ans.	Genu valgum droit avec incurvation de la jambe en dehors à 100ᵒ.	Redressement forcé qui fait gagner 50ᵒ, puis ostéotomie linéaire du 1/3 supérieur du tibia, un mois après.	Douleurs et fièvre élevée pendant plusieurs jours.	Guérison en 6 semaines.
96	1	BASSINI. *La clinica chirurgica di Parma negli anni 1879-1880.*	F. 10 ans.	Genu valgum gauche.	Ostéotomie linéaire du tibia. Ostéoclasie du péroné.	La déformation s'étant reproduite, on dut faire un mois plus tard l'ostéoclasie du cal.	Guérison.

Nos	NOMBRE des ostéotomies	NOMS DES AUTEURS Indications bibliographiques	SEXE et âge des opérés	NATURE DES DÉVIATIONS	PROCÉDÉ OPÉRATOIRE	SUITES de l'opération	RÉSULTAT
97	1	BAUREGARD (du Havre) *Société de chirurgie*, 30 mars 1881.	H. 17 ans 1/2	Double genu valgum accusé surtout à droite où il existe un angle de 140°.	Ostéotomie linéaire du tibia droit, sous-condylienne, transversale, incomplète, au ciseau.	Léger gonflement au niveau de la plaie ; pas de douleur.	Guérison complète en 1 mois.
98	1	MARGARY.	H. 16 ans.	Double genu valgum (plus prononcé à droite).	Ostéotomie linéaire incomplète du tibia droit et redressement forcé à gauche.	Fièvre nulle. Correction par redressement forcé, des deux membres, un mois après.	Correction complèt cobtenue en 3 mois et demi.
99	1	VON HEIM, *Berlin. Klin. Wochens.*, 1er octobre 1877, n° 40, page 592.	H. 16 ans.	Genu valgum.	Procédé de Schede. Pansement antiseptique.	Ostéo-myélite suppurée du tibia, attribuée au redressement immédiat.	Guérison très longue.
100	1	MAX SCHEDE, *Berlin. Klin. Wochens.*, 1876.	H. 17 ans.	Genu valgum gauche.	Procédé de Schede.	Quelques accidents fébriles.	Guérison complète en 6 semaines.
101	1	MAX SCHEDE, *Berlin. med. Wochens.*, 24 déc. 1876.	F. 17 ans.	Genu valgum.	Procédé de Schede.	?	Rétablissement des fonctions du membre.
102	2	MAX SCHEDE, *Berlin. med. Wochens.*, 24 déc. 1876.	H. 25 ans.	Double genu valgum à 80°.	Double opération. Procédé de Schede, les coins excisés mesuraient 2 cent. à leur base.	?	Guérison parfaite esthétique et fonctionnelle.
103	2	MAX SCHEDE, *Berlin. Klin. Wochens.*, n° 52, page 745, 1876.	H. 23 ans.	Double genu valgum avec marche impossible et violentes douleurs.	Double opération. Procédé de Schede. Pansement de Lister.	?	Guérison parfaite.

Nᵒˢ	NOMBRE des ostéotomies	NOMS DES AUTEURS Indications bibliographiques	SEXE et âge des opérés	NATURE DES DÉVIATIONS	PROCÉDÉ OPÉRATOIRE	SUITES de l'opération	RÉSULTAT
104	2	ZEISSL. *Wiener med. presse*, 1880, nᵒ 6.	H. 23 ans.	Genu valgum double.	Double opération. Procédé de Schede.	?	Guérison.
05	?	MAX SCHEDE, *Berlin. Klin. Wochens.*, 3 sept. 1877, nᵒ 36, page 532. 6ᵉ congrès des chirurgiens allemands, 2ᵉ séance, 5 avril 1877.	H. 18 ans.	Genu valgum très prononcé (station debout impossible).	Procédé de Schede. Ostéotomie cunéiforme du tibia au ciseau, ostéotomie linéaire du péroné au ciseau.	?	Guérison; 18 mois après, le malade monte des étages sans difficulté avec des charges de bière. Pas de mouvements latéraux.

Nos	NOMBRE des ostéotomies	NOMS DES AUTEURS Indications bibliographiques	SEXE et âge des opérés	NATURE DES DÉVIATIONS	MODE OPÉRATOIRE	SUITES de l'opération	RÉSULTAT
106	3	BARWELL, Brit. med. Journ. 1878, tome 1, page 705 et 747.	F. 14 ans.	Genu valgum, unilatéral.	Ostéotomie linéaire incomplète du fémur au-dessus de l'épiphyse. Ostéotomie linéaire du tibia et ostéotomie oblique du péroné trois semaines après.	Ni fièvre ni douleurs.	Résultat fonctionnel et esthétique parfait.
107	3	MARGARY.	F. 19 ans.	Double genu valgum et double pied varus (plus marqué à gauche).	Ostéotomie des deux tibias et ostéotomie du péroné gauche le même jour (procédé Billroth).	Fièvre nulle.	Guérison en 2 mois.
108	3	MARGARY.	F. 19 ans.	Double genu valgum.	A gauche, ostéotomie de Macewen et trois mois plus tard ostéotomie linéaire du tibia. A droite, ostéotomie de Billroth.	Pas de fièvre. Redressement complémentaire forcé à droite le même jour que l'ostéotomie du tibia gauche.	Résultat très satisfaisant en 4 mois.
109	2	MARGARY.	F. 17 ans.	Genu valgum droit.	Ostéotomie de Macewen. Ostéotomie du tibia, cinquante jours plus tard.	Suppuration de la plaie du fémur.	Correction parfaite en 3 mois.
110	4	MARGARY.	F. 18 ans.	Double genu valgum.	Des deux côtés : opération sus-condylienne de Macewen, et linéaire des tibias (trois mois après la première).	Fièvre nulle.	Guérison complète en 5 mois.
111	4	MARGARY.	F. 22 ans.	Double genu valgum.	Ostéotomie des deux tibias. Ostéotomie de Macewen aux fémurs, trois mois et demi après.	Quelques accidents de suppuration.	Résultat fonctionnel satisfaisant en 5 mois.
112	4	MARGARY.	F. 17 ans.	Double genu valgum.	Ostéotomie des deux tibias. Ostéotomie des deux fémurs, trois mois après.	Un peu de fièvre. Quelques escharres aux malléoles. Mobilité latérale considérable due à la déchirure des ligaments pendant l'opération sur les tibias.	Résultat presque satisfaisant.

Nᵒˢ	NOMBRE des intéressés	NOMS DES AUTEURS Indications bibliographiques	SEXE et âge des opérés	NATURE DES DÉVIATIONS	MODE OPÉRATOIRE	SUITES de l'opération	RÉSULTAT
113	4	Margary.	F. 15 ans.	Double genu valgum.	Ostéotomie des deux tibias. Ostéotomie de Macewen bilatérale, six semaines plus tard.		Résultat fonctionnel favorable, esthétique très imparfait.
114	8	Margary.	F. 10 ans.	Double genu valgum.	Ostéotomies de Macewen et de Billroth le même jour sur les deux membres. Ostéotomie sur la moitié de la diaphyse des deux tibias, quatre mois plus tard. Ostéotomie sur le quart inférieur de la diaphyse des deux tibias, six mois après la première opération.		Résultat complet en 7 mois (21 jours après la dernière opération).
115	4	Margary.	F. 22 ans.	Double genu valgum.	Ostéotomie des deux fémurs (procédé de Macewen) et ostéotomie des deux tibias, le même jour.	Ulcération au genou gauche par compression.	Correction parfaite obtenue en 1 mois et demi.
116	4	Margary.	F. 4 ans.	Double genu valgum.	Ostéotomie des deux fémurs et des deux tibias (faite sur les côtés) le même jour.		Guérison complète en 1 mois.
117	3	Margary.	F. 39 ans.	Genu valgum gauche très prononcé et datant de l'âge de quinze ans.	Ostéotomie de Macewen. Ostéotomie transversale du tibia à sa partie moyenne cinq mois et demi plus tard. Ostéotomie du tibia à l'union du tiers moyen avec le tiers inférieur, onze mois après la première opération.	Eschare à la malléole externe et au genou. Légère synovite du genou. Œdème du membre, et fièvre. Ces accidents se sont montrés entre la 1ʳᵉ et la 2ᵉ opération.	Guérison en 12 mois, avec cal peu solide.

RÉSULTATS OPÉRATOIRES ET CHOIX DU PROCÉDÉ

Nous ne pouvons pas, on le comprend, nous attarder à suivre pas à pas les conséquences cliniques de chacun des modes opératoires que nous venons de décrire.

Nous les diviserons en trois grands groupes : ostéotomies ouvrant l'articulation du genou, ou arthrotomies — ostéotomies cunéiformes. — Ostéotomies linéaires.

Sur 59 arthrotomies nous trouvons 8 accidents au cours de l'opération (hémorrhagie osseuse, pénétration de l'air, rupture de l'instrument), 16 complications consécutives (douleurs, fièvre, suppuration, 7 ankyloses incomplètes, 2 ankyloses complètes et 3 morts (Obs. 4, 9 et 31).

137 ostéotomies extra-articulaires (linéaires ou cunéiformes), ne nous donnent qu'une mort, une amputation, une ostéomyélite, et 19 cas d'accidents consécutifs.

Ces chiffres basés sur les observations que nous rapportons soit en tableau, soit dans le texte et qui toutes ont été minutieusement analysées par nous-même, nous permettent de trancher de suite certains points de première importance, dans le choix d'un procédé opératoire.

L'arthrotomie, qu'elle s'appelle procédé d'Annandale, d'Ogston ou de Reeves, doit être rejetée comme exposant à des dangers incontestables, soit au cours de l'opération (épanchement de sang intra-articulaire), soit dans les jours suivants (fièvre, arthrite, septicémie), comme menaçant gravement la vie des malades (3 morts sur 59), dangers qui ne sont que bien incomplètement compensés par le résultat final puisque, si le but esthétique paraît obtenu dans la majorité des cas, par contre, nous ne comptons pas moins de 9 roideurs et ankyloses sur 59 observations.

Nous n'ignorons pas cependant, qu'elle a trouvé des défenseurs ardents et, pour ne parler que du procédé d'Ogston, nous devons citer les noms de Fowler (1), de Callender (2), de Redner (3), de Barker (4), de Von Heine (5), de Bradley (6), de Kolaczek (7), de Grafe, de Leipzig (8), de Willim (9) dont le meilleur argument en faveur d'Ogston est, il est vrai, que la résection reste possible.

Mais en condamnant ces procédés ostéo-arthrotomiques dont Paul Berger (10) disait, en 1878 : « Nous doutons fort que l'un ou l'autre soit accepté par les chirurgiens français, » nous sommes d'accord avec Billroth (11), Macewen (12), Barwell (13), Tiersch (14), Riedinger (15), Kœnig (16), Margary (17),

(1) Fowler, *Annals of the anatomical and surgical society*, t. I, p. 53, 1878-1879.
(2) Callender, *St. Bartholomew's Hospital Reports*, t. XIV, p. 189.
(3) J. Mikulicz, *Arch. f. Klin. chirurg.*, vol. XXIII, fasc. 3 et 4, 1879.
(4) Barker, *British med. Journal*, 1879, t. II, p. 1.
(5) Von Heim, 6e Congrès des chirurgiens allemands, *in Berlin Klin. Wochensch.*, 1877, n° 40, p. 592.
(6) Bradley, *British. med. Journal*, 7 septembre 1878, t. II, p. 368.
(7) Kolaczek, 9e Congrès des chirurgiens allemands (2e séance), 1880.
(8) Grœfe (*id.*).
(9) Szumann *Inaug.*, *Dissert.*, Breslau, 1879.
(10) *Revue des sciences médicales*, 1878. (Compte rendu du Congrès des chirurgiens allemands.)
(11) J. Mikulicz, *Arch. f. Klin. chirurg.*, vol XXIII, fasc. 3 et 4, 1879.
(12) Macewen, *Osteotomie*, traduction française de Demons. Paris, 1882, p. 113.
(13) Barwell, *British med. Journal*, 1877, 1878, 1879.
(14) Tiersch, 7e Congrès des chirurgiens allemands, *in Berlin, Klin. Wochensch.*, 1878, n° 19 et 21.
(15) Riedinger (*id.*).
(16) Kœnig (*id.*).
(17) Margary, communication faite au 10e Congrès des médecins de Modène, Turin 1882. .

Langenbeck (1), Volkmann (2), Pilcher (3), Poore (4).

Si nous appliquons le même mode de jugement aux procédés cunéiformes d'une part, linéaires de l'autre, nous constatons de suite une différence frappante.

22 ostéotomies cunéiformes nous donnent : 1 cas d'hémorrhagie, 2 cas de douleurs, 3 cas de fièvre, 3 cas de suppuration, une fois élimination d'un séquestre, une fois une ostéomyélite grave (obs. 64), une fois de la gangrène humide ayant entraîné l'amputation (obs. 86), une fois la mort (obs. 38). — Soit en réalité 3 cas absolument mauvais.

Sur 115 ostéotomies linéaires nous ne relevons aucun accident au cours de l'opération, et seulement 9 complications secondaires (douleur, fièvre, suppuration, synovite séreuse). Nous laissons de côté les 17 cas où il est fait mention d'eschares, c'est un accident imputable au mode de contention et non au procédé opératoire. Le résultat définitif a laissé à désirer 13 fois; il y fut remédié dans 11 au moyen du redressement complémentaire, mais deux fois il y eut persistance de mouvements latéraux, fait qui ne peut être expliqué que par une ostéotomie par trop incomplète : les ligaments et non l'os se rompent dans les manœuvres de redressement. Nous ne trouvons ni ankylose, ni amputation secondaire, ni mort.

C'est donc d'une façon générale l'ostéotomie linéaire qu'il faut préférer, et nous pouvons établir comme première loi des ostéotomies faites pour le genu valgum qu'il faut, *autant que possible limiter le traumatisme à la simple section de l'os.*

---

(1) Langenbeck, 9e Congrès des chirurgiens allemands (2e séance), 1880.
(2) Volkmann (*id.*).
(3) Pilcher, *Annals of the anatomical and surgical society*, t. I, p. 61, 1878-1879.
(4) Poore, *New-York med. Record*, t. XVII, p. 398, 1880.

Mais peut-on pousser plus loin les déductions tirées de la statistique et lui demander par exemple de nous renseigner sur l'os qu'il convient d'attaquer (fémur ou tibia), sur le point où doit porter la section ? Nous ne le pensons pas.

C'est la clinique proprement dite qui seule a le droit de résoudre ces questions. C'est à elle que nous allons faire appel pour décider entre les méthodes fémorales et tibiales, et enfin, une fois le segment de membre choisi, entre les divers procédés.

Les recherches anatomiques, que nous rappelions au début de ce chapitre, ont surabondamment prouvé que dans l'immense majorité des cas la déviation angulaire du genou est d'origine fémorale (hypertrophie condylienne, courbure de la diaphyse). Mais après tout, ce n'est là qu'une présomption générale et l'on ne doit jamais oublier que le malade en face duquel on se trouve peut faire exception à la règle. Nous aurons donc recours, pour peu que le palper attentif du squelette laisse subsister des doutes dans notre esprit, au procédé de mensuration de Mikulicz (1). Nous aurons ainsi un élément précis et on peut dire mathématique pour décider si l'ostéotomie doit porter sur le squelette de la jambe ou sur celui de la cuisse.

C'est avec intention que nous insistons sur cette première détermination à prendre, car, comme le dit fort justement

(1) Si nous débarrassons le procédé de mensuration de Mikulicz des noms bizarres de goniomètre et de knebasis qu'il y a inscrits, nous trouvons qu'il se réduit en réalité à une méthode fort simple : l'angle de la déformation est mesuré et noté ; puis, le genou étant fortement fléchi, on applique les deux pointes d'un compas tenu verticalement sur la partie la plus inférieure des surfaces condyliennes. Il suffit d'appliquer une règle contre les branches du compas pour pouvoir mesurer facilement l'angle ouvert en dehors qu'elle fait avec l'axe fémoral. En comparant cet angle à celui du genu valgum, on voit nettement quel est le degré de déviation propre au tibia. Prenons un exemple : soit 140° l'angle fémoro-tibial et 60° l'angle fémoro-articulaire, l'axe tibial ne s'écartant que de 10° de l'angle droit, il est bien évident que les os de la jambe n'ont qu'un rôle passif dans la déviation.

Macewen, une ostéotomie mal placée pourra bien ramener le pied dans la position normale ou à peu près, mais elle laissera subsister la déviation articulaire et l'on aura derrière une apparence satisfaisante, un genou en baïonnette.

C'est alors que se pose la seconde question : à quelle hauteur opérer, et quel procédé adopter?

Ici encore il ne faut pas de parti pris et le plus bel éloge, selon nous, que l'on puisse faire de Macewen, c'est d'avoir, dans un certain nombre de cas, abandonné son ostéotomie sus-condylienne pour recourir à une section tibiale ou même tibio-péronnière. C'est donc à l'étude du squelette que l'on devra s'attacher. Si la déviation paraît bien nettement sous la dépendance d'une courbure de la partie moyenne de la diaphyse fémorale, on opérera à ce niveau par le deuxième procédé de Reeves. De même pour la jambe, ce sera le degré de cambrure qui fera choisir entre l'ostéotomie linéaire de Billroth, l'excision cunéiforme de Meyer, voire même la double ostéotomie de Max Schede.

Mais dans l'immense majorité des cas, c'est à l'opération sus-condylienne de Macewen qu'on aura recours. Son siège au-dessus du cartilage interépiphysaire met à l'abri de toute lésion articulaire et n'expose à aucun arrêt de développement ultérieur du membre. Sa forme en coin répond admirablement au meilleur mode de redressement puisqu'il y a accollement des surfaces divisées. L'étroitesse de la plaie en fait une ostéotomie aussi sous-cutanée que possible. L'emploi du ciseau évite toute attrition des parties molles. Les fragments, se répondant par de larges surfaces, ne peuvent ni chevaucher, ni basculer; la conservation d'une lame externe, rompue seulement par ostéoclasie finale, s'oppose à leur déplacement par rotation. Grâce à l'intégrité relative du périoste on a droit de compter sur une consolidation rapide et sur un cal régulier. Et enfin, une surveillance attentive de la température, l'examen journalier du pansement mettent à l'abri de toute surprise. Tout est donc, selon nous, admirablement réuni et calculé pour assurer aussi bien la réussite immédiate de l'opération que le succès définitif. Ce jugement, nous ne l'appuyons pas seulement sur des considérations théoriques, mais aussi sur des faits. En faveur de notre manière de voir viennent déposer les 367 cas rapportés par Macewen, les 72 faits de la statistique Barker, les 58 cas cités par nous, auxquels il convient d'ajouter 32 autres faits trop incomplets ou recueillis trop tard pour figurer dans nos tableaux. Or, dans ce nombre de 549 ostéotomies sus-condyliennes, nous ne comptons ni mort, ni ankylose, ni accident sérieux, un cas excepté (1) et s'il y eut exceptionnellement de la suppuration (2), elle ne paraît pas avoir entraîné de conséquences graves. Si l'on note parfois, soit un peu d'hémorrhagie, soit une légère ascension thermométrique, soit enfin une crise de douleurs, ce n'est qu'à titre de complication tout à fait éphémère, et tout rentre bientôt dans l'ordre.

Nous ne saurions mieux faire, d'ailleurs, pour bien fixer les idées à cet égard, que de rapporter ici deux observations empruntées au service de M. Delens, et qu'il a bien voulu

---

(1) Nous voulons parler de ce malade de Macewen qui, la seconde nuit de son opération, se levait et tombait. Le lendemain, le pied était tordu, les orteils engourdis, et la gangrène du pied commençait. Finalement, l'amputation du membre dut être faite ; malheureusement, nous ignorons absolument s'il s'agit d'une imprudence ou d'un acte involontaire sous l'influence d'un délire traumatique, auquel cas l'opération serait directement en cause.

Trois des opérés de Macewen sont morts, il est vrai, mais de maladies intercurrentes.

(2) On sait que Macewen avoue 8 faits de suppuration au passif de ses 835 ostéotomies. Mais comme ces chiffres visent toute sa pratique ostéotomique et non telle ou telle opération en particulier, il nous est impossible, nous le disons une fois pour toutes, de faire la part de ce qui appartient en propre au traitement sanglant de telle ou telle déformation.

mettre à notre disposition avec une obligeance dont nous ne saurions trop vivement le remercier. L'une date de presque une année déjà : le 15 novembre 1882 la malade était présentée à la Société de chirurgie, et l'observation figure dans ses traits principaux à la page 753. Mais ce sont surtout les détails qui nous intéressent, et c'est ce qui nous a engagé à la reproduire ici absolument *in extenso*. L'autre a trait à un malade que nous avons eu la bonne fortune de voir opérer et de suivre jusqu'à ce jour.

GENU VALGUM DOUBLE. — OSTÉOTOMIE DOUBLE LINÉAIRE
SUS-CONDYLIENNE. — GUÉRISON.

Observation recueillie par M. Caron, interne du service.

Le nommé Thomas, âgé de 18 ans, entre le 15 juillet 1882 dans le service de M. Delens à l'hôpital Tenon.

Les antécédents héréditaires sont nuls : père et mère bien portants ; aucun membre de sa famille ne présente de déviations osseuses.

A l'âge de 7 ans, variole, dont le malade porte des marques cicatricielles sur le visage. Depuis cette époque, il a toujours eu une bonne santé ; il est cependant de constitution médiocre : taille élevée, système musculaire peu développé; la croissance s'est faite tardivement ; dans l'espace des deux dernières années Thomas a grandi beaucoup. De 1877 à 1881 notre malade a exercé la profession de monteur en cuivre pour bâtiments, et depuis 1881 il est limeur de fer pour voitures. Ainsi depuis l'âge de 13 ans 1/2 il est employé à des travaux fatigants et au-dessus de son âge, travaillant toujours debout.

Thomas fait remonter le début de son affection à l'âge de 14 ans; c'est à cette époque qu'il s'aperçut que ses jambes « étaient de travers. » La déviation qui porta d'emblée sur les deux jambes, s'est accentuée progressivement ; elle a surtout augmenté depuis un an, aussi la faiblesse des genoux l'empêche de faire d'une seule traite ses longues journées de travail (10 à 12 heures dans la station debout) et il est forcé de s'asseoir fréquemment. Il n'a cependant jamais cessé complètement son travail.

État actuel : Si l'on examine ce malade couché, les deux condyles internes du fémur étant amenés au contact, voici ce que l'on observe :

Il existe un écartement de 35 cent. entre les deux malléoles internes. Si l'on prolonge l'axe médian du corps jusqu'au niveau des malléoles et si l'on recherche la distance qui le sépare de ces dernières, l'on trouve : 14 centim. pour la malléole droite et 21 cent. pour la malléole gauche : la déviation est donc beaucoup plus accentuée de ce côté.

Les axes de la jambe et de la cuisse en s'unissant au niveau du genou déterminent ainsi un angle ouvert en dehors. Si l'on réunit le grand.trochanter et la malléole externe par un cordon et si l'on mesure la distance qui sépare cette corde du sommet de l'angle formé par le genou, l'on trouve 12 cent. pour le côté gauche et 9 cent. pour le côté droit. Cette distance qui n'est autre que la hauteur du triangle formé par la cuisse, la jambe, et la ligne trochantéro-malléolaire, serait de 2 cent. à l'état normal d'après Delore.

L'interligne articulaire du genou est oblique de haut en bas et de dehors en dedans, de telle sorte que, à la partie interne, il descend à gauche à 2 cent. 1/2, à droite à 2 cent. au-dessous d'une ligne passant horizontalement au-dessous du sommet de la rotule.

Les tibias paraissent normaux ; peut-être la tubérosité interne du tibia gauche est-elle plus volumineuse qu'à l'état normal.

Dans l'extension, la rotule regarde en avant et en dehors. Pendant la flexion, ce déplacement en dehors augmente et atteint son maximum lorsque la jambe fait un angle droit avec la cuisse. Si l'on atteint la flexion extrême (talon touchant la fesse) la rotule devient plus antérieure.

Les articulations du genou présentent des mouvements de latéralités manifestes, plus marqués du côté gauche. L'extension et la flexion sont faciles; pendant ce dernier mouvement, disparition de toute déviation.

Dans la station debout, le malade a les genoux un peu fléchis ; l'extension complète des membres inférieurs est pénible et ne peut être longtemps maintenue. Les deux membres inférieurs sont dans la rotation en dehors ; du côté gauche la rotule regarde distinctement en dehors. Le pied est au contraire dans une rotation forcée en dedans.

Pendant la marche même rotation en sens inverse de la cuisse et du pied. Le malade appuie sur le bord externe du pied. Les deux genoux s'entrecroisent alternativement : à chaque pas, le genou qui se porte en avant vient se placer au-devant de celui resté en arrière et qui supporte le poids du corps. Aussi en regardant le malade marcher, on ne voit qu'un seul genou, l'autre restant caché derrière le premier. Grâce à la flexion et à l'entrecroisement des genoux, l'écartement malléolaire est notablement diminué. Pendant la marche s'exécute un balancement de tout le corps de droite à gauche et réciproquement. Les chaussures sont usées sur leurs bords et sur leurs faces externes.

24 juillet. — Ostéotomie double suivant le procédé de Macewen.

Anesthésie par le chloroforme. — La bande d'Esmarch n'est pas employée. Le lieu d'élection est recherché : au point de jonction de deux lignes, l'une horizontale à un travers de doigt au-dessus de l'extrémité supérieure du condyle externe, l'autre verticale à 1 cent. 1/2 en avant du tendon du grand adducteur. En ce point, incision longitudinale, de 1 cent. 1/2 environ, comprenant du même coup la peau et tous les tissus mous jusqu'à l'os. — L'ostéotome le plus large est glissé sur la lame du bistouri, puis dirigé transversalement. L'os est sectionné dans ses trois quarts internes. Saisissant alors la jambe de la main droite et fixant de l'autre l'extrémité inférieure du fémur, M. Delens fléchit lentement le membre en dedans et le ramène ainsi dans la rectitude. Opération régulière à droite, mais à gauche il se produit un déplacement en dehors du fragment inférieur. Il en résulte une déformation caractérisée par une saillie anguleuse, volumineuse sur la face externe du fémur.

Les plaies sont lavées à l'eau phéniquée au 1/20 et ne donnent lieu qu'à un écoulement sanguin insignifiant. M. Delens n'applique ni sutures ni drain. — Pansement de Lister.

Application des 2 attelles composées de Macewen.

Dans la soirée, le malade se plaint de souffrir au niveau de l'extrémité inférieure du péroné gauche, la bande est desserrée et cela suffit pour calmer la douleur. Un peu d'agitation, le malade s'inquiète. Inject. hypod. de morphine 0,01 centig.

25 juillet. — Le malade a bien dormi. Il accuse de la douleur au niveau du genou gauche, et au niveau de l'extrémité inférieure de l'attelle postérieure de la jambe gauche; ces deux points sont rembourrés d'ouate.

28 juillet. — Premier pansement du côté gauche : ni gonflement ni épanchement articulaire. La plaie est obturée par un caillot ; le pansement ne renferme qu'un peu de sérosité roussâtre sanguinolente. La déviation de l'extrémité inférieure du fémur gauche a augmenté.

29 juillet. — Premier pansement du côté droit : même état de l'articulation et de la plaie que pour le côté gauche. — Le membre est dans la rectitude absolue, aucune saillie ni irrégularité sur la face externe du fémur.

4 août. — Pansement des deux plaies ; les deux bords de l'incision se sont rapprochés, et l'intervalle est comblé par un caillot. Pas de pus ; un peu de sérosité jaunâtre. Petites excoriations au niveau de plusieurs points (malléoles externes droite et gauche, sommet de la rotule gauche), produites par pression des attelles ou des bandes.

14 août. Du côté droit, réunion complète de la plaie ; les deux fragments osseux sont solidement unis. Le malade n'accuse aucune douleur. Pas d'épanchement articulaire.

Du côté gauche, cicatrisation complète de l'incision. Saillie persistante des deux fragments osseux qui paraissent réunis. Petite excoriation au niveau de la rotule : pansement de Lister.

25 août. Appareil silicaté appliqué sur tout le membre droit. — L'attelle est maintenue du côté gauche. Le malade n'accuse aucune douleur ni à droite ni à gauche.

23 septembre. L'appareil silicaté est enlevé : rectitude parfaite du membre ; pas d'épanchement articulaire. La déformation au-dessus du genou gauche persiste, mais le contact des deux malléoles est possible.

24 septembre. Le malade prend un bain et commence à marcher avec des béquilles. Mensuration de l'épine iliaque antéro-supérieure à la malléole externe, 93 cent. de chaque côté.

4 octobre. Le malade sort de l'hôpital marchant bien sans canne.

En mai 1883 la guérison se maintient.

GENU VALGUM DOUBLE. — DOUBLE OSTÉOTOMIE SUS-CONDYLIENNE
PAR LE PROCÉDÉ DE MACEWEN.

Georges D..., 17 ans, peintre, entre le 24 avril 1883 à l'hôpital Saint-Antoine, salle Velpeau, n° 57 (service de M. Delens).

C'est un garçon maigre, pâle, mais néanmoins assez développé pour son âge.

Né de parents bien portants, il n'a fait, pendant son enfance, aucune autre maladie que la fièvre typhoïde. Il ne présente aucun antécédent scrofuleux ni rhumatismal ; il habite un logement sain. Rien n'attire non plus notre attention sur le rachitisme ; le thorax est régulièrement conformé, les membres supérieurs et le bassin n'offrent aucune déformation.

Ce malade raconte qu'il a toujours été un peu bancal, mais cette difformité n'a jamais apporté de gêne à la marche et ne l'a forcé à aucun moment de suspendre son travail, assez pénible, dé peintre en bâtiments.

Quatre semaines seulement avant son entrée à l'hôpital, à la suite d'un surcroît de fatigue, il ressentit, le soir en se couchant, une douleur assez vive dans la région du condyle interne du fémur droit.

L'attention du malade attirée de ce côté, il remarqua une augmentation notable de la saillie que formait auparavant ce condyle interne, et, depuis ce moment, il se mit à boiter à tel point, que la marche étant de plus en plus difficile, il est venu réclamer des soins à l'hôpital.

A son entrée, on constate une saillie assez considérable formée par le condyle interne du fémur droit; la même déformation existe du côté gauche, mais elle est beaucoup moins accentuée.

La station debout se fait sans croisement des membres. La rotule, légèrement déjetée en dehors, recouvre en partie le condyle externe.

En faisant marcher le malade pieds nus, on constate une forte contraction des muscles extenseurs et fléchisseurs; les orteils s'incurvent et semblent accrocher le parquet.

Les genoux étant rapprochés, l'espace intermalléolaire mesure 19 cent. La déviation du genou droit est représentée par 10 cent. 1/2; celle du genou gauche par 8 cent. 1/2.

M. Delens propose l'ostéotomie au malade, qui l'accepte.

A droite. — Opération pratiquée le 30 avril avec les précautions antiseptiques les plus rigoureuses.

Le malade étant chloroformisé, M. Delens fait sur le côté interne de l'extrémité inférieure du fémur, au point indiqué par Macewen, une incision de 21 cent. environ, puis introduit l'ostéotome et pratique la section de l'os suivant le procédé de Macewen.

La section étant jugée suffisante, on opère le redressement du membre; on perçoit à ce moment un craquement net, caractéristique.

Un pansement de Lister est placé sur la petite plaie, le membre immobilisé dans un appareil plâtré qui s'étend jusqu'au pied, et qui prend point d'appui sur le bassin.

Les suites de l'opération sont simples.

Jusqu'au 5e jour, aucune douleur, pas de réaction générale ; T. 37o,2, 37o,4.

Le 5e jour, le malade accuse un peu de céphalalgie ; il a moins bien dormi que d'habitude ; il souffre au niveau de la plaie opératoire ; cependant la température reste normale.

Le 8e jour la douleur s'accuse ; la T. a 38o,4, P. 110 ; le malade s'est inquiété sans raison (c'était un jour de visite). Le soir même, il est plus calme ; T. 37°,6, P. 78.

Le 9e jour, le pansement de Lister est renouvelé ; on trouve la plaie en voie de cicatrisation ; ni rougeur, ni œdème périphérique.

Le 12e jour, troisième pansement ; la petite plaie des téguments est presque entièrement cicatrisée. L'apyrexie continue.

A gauche. — Opération par le même procédé le 16 mai, c'est-à-dire dix-sept jours après la première.

Il n'y a aucune particularité à signaler au cours de l'opération, si ce n'est une petite hémorrhagie en nappe, qui a duré près d'un quart d'héure ; l'ostéotome a pénétré à une profondeur de 8 centimètres.

Une heure après l'opération, le malade dit souffrir beaucoup du genou gauche ; il est très agité : injection de morphine. A la visite du soir le calme est à peu près revenu, mais la douleur persiste. T. 38o,2. Potion chloral 3 grammes. La nuit est assez bonne ; la douleur s'est atténuée. Le lendemain, T. mat. 38o, soir 38o,2.

Le 3e jour, la température retombe à la normale ; la douleur disparaît.

Le 8e jour, le pansement de Lister est renouvelé. La petite plaie des téguments est en voie de cicatrisation ; un caillot sanguin est interposé entre ses lèvres.

Quant à la plaie du genou droit, elle est tout à fait cicatrisée.

L'apyrexie continue.

Le 29, dernier jour où nous examinons ce malade dont les membres sont encore dans l'appareil plâtré, nous constatons :

A droite. — La petite cicatrice linéaire légèrement déprimée, longue de 2 centimètres à peine, est mobile sur les parties profondes. L'articulation ne renferme pas trace de liquide. La pression n'y éveille aucune sensibilité. Au niveau de la section osseuse le cal apparaît sous forme d'un très léger relief qui n'est guère sensible que dans la moitié interne. Une ligne tirée de l'épine iliaque antérieure et supérieure à l'extrémité antérieure du premier métatarsien passe à 1 cent. 1/2 en dehors de la rotule.

17

A gauche. — Mêmes faits; seulement la cicatrisation est moins avancée dans son évolution (1).

DE L'OSTÉOTOMIE DANS LE GENU VARUM

Les détails dans lesquels nous sommes entrés à propos du genu valgum nous permettront de passer très rapidement sur le genu varum et de nous borner à quelques considérations d'ordre secondaire.

Nous n'avons, en effet, rien à dire de la pathogénie de cette déformation; tous les auteurs tombent d'accord pour l'expliquer par des causes de même ordre que celles qu'ils font intervenir dans la production du genu valgum, et il serait, sinon oiseux, tout au moins inutile, de reprendre et les descriptions que nous avons données et l'exposé des diverses théories.

Quant à l'intervention opératoire, et en parlant ainsi nous avons exclusivement en vue la section de l'os, elle ne nous attardera pas davantage. Il est évident que ce sont des procédés analogues, pour ne pas dire identiques, à ceux que nous avons décrits dans le chapitre précédent, qui ont été préconisés et employés, et qu'ici encore on peut classer, si l'on vise moins le nom des auteurs que les méthodes qu'ils mettent en usage, les ostéotomies en trois grandes catégories : ostéotomies linéaires, ostéotomies cunéiformes, ostéo-arthrotomies.

---

1. Nos remerciements à notre collègue Dumoret, interne du service, qui a bien voulu recueillir pour nous les détails de cette observation.

Tout ce que nous avons dit, à propos du genu valgum, sur la valeur des procédés, sur le choix de l'un d'eux, suivant le cas particulier, sur le siège enfin où il conviendrait de l'appliquer une fois que le chirurgien se serait déterminé en faveur de l'un ou de l'autre, tout cela pourrait être répété à cette place et exactement dans les mêmes termes. Il est un seul point qui mérite une mention particulière, à savoir le côté par lequel il convient d'aborder l'os lorsqu'on opère sur le fémur. Nous avons vu déjà que plusieurs chirurgiens, Warden, Taylor, Reeves, ont conseillé la face externe du membre comme champ opératoire pour le genu valgum. Si, dans l'espèce, ce précepte nous a paru discutable, ici, au contraire, il nous semble des mieux indiqués. En opérant de dehors en dedans, en effet, on fait porter l'ostéotome et le coin osseux qu'il creuse (car c'est spécialement le procédé de Macewen que nous avons en vue) sur le côté même dont il importe de corriger la déformation. Cette remarque ne s'applique, cela va de soi, qu'à l'ostéotomie du fémur, et il est à peine besoin de faire observer que chaque fois que pour un genu varum on s'adressera au tibia, par la méthode de Billroth, par exemple, c'est uniquement par la face interne que l'opération devra être pratiquée.

De la lecture de notre tableau, il semblerait résulter chez les auteurs une préférence marquée en faveur du procédé de Billroth. Nombre de fois, cependant, les méthodes fémorales ont été employées, et avec succès. Mais, dans la statistique, les auteurs anglais ne font pas de chapitre spécial à cette affection ; tantôt, comme Reeves, ils l'englobent dans celui du genu valgum ; tantôt, comme Macewen, ils le rejettent aux ostéotomies en général. C'est dire que nous manquons d'éléments véritables de comparaison. Nous ne conclurons donc pas en faveur, soit de la jambe, soit du fémur, et nous répéterons seulement qu'ici comme toujours c'est à l'examen attentif du malade à décider de l'os déformé, c'est-à-dire de l'os sur lequel on doit faire la section.

Nous n'ajouterons plus qu'un mot. Comme pour le genu valgum et pour les mêmes raisons, nous préférerons, toutes les fois qu'elle est possible, la méthode linéaire à l'excision cunéiforme. Sans doute un opéré de Margary n'a guéri qu'au prix d'une ankylose; mais à ce fait malheureux nous pouvons opposer les dix-neuf succès complets, consignés dans nos observations.

Nous sommes heureux de pouvoir terminer ces considérations sur l'ostéotomie dans le genu varum, par l'exposé d'une observation qui prouve tout à la fois et la puissance de l'ostéotomie même en face des cas les plus graves, et son innocuité dans des cas multiples.

Nous devons cette observation à la bienveillance de M. le docteur Demons (de Bordeaux).

Il s'agit d'une jeune fille de 20 ans, absolument infirme depuis plusieurs années, qui présentait un degré assez accentué de genu varum double, compliqué d'une courbure rachitique des deux tibias. Ces os, fortement courbés en dehors, rendaient la marche impossible.

M. Demons fit, dans une même séance, huit ostéotomies : deux sur chaque extrémité des péronés, et deux autres parallèlement sur chaque extrémité des deux tibias.

L'opération pratiquée suivant les règles prescrites par Macewen (de Glascow) et soumise aux rigueurs de la méthode antiseptique (Lister), fut suivie des plus heureux résultats.

Le premier pansement fut seulement fait le quatorzième jour; un deuxième pansement acheva la guérison et jamais il n'y eut la moindre complication inflammatoire du côté des genoux. La température ne dépassa pas 37°,5.

Il y a deux mois que l'opération a été faite. La malade doit être considérée comme guérie, mais M. Demons ne veut pas lui permettre encore de marcher sans béquilles. Elle jouit en effet d'un embonpoint exagéré qui rend cette précaution indispensable pour assurer définitivement le résultat esthétique actuellement parfait.

———

Il y a deux ans, en décembre 1881, M. Demons, dans un cas accentué de genu valgum, chez un jeune garçon de 18 ans, obtint également un résultat très complet.

La courbure existait seulement sur le membre droit, mais rendait le travail impossible.

Opéré par le procédé de Macewen, ce malade était guéri après le troisième pansement. Il n'y eut point de suppuration.

Ce résultat obtenu rapidement, s'est depuis confirmé et le malade est actuellement guéri : il a pu reprendre ses occupations de conducteur de tramways.

N⁰ˢ	NOMBRE des ostéotomies	NOMS DES AUTEURS Indications bibliographiques	SEXE et âge des opérés	NATURE DE LA DÉFORMATION	MODE OPÉRATOIRE	SUITES de l'opération	RÉSULTAT
1	1	BRADFORD, *Boston med. and surg. Journal.* vol. CV, page 444, 1881.	F. 4 ans 1/2.	Genu varum.	Procédé de Macewen.	Pas de fièvre.	Guérison.
2	1	GESUALDO CLEMENTY, *Lo sperimentale.* Octobre 1881, page 422.	H. 13 ans.	Genu varum avec incurvation fémorale très prononcée.	Ostéotomie linéaire au ciseau, à 7 centimètres au-dessus de la ligne articulaire.	id.	Guérison en 2 mois.
3	1	CZERNY.	H. 13 ans.	Genu varum.	Ostéotomie linéaire.	id.	Guérison rapide.
4	1	GRENDELBURG, *Berlin. Klin. Wochens.*, 2 août 1875, n° 31, page 433.	H. 17 ans.	Genu varum.	Essais orthopédiques vains. Opération de Billroth.	?	Guérison complète.
5	1	GUSSENBAUER, *Arch. f. Klin. chirurg.*, vol. XVIII, fasc. 1 et 2, 1875.	F. 18 ans.	Genu varum à 142°.	Ostéotomie sous-cutanée linéaire incomplète du tibia au ciseau à un pouce au-dessous de la tubérosité antérieure.	Pas de fièvre.	Marche facile le 3ᵉ mois.
6	1	MARGARY.	H. 7 ans.	Genu varum gauche.	Ostéotomie de Macewen. Pansement de Lister.	Douleurs pendant les 24 premières heures.	Guérison en 5 mois.
7	1	MARGARY.	H. 39 ans.	Genu varum droit.	Ostéotomie incomplète transversale du fémur au côté externe au moyen du ciseau à 17 centimètres au-dessus de l'interligne articulaire.	Pas de fièvre.	Ankylose.
8	1	MARGARY.	H. 15 ans.	Genu varum gauche très prononcé.	Ostéotomie linéaire du tibia.	id.	Guérison en 3 mois.
9	2	MARGARY.	H. 17 ans.	Genu varum gauche.	Procédé Macewen au 1/3 inférieur du tibia. Nouvelle ostéotomie du tibia.	id.	Résultat complet.
10	2	MARGARY.	H. 16 ans.	Double genu varum très prononcé.	Double opération. Ostéotomie linéaire des deux tibias.		Résultat complet.

Nᵒˢ	NOMBRE des ostéotomies	NOMS DES AUTEURS Indications bibliographiques	SEXE et âge des opérés	NATURE DES DÉVIATIONS	MODE OPÉRATOIRE	SUITES de l'opération	RÉSULTAT
11	1	MARGARY.	H. 3 ans.	Genu varum droit.	Ostéotomie linéaire du tibia.	Pas de fièvre.	Résultat complet en 2 mois.
12	1	MARGARY.	H. 17 ans.	Genu varum gauche.	Ostéotomie linéaire du tibia.	?	Résultat normal et complet.
13	1	MARGARY.	H. 14 ans.	Genu varum gauche.	Procédé de Macewen au tibia.	Quelques érosions 2 mois après.	Résultat complet.
14	1	MARGARY.	H. 9 ans.	Genu varum gauche.	Ostéotomie linéaire du tibia au 1/3 inférieur.	?	Guérison complète en 3 mois.
15	1	MARGARY.	H. 14 ans 1/2	Genu varum droit.	Ostéotomie de Macewen.	Eschare.	Résultat favorable.
16	1	MARGARY.	H. 17 ans.	Genu varum gauche.	Procédé de Macewen sur le tibia.	?	Résultat excellent en 3 mois.
17	1	MARGARY.	H. 3 ans.	Double genu varum très prononcé.	Ostéotomie des deux tibias.	Pas de fièvre.	Guérison complète.
18	2	REEVES, *Trans. of. clin. society of London.* 1879, page 32.	F. 11 ans.	Double genu varum avec hypertrophie considérable des condyles externes.	Double opération. Procédé de Reeves appliqué aux condyles externes.	Id.	Guérison parfaite avec un peu de genu valgum.

TROISIÈME PARTIE

Dans notre première partie nous avons appris les principes généraux de l'ostéotomie ; dans la seconde nous avons étudié minutieusement, au point de vue de la technique et des résultats, ses différents modes d'application à chaque type de déformation.

Il nous reste maintenant à juger l'ostéotomie elle-même prise dans son ensemble et à la comparer pour chaque déformation aux autres moyens chirurgicaux.

VALEUR DE L'OSTÉOTOMIE EN GÉNÉRAL

Pour baser ce jugement nous n'écouterons aucune idée théorique, nous obéirons purement et simplement à la logique des chiffres.

C'est dire que nous allons faire l'appel le plus large à la statistique.

Sans doute, et nous l'avons déjà répété plus d'une fois, les faits publiés sont loin de représenter la totalité des cas. On publie ses succès, on cache ses revers.

Ce n'est qu'accidentellement, à propos de l'instrumentation, à propos de modes opératoires, que nous avons trouvé signalés la plupart des faits malheureux que nous avons mentionnés.

Si nous réunissons dans un tableau d'ensemble les statistiques un peu importantes publiées à l'étranger, nous trouvons :

I. STATISTIQUE ÉTRANGÈRE.

Margary (1)..................	133 cas.............		mort 1
Volkmann (2)....	50 ......{	mort 1	
		amput. conséc. 2	
Parker (3)...................	50		mort 0
Poore (4)...................	17		mort 0
Macewen (5)	557		morts 3
Total..........	807 cas............		morts 5
			amputations 2

Soit une mortalité de 0,62 p. 0/0.

Ces chiffres, qui ne répondent qu'à la pratique de ceux mêmes qui les publient, ne sauraient donner une idée complète du sujet.

Si ces réserves doivent être faites au point de vue des résultats opératoires, elles doivent être formulées avec plus de soin encore en ce qui concerne les résultats définitifs.

Nous croyons être plus dans le vrai dans le tableau ci-joint, basé uniquement sur des observations disséminées, et appar-

(1) *Loc. cit.*
(2) 6e congrès des chirurgiens allemands, 1877.
(3) *British., med. journ.*, 1879, t. II, p. 611.
(4) *Loc. cit.*
(5) *Loc. cit.*

tenant un peu à tous. C'est la méthode en elle-même qui est ainsi jugée, et non plus le chirurgien.

II. Statistique personnelle.

Le total des 630 cas relevés par nous est ainsi réparti :

Cals vicieux............. 89
Courbures rachitiques.... 215 (y compris les 182 cas de Bœckel.)
Genu valgum et varum ... 214
Courbures d'orig. inflam.. 5
Ankylose............... 107

Il nous donne :

    24 morts imputables à l'opération.
     2 morts par affections intercurrentes.
     2 amputations.
  602 guérisons.

Soit une mortalité de 3, 8 p. 0/0.

Si nous examinons le détail des 602 guérisons, nous voyons qu'elles doivent se répartir de la manière suivante :

Résultat fonctionnel excellent......... 360
Résultat incomplet................... 51
Ankyloses...................... 10 { complètes 3. / incomplètes 7.
Guérisons sans autre indication....... 86
Inconnus 95

Au point de vue des suites opératoires, nous n'aurions à signaler que des renseignements assez incomplets. Cependant, dans 112 cas, c'est-à-dire dans un peu plus du cinquième des observations, nous trouvons que la guérison a été obtenue après complications : dans presque tous ces cas, il s'agissait de suppuration abondante, dans quelques-uns de nécrose et d'hémorrhagie.

L'examen de ces résultats tant opératoires que définitifs, nous montre que l'ostéotomie est une bonne opération.

Si maintenant nous voulons nous renseigner sur sa valeur dans les différents groupes d'affections, nous nous trouvons en présences des chiffres suivants :

I. DANS LES CALS VICIEUX.

34 cas (1) . . . . Aucun cas de mort.

Suites opératoires...
- 7 fois, réunion par première intention.
- 7 fois, suppuration.
- 20 fois, guérison sans complications.

Résultat fonctionnel.
- 21 fois, excellent.
- 3 — raccourcissement notable.
- 2 — marche avec appareil.
- 8 — inconnu.

II. DANS LES DÉVIATIONS RACHITIQUES.

215 cas. . . . . Aucun cas de mort (2).

Au point de vue des suites opératoires..
- 27 fois, réunion immédiate.
- 81 fois, complications variées.
- 164 fois, pas de complication.

Au point de vue fonctionnel . . . .
- 142 fois, résultat parfait.
- 15 fois, résultat imparfait.
- 55 fois, résultat inconnu.

(1) Nous croyons ne devoir mentionner, comme nous l'avons dit déjà, que les cas d'ostéotomie antiseptique ; autrement, nous n'aurions en aucune façon l'idée de la valeur réelle de cette méthode.

(2) Nous nous sommes déjà expliqué plus haut sur les trois cas de mort observés à la suite d'ostéotomie pour courbures rachitiques. Nous avons pensé, en effet, avec les auteurs eux-mêmes, que dans les cas en question, la mort n'était peut-être pas imputable à l'opération elle-même. Néanmoins il faut à cet égard faire quelques réserves.

III. Dans les ankyloses de la hanche.

44 ostéotomies ...... { 4 morts.
40 guérisons.

Suites opératoires ... { 16 fois, pas de complications.
11 — complications.
13 — guérisons sans indications.

Résultat [fonctionnel. { 18 fois, excellent.
11 — imparfait.
21 — pas d'indications.

IV. Dans les ankyloses du genou.

35 ostéotomies....... { 2 morts.
33 guérisons.

Suites opératoires.... { 12 fois, pas de complications.
10 — complications diverses.
12 — pas d'indications.

Résultat fonctionnel . { 3 fois, excellent.
9 — imparfait.
21 — guérison sans indications.

V. Dans les cas de genu valgum.

Nous relevons 196 cas comprenant .... { 4 morts.
1 amputation.
191 guérisons.

Suites opératoires.... { 8 fois, accidents opératoires.
34 fois, complications plus ou moins graves.
149 fois, pas de complications.

Résultat fonctionnel.. { 127 fois, résultat bon.
13 fois, résultats imparfait.
9 fois, ankyloses { 2 complètes.
5 incomplètes.
10 fois, résultat inconnu.
32 fois, guérison sans indication.

VI. Dans le genu varum.

18 cas............. 18 guérisons.

Résultat fonctionnel.. { 11 fois, résultat excellent.
1 fois, ankylose.
6 fois, guérison sans indications.

Nous ne croyons pas utile de rappeler ici les résultats obtenus par l'ostéotomie dans les rares faits d'ankyloses du membre supérieur et de l'articulation tibio-tarsienne, pas plus que dans les cas de courbures inflammatoires, notre but étant, en groupant ces principaux résultats, de les mieux mettre en relief, afin de pouvoir tout à l'heure comparer ceux que peuvent fournir les autres méthodes de redressements, dans les cas où il y a lieu toutefois d'établir un parallèle entre ces méthodes et l'ostéotomie.

PARALLÈLE ENTRE L'OSTÉOTOMIE ET LES AUTRES PROCÉDÉS DE REDRESSEMENT DES MEMBRES.

Nous n'avons pas à passer ici en revue la totalité des moyens thérapeutiques qui peuvent être appliquées aux courbures des membres telles que nous les avons comprises.

Il est bien évident, en effet, que les méthodes de douceur, n'ont rien à faire pour les cas où l'ostéotomie est appelée à intervenir.

Les premiers ne peuvent être utilement employés que dans les cas où l'obstacle à vaincre n'offre qu'une minime résistance.

Ce n'est au contraire que lorsque la résistance est puissante et énergique que l'on fait appel à l'ostéotomie.

C'est dire qu'elle ne peut et ne doit entrer en comparaison qu'avec un moyen de force : l'ostéoclasie en particulier.

Examinons donc quels sont les moyens d'action de l'ostéoclasie et tâchons de déterminer dans quelle mesure il convient de la rapprocher de l'ostéotomie.

Loin de nous la pensée de tracer un historique général de cette méthode de traitement. Il nous faudrait, en effet, remonter jusqu'à l'origine de la médecine pour en trouver les premières applications aux cals vicieux. Disons seulement que ce n'est que vers 1840 qu'on la voit régulièrement et méthodiquement appliquée, grâce aux travaux et à la pratique de Bonnet, de Lyon.

Dès lors nous voyons en Allemagne : Langenbeck, Billroth, Nussbaum ; en France, Maisonneuve, Delore ; en Italie, Palasciano, la vulgariser et la défendre. A l'heure actuelle, cette méthode jouit d'une grande faveur parmi les chirurgiens et il nous serait en quelque sorte difficile même de citer ses partisans les plus convaincus.

Examinons donc quels sont les résultats que donne l'ostéoclasie dans le traitement des diverses déformations qui nous intéressent et voyons s'ils peuvent être opposés à ceux de l'ostéotomie.

PARALLÈLE DE L'OSTÉOTOMIE AVEC L'OSTÉOCLASIE

DANS LES CALS VICIEUX.

L'ostéoclasie, ainsi que nous l'avons vu plus haut, est depuis longtemps appliquée au traitement des cals vicieux. Elle se répandit surtout en Allemagne, à la suite des travaux de Bonnet. Gurlt en 1862 réunit déjà 98 cas.

Chez nous, comme le fait remarquer Nepveu (1), cette pra-

(1) *Loc. cit.*

tique s'est introduite difficilement et tardivement, on s'est longtemps rappelé les accidents causés par la machine de Louvrier dans le redressement des ankyloses.

Néanmoins, là courte discussion qui eut lieu en 1880 à la Société de chirurgie à propos du cas de M. Le Dentu, montre que la cause de l'ostéoclasie est gagnée chez nous; mais faut-il pour cela l'opposer à l'ostéotomie et dire qu'en toute circonstance elle lui est préférable? En aucune façon, nous nous sommes déjà expliqué sur ce point, et nous y reviendrons encore, car il nous semble que le débat en question est d'une importance capitale.

Résultats fournis par l'ostéoclasie. — La première indication sur laquelle on ait pu s'appuyer pour porter un jugement de quelque valeur est celle qu'a fournie Gurlt par sa statistique qui porte sur 98 cas, dans lesquels on note 95 guérisons sans autre indication. Cette statistique, beaucoup trop imparfaite au point de vue du résultat fonctionnel, ainsi que l'a fait remarquer Nepveu, établit seulement l'innocuité de l'opération.

Nepveu ajoute aux cas de Gurlt, 9 autres faits, dont 6 sont dus à la pratique de Volkmann, 3, à celle de Billroth ; ces derniers rapportés par Gussenbatter (1).

Chalot (2) mentionne 4 nouvelles observations dues à Butcher (3), Bellamy (4), P. J. Hayes (5), James Spence (6).

Sur un total de 97 cas indiqué par Chalot, nous trouvons 55 fois seulement la mention du résultat définitif.

(1) *Arch. für. Klin. Chirurgie*, 1875, vol. XVIII, fasc. I, p. 1 et fasc. II, p. 375.
(2) *Loc. cit.*
(3) *Dublin med. Journal,* nov. 1874.
(4) *London med. Record*, 1875.
(5) *The Dublin Journ. of. med. sc.*, 1875, p. 289.
(6) *Edinburgh med. Journ.*, 1876, p. 769.

Sur ces 55 cas, 25 fois la guérison était parfaite, sans raccourcissement, 30 fois il existait un raccourcissement notable.

M. Gangolphe a réuni quelques faits de plus d'ostéoclasie, et sur les 105 cas qu'il retient en fin de compte, il nous donne la statistique suivante, qui diffère sensiblement de la précédente (1).

$$105 \text{ cas} \ldots \begin{cases} \text{Résultats parfaits} \ldots\ldots\ldots & 61 \\ \text{Amélioration} \ldots\ldots\ldots\ldots & 25 \\ \text{Résultats imparfaits} \ldots\ldots\ldots & 2 \\ \text{Inconnus} \ldots\ldots\ldots\ldots\ldots & 17 \end{cases}$$

Nous dirons ultérieurement notre sentiment sur la valeur qu'il faut attacher à ces statistiques. Ajoutons-y d'abord un certain nombre de faits que nous avons pu recueillir dans diverses publications surtout étrangères. Ces observations au nombre de 18 sont malheureusement encore moins explicites sur les résultats définitifs (2).

En effet, l'analyse de ces 18 observations nous donne à première vue 18 succès; mais nous avons à peine besoin de faire remarquer, qu'à l'exception de celle de M. Redard (que nous remercions bien cordialement), toutes les autres sont

---

(1) Ces chiffres ne sont pas textuellement dans la thèse de M. Gangolphe; ils résultent de l'analyse des faits qu'il cite.

(2) Albanèse (1868). *Noto cliniche su Palerme infantile.* Statistique (2 cas) (1880-1881) pour l'hôpital maritime de Palerme.

Doutrelepont. *Berlin, Klin. Wochens.,* 1878.
(1 cas)

C. S. F. Gay. *Bost. med. and surg. Journal,* vol. CII, 1880, p. 226.
(2 cas)

Grimm. *Prager, med. Wochens.,* 1877, t. II, p. 45.
(3 cas)

P. Redard. Août 1882 (communication orale).
(1 cas)

J.-B. Roberts. *Edinburgh, Med. Journ.* (juillet et août 1878).
(9 cas),

d'un laconisme désespérant ; on peut en résumer la valeur
par les chiffres suivants :

<table>
<tr><td rowspan="4">18 cas...</td><td>Résultats inconnus........ .</td><td>6</td></tr>
<tr><td>Guérison sans indication ...</td><td>5</td></tr>
<tr><td>Correction de la difformité..</td><td>3</td></tr>
<tr><td>Résultat fonctionnel bon ...</td><td>3</td></tr>
</table>

Si nous ajoutons ces 18 observations aux 105 analysées
par M. Gangolphe, nous avons un total de 123 cas, qui se
décomposent ainsi au point de vue du résultat définitif.

Résultats parfaits 64
Amélioration .'....................... 28
Résultats très imparfaits............. 2
Inconnus............................. 29

Si maintenant nous cherchons à pénétrer dans le détail de
ces 64 résultats parfaits, nous voyons que parmi eux M. Gangolphe fait rentrer 25 cas d'ostéoclasie sur le fémur chez des
enfants de moins de 10 ans et qui ont guéri avec un raccourcissement de 1 à 4 pouces. La perfection de ce dernier
résultat n'est pas d'une extrême évidence ; mais nous devons
autant que possible, réunir toutes les données du problème.

Dans le parallèle que nous allons chercher à établir nous
croyons ne devoir tenir compte absolument que de l'ostéotomie antiseptique.

Notre statistique ostéotomique nous a donné : 34 cas :

21 fois, succès complets.
3 fois, raccourcissements notables.
2 fois, nécessité d'un appareil.
8 fois, inconnus.
Aucun cas de mort.

La statistique de l'ostéoclasie nous indique :

Sur 123 cas :

    64 résultats parfaits.
    28 améliorations.
     2 résultats très imparfaits.
    29 inconnus.

Nous n'y trouvons donc également aucun cas de mort; car nous croirions charger injustement cette statistique en lui attribuant le cas malheureux de Brums dans lequel on avait pratiqué des perforations sous-cutanées préalables.

Il est facile de voir que les résultats imparfaits ou inconnus se balancent à peu près dans les deux méthodes.

Relativement aux résultats définitifs, la proportion des cas heureux paraît en faveur de l'ostéotomie ; mais de même que nous n'avons mis en ligne que les faits dus à l'ostéotomie antiseptique, peut-être ne devrions-nous tenir compte aussi que des résultats obtenus avec les procédés perfectionnés de l'ostéoclasie.

Mais les documents que nous possédons sont beaucoup trop incomplets pour nous permettre un pareil choix dans les observations.

On voit combien sont grandes les difficultés du problème posé dans ces termes généraux.

Descendons donc dans le détail et examinons la statistique ostéoclasique au point de vue de l'âge du sujet et de la date de la fracture.

Nous suivrons la division adoptée par Gangolphe, dont nous complétons les chiffres par nos faits personnels :

Nos 123 cas d'ostéoclasie comprennent :

    1° Au-dessous de 10 ans....
        Cal datant de 3 mois à 1 an et même 2 ans, dans quelques cas.

Rupture obtenue le plus souvent avec la main.

Bon résultat constant.

2° De 10 à 25 ans....

Cal datant de 4 à 6 mois.

Rupture tantôt manuelle, tantôt avec l'ostéoclaste

Résultats moins parfaits.

3° Au dessus de 25 ans....

Cal datant de 3 à 5 mois.

Rupture nécessitant presque toujours l'ostéo-

claste.

Dans la moitié des cas environ, on n'obtient que

· des améliorations.

Ces résultats nous semblent jeter un grand jour sur les indications de l'une et l'autre de ces méthodes. La statistique précédente nous montre, en effet, d'une manière manifeste, que chez des enfants au-dessous de 10 ans, même lorsqu'il s'agit de cals déjà anciens (1 ou 2 ans), la rupture donnera d'excellents résultats.

Plus tard, entre 10 et 25 ans, la rupture du cal datant de 4 à 6 mois doit être tentée; mais elle ne réussira guère qu'avec les ostéoclastes.

Enfin au-dessus de 25 ans, à moins qu'il ne s'agisse d'un cal récent (2 ou 3 mois), nous pensons que l'ostéoclasie ne s'impose plus comme méthode de choix; on a le droit d'hésiter entre elle et l'ostéotomie, et même, s'il s'agissait d'un cal très anguleux avec raccourcissement considérable, nous pencherions plutôt du côté de l'ostéotomie.

En somme, en nous basant sur les résultats que nous venons d'analyser en dernier lieu, nous voyons que ces deux méthodes de redressement ne s'excluent pas l'une l'autre.

Elles s'adressent à des cas pathologiques différents, ou tout au moins se présentant dans des conditions différentes.

Nous pensons résumer l'opinion actuelle des chirurgiens

en France en disant que l'ostéoclasie est une méthode de choix et l'ostéotomie une méthode de nécessité.

Toutefois cette opinion est peut-être un peu trop'exclusive. Nous n'avons pas, il est vrai, de documents absolument concluants pour la modifier notablement. Néanmoins, nous pensons que dans certains cas déterminés, à savoir : l'âge relativement avancé du sujet et l'ancienneté du cal, l'ostéotomie peut devenir elle-même une méthode de choix.

PARALLÈLE DE L'OSTÉOTOMIE AVEC L'OSTÉOCLASIE DANS LES COURBURES RACHITIQUES.

L'application de l'ostéoclasie aux courbures rachitiques remonte à une époque déjà ancienne. En 1843, J. Guérin, en effet, en fournit les premières observations. Néanmoins cette méthode ne fut guère tout d'abord employée qu'en Allemagne, et ce n'est qu'assez tardivement qu'elle s'introduisit dans la pratique de quelques chirurgiens français.

En 1879 Aysaguier (1), dans une thèse importante, cherche à tracer les indications de l'ostéoclasie. Ce travail relate 13 observations, savoir :

Volkmann 7 cas.
Panas   2 »
Terrillon 2 »
J. Guérin 2 »

Dans ces 13 cas la guérison a été complète.

(1) Thèse de Paris.

A cette statistique nous ajouterons un relevé de 40 cas (1) empruntés à la pratique de

Zielevicz	18	opérations.
Albanèse	4	—
Bradford	6	—
Jones	1	—
Margary	1	—
Del Greco	2	—
Reclus	8	—
Total	40	—

Comme les observations de M. Reclus sont très complètes et concluantes, nous croyons devoir les reproduire et nous sommes heureux de remercier cordialement M. Reclus d'avoir bien voulu nous les communiquer.

OBSERVATION I. *Résumé*. — Roux Lucien, 3 ans. Rachitisme cranien ; nouures de l'avant-bras ; déformations surtout marquées aux membres inférieurs.

Courbure des tibias à concavité interne extrêmement prononcée ; en même temps forte déviation des pieds en dedans de telle sorte que l'enfant marche sur ses malleoles externes.

Ostéoclasie (avec l'appareil de Collin) des deux jambes.

Réduction facile, appareil plâtré.

Au bout de 2 mois à peine, l'enfant sort de l'hôpital et marche facilement.

OBSERVATION II. *Résumé*. — Ribout Georges, 7 ans. Rachitisme cranien et thoracique ; déformation des avant-bras,

---

(1) Zielevicz. *Berlin. Klin. Wochens.*, 1880 (9 et 16 février).
Albanèse. *Noto cliniche su talune malattie infantili.*
Bradford. *Bost. med. and surg. Journ.* Vol CV. 1881. p. 444.
Jones. *Brit. méd Journ.* 1879. Vol. II, p. 612.
Margary. (1882).
Del Greco. *Imparziale.* Août 1880.
Reclus (1882). *Observations inédites.*

mais surtout, courbures rachitiques énormes des membres inférieurs. Fémurs convexes en avant, tibias décrivant une forte courbure, à la fois transversale à concavité interne et antéro-postérieure à concavité postérieure.— 18 août, ostéoclasie instrumentale, successive des deux jambes. Ténotomie du tendon d'Achille. Application d'une gouttière plâtrée.

Résultats. — Pas de fièvre les jours suivants.

16 septembre, consolidation des fractures.

1er octobre, marche.

9 octobre, la courbure antéro-postérieure des tibias n'existe plus ; la flèche de courbure qui était de 4 cent. a disparu ; la courbure transversale est atténuée dans le rapport de 3 à 1.

OBSERVATION III. *Résumé.* — Frasquini Louise, 3 ans. Les talons étant rapprochés, écartement de 13 centimètres entre les épines tibiales.

Jambe gauche : flèche de 6 cent. trois quarts.

— droite — 7 centimètres.

19 *août.* — Ostéoclasie à droite avec appareil Collin. Ostéoclasie manuelle à gauche. Appareil plâtré, attelles. Pas de fièvre. Variole 6 septembre.

11 *octobre.* — Il n'y a plus que 7 centimètres et demi d'écartement entre les épines tibiales.

La flèche de la jambe gauche est de 1 centimètre.

— — droite est presque nulle.

23 *octobre.* — Marche.

OBSERVATION IV. *Résumé.* — Saint-Omer Fernand, 3 ans. Rachitisme cranien, claviculaire, sternal, costal. Incurvation des deux fémurs. Genu valgum à droite. Quand les genoux se touchent, écartement de 10 centimètres entre les malléoles.

18 *août*. — Opération. Chloroformisation. Ostéoclasie instrumentale à droite. Appareil plâtré. Jamais de fièvre. Mais une eschare au point où le tampon mobile de l'ostéoclaste a porté à la partie interne de la jambe.

11 *octobre*. — Fracture consolidée.

30 *octobre*. — Guérison de l'eschare. La distance entre les malléoles est réduite à 3 centimètres au lieu de 10.

Nous avons donc sur un total de 53 ostéoclasies pratiquées pour courbure rachitique : 47 résultats parfaits, 5 résultats incompiets et 1 complication (eschare), soit une proportion de 88,68 pour 100 de succès.

Rappelons, pour mémoire, et mettons en regard les résultats obtenus par l'ostéotomie : 214 cas.

2 morts ne pouvant être directement rattachés à l'opération.
Réunion immédiate................... 27 fois
Complications................... 81 —

Résultat fonctionnel { 142 parfait.
15 imparfait.
58 inconnu.

Il ressort nettement de ce tableau que si l'ostéotomie n'est pas grave au point de vue de la mortalité, il faut néanmoins tenir compte des complications qui se montrent assez souvent à sa suite.

Mais au lieu de tirer des conclusions immédiates sur le choix de l'opération, examinons les cas qui peuvent être utilement traités par l'une ou l'autre de ces deux méthodes, et nous trouverons plus facilement dans l'étude de ce parallèle les indications de l'ostéotomie.

Toutefois avant de conclure sur cette question litigieuse,

voyons un peu quelle est l'opinion des chirurgiens tant en France qu'à l'étranger :

On n'a pas oublié la discussion importante qui eut lieu en février 1876 à la Société de chirurgie à propos du rapport de M. Tillaux, sur le mémoire de Bœckel.

Les uns comme MM. Tillaux, Labbé, Panas sont d'avis d'expérimenter la méthode le cas échéant.

Les autres comme MM. Lefort et Blot, sans être absolument hostiles, n'admettent l'ostéotomie qu'à partir de 10, 12 et 14 ans et seulement chez les sujets qui ne peuvent marcher et qu'on ne peut redresser par les moyens mécaniques.

MM. Depaul et Marjolin vont plus loin; ils repoussent formellement la section osseuse et engagent leurs collègues à ne pas « donner un fâcheux exemple en encourageant ce mode de traitement. »

M. Verneuil résumait ces opinions diverses dans des termes qui méritent d'être rapportés, car il pose la question sous son véritable jour : « En présence d'une déviation rachitique, j'essayerais d'abord du traitement maritime, puis du redressement avec la main, avec des appareils. — Je suppose que ces moyens aient échoué, ce ne sera pas une raison pour que je pratique l'ostéotomie quand même. Si la difformité n'est pas trop gênante, et si elle ne détermine pas d'accidents, je me garderai bien de toute intervention opératoire et je ne consentirai à y porter le ciseau, que lorsque j'y trouverai réunies les deux conditions suivantes, incurabilité par les moyens ordinaires, accidents sérieux (1). »

Th. Jones, dans le journal *The Lancet* de 1877, s'exprime

(1) *Société de chirurgie*, 1876, p. 184.

à peu près de même : « L'ostéotomie, dit-il, ne doit être pratiquée que lorsque les autres modes de redressement ont échoué et que la difformité est considérable. »

Pour Reuss (1) : « Il est des cas où l'ostéotomie est indispensable ; ces cas sont au nombre de deux : premièrement les cas d'eburnation de l'os, quoique M. Guérin n'applique jamais l'ostéotomie dans ces cas là ; en second lieu, ceux où le tissu osseux a cet état particulier dont M. Guerin parle dans sa communication à l'Académie. Dans ces deux circonstances l'ostéotomie est non seulement permise, *elle est ordonnée.* »

« Mais elle est encore ordonnée dans les autres cas, quand tous les efforts faits pour arriver à un redressement durable ont échoué, et que, d'un autre côté, le traitement général, longuement, savamment appliqué, n'a donné aucun résultat. »

Fischer admet l'ostéotomie comme une nécessité qui peut s'imposer, mais il croit qu'il faut avant tout tenir compte de l'âge du sujet (jusqu'à quatre ans les douches froides, le massage, les appareils doivent amener la guérison) et du degré d'impotence.

Enfin pour Volkmann et Bœckel, l'ostéotomie est applicable chaque fois que l'ostéoclasie manuelle a échoué. — « Loin d'être une opération de pure complaisance, elle mérite d'entrer dans la pratique courante de la chirurgie (2). »

Une autre question délicate est l'âge du sujet : — Quand faut-il pratiquer l'ostéotomie ?

Au point de vue clinique le moment de l'intervention chirurgicale est difficile à préciser. — Il est évident cepen-

(1) Thèse citée.
(2) Bœckel, *loc. cit.*

dant que l'opération, ainsi que le dit Barthelemy (1), ne doit être faite « qu'après la guérison de la cause qui a ramolli, infléchi et finalement considérablement endurci les os dans leur position défectueuse. »

C'est pour avoir méconnu ce précepte que Billroth, après avoir pratiqué l'ostéotomie chez une petite fille de 4 ans, vit, quelques mois plus tard, la courbure rachitique se reproduire au-dessous du point opéré (2).

Certains auteurs on cru pouvoir fixer par à peu près un âge — de 10 à 14 ans pour Blot, Depaul, Le Fort; — de 4 à 7 pour Ceccherelli; — 6 ans pour Jones; — 4 ans pour Fischer. —Rappelons par curiosité 1 cas d'ostéotomie chez un enfant de 8 semaines par Howard.

Quant à nous : — fixer une limite précise pour l'âge où l'os-téotomie devra être faite, nous paraît chose impossible, car il s'en faut de beaucoup que l'évolution du rachitisme puisse se mesurer à l'âge du sujet. Sans doute, on peut affirmer que dans la grande majorité des cas le travail d'éburnation est achevé vers 10 ans, mais il peut se terminer plus tôt. Sans vouloir citer un grand nombre de faits, ce qui nous serait facile, il suffit, pour s'en convaincre, de jeter un coup d'œil sur nos tableaux. Mentionnons seulement cette petite fille de 3 ans dont le tibia était déjà tellement compact que Bœckel parvint avec peine, à l'aide du ciseau et du maillet, à en faire la section.

Rappelons également l'assertion de Volkmann, déclarant qu'il a dû plus d'une fois recourir à l'ostéotomie chez des enfants de 3 ans et même de 2 ans et demi dont il n'avait pu rompre les os par simple effort manuel.

---

(1) *Arch. méd. nav.*, 1874.
(2) *Archiv. gén. méd.* Paris, septembre 1875; p. 332, et 1876, p. 198. *De l'ostéotomie et de l'ostéoclasie au point de vue orthopédique*, par le docteur Nepveu.

Il n'est en réalité qu'une seule donnée précise, admise d'ailleurs par tous ceux qui se sont occupés particulièrement de la question, à savoir la résistance aux tentatives d'ostéoclasie manuelle avec ou sans sommeil chloroformique.

En résumé donc, on doit toujours tenter l'ostéoclasie manuelle avant d'entreprendre l'ostéotomie, car encore une fois, il n'y a pas de règle précise concernant le moment où ils convient d'intervenir : ce n'est que quand l'ostéoclasie échoue, que l'ostéotomie est indiquée.

Ajoutons que certains chirurgiens, Verneuil, Panas, exigent encore, pour intervenir, que la difformité soient telle qu'elle cause des accidents sérieux et rende l'existence pénible.

PARALLÈLE DE L'OSTÉOTOMIE AVEC L'OSTÉOCLASIE DANS L'ANKYLOSE DE LA HANCHE.

Bonnet est le véritable promoteur du redressement forcé dans les ankyloses de la hanche. Dans ses différents travaux (1), dans ses différentes communications aux sociétés savantes en 1858; cet éminent chirurgien fit valoir tous les avantages de cette méthode. Craignant de produire la fracture du col, dont il s'exagérait la gravité, Bonnet procédait avec ménagement; il faisait, en un mot, le redressement progressif.

L'année suivante, Viennois (de Lyon) communiquait à la Société de chirurgie un fait nouveau tiré de la pratique de Bonnet. Le redressement avait été obtenu sans fracture du col, ainsi qu'on avait pu le constater par l'autopsie du malade, qui avait succombé un an après par le fait d'une autre

(1) *Gaz. méd. de Lyon.* — *Bulletin de thérapeutique*, de 1840 à 1857. — *Traité des mal. des articulations.*

maladie. En 1860, Laborie (1) signale également un cas de redressement d'une ankylose coxo-fémorale complète. Le redressement avait été obtenu sans fracture du col.

Mais bientôt on ne s'en tient pas au procédé Bonnet. D'ailleurs, avec son procédé, il ne pouvait rompre des ankyloses avec adhérences très fortes.

Nélaton (2) et Desprès père (cité par Passot) fracturent de parti pris le col fémoral.

Maisonneuve (3) suit la même pratique et emploie le procédé du redressement brusque également préconisé par Ollier. — Plus tard, Verneuil, Billroth, cités par Nepveu (4), suivent cette pratique et obtiennent de bons résultats. — En 1875, M. Tillaux (5) détermina la fracture du col du fémur par redressement brusque et obtint un très beau succès. — En 1876, M. Passot, dans sa thèse inaugurale, rappelle les faits connus de redressement brusque pour ankylose de la hanche et y ajoute un cas heureux dû à la pratique de Pozzi, suppléant Broca à l'Hôpital des Cliniques, en 1875. — Enfin, dans ces dernières années, nous trouvons signalées à l'étranger des observations analogues : en Angleterre, c'est Folkers (6) qui, pour une double ankylose de la hanche, pratique l'extension forcée. Mais le résultat obtenu n'est pas favorable, car le malade ne peut ni s'asseoir ni se passer de béquilles. En 1882, les chirurgiens américains, dans la trente-troisième session de l'*Americal medical association* (7), discutent les indications de l'ostéoclasie et de

---

(1) *Bull. Soc. de chir.*, 1860.
(2) *Eléments de pathologie chirurgicale.*
(3) *Gaz des Hôpitaux*, 1862.
(4) *Arch. méd.*, 1875.
(5) *Bull. soc. chirurg.*, 1875 p. 353.
(6) *Brit. méd. journ.*, t. I, p. 227.
(7) *New-York med. Record.*, 1882, p. 660.

l'ostéotomie dans l'ankylose de la hanche. Un seul d'entre eux, Gay, défend l'ostéoclasie contre l'ostéotomie ; les autres, Hallay, Owen, Poore, Prince, Ranschoff (de Cincinnati) se prononcent en faveur de l'ostéotomie. Enfin, l'un d'entre eux, Liee, professe une opinion mixte et conseille l'ostéotomie lorsqu'on cherche seulement à obtenir une position meilleure, et l'ostéoclasie lorsqu'on veut obtenir une pseudarthrose. En 1883, Sayre (1) publie trois observations de « brisement forcé » pour ankylose de la hanche ; dans les trois cas, il dit avoir obtenu une mobilité satisfaisante.

Ainsi qu'on le voit, l'ostéoclasie dans les ankyloses de la hanche est une question à l'étude, mais elle est encore loin d'être résolue.

On ne trouve nulle part signalée de statistique importante de cette opération. C'est ainsi que Behring (2) aurait eu dans sa pratique des résultats nuls ou malheureux ; mais, à cet égard, nous n'avons aucun chiffre précis. De même, Bonnet ne nous indique pas de statistique sur laquelle nous puissions nous appuyer. Nous sommes, par conséquent, réduit à recueillir les différentes observations qui ont été publiées et dans lesquelles le résultat est signalé d'une manière positive.

Si nous ajoutons nos faits personnels aux 13 observations de Nussbaum, cité par Malgaigne-Le Fort (3), et qui obtint des résultats peu favorables, nous arrivons à un total de 26 cas, en y comprenant un fait dû à Péan et signalé dans le livre de Nélaton. — Dans ces 26 cas, on obtint 12 fois un résultat favorable : non seulement l'attitude vicieuse était corrigée, mais le membre jouissait d'une mobilité suffisante. Dans 9 cas, l'attitude vicieuse fut très notablement diminuée ; et, enfin, dans 5 cas, le résultat fut nul.

(1) *Orthopedic Surgery and Diseases of the joints*, — 1883, p. 411 et seq.
(2) *Med. Opérat.* Malgaigne-Le Fort, t. I, p. 485.
(3) *Loc. cit.*

Nous devons faire remarquer ici que, sauf les observations de Nussbaum, toutes les autres sont en faveur de l'ostéoclasie. Mais, nous craignons que tous les chirurgiens n'aient pas, à l'exemple de Nussbaum, publié leurs insuccès, et nous sommes un peu étonné de ne voir, en aucun cas, de complications signalées. Disons toutefois que Macewen cite un cas de fracture de l'os iliaque à la suite d'une tentative de redressement violent.

Si, en maintes parties de notre travail et particulièrement en ce qui concerne les cals vicieux, nous avons cru devoir remarquer que l'ostéotomie s'offrait comme une méthode de nécessité, après des tentatives de rupture dûment pratiquées et reconnues infructueuses, et qu'en conséquence il n'y avait pas à proprement parler de parallèle à établir entre l'ostéoclasie et l'ostéotomie dans ces conditions, il n'en est pas de même pour l'ankylose de la hanche. Ici nous nous trouvons en présence de chirurgiens qui adoptent délibérément, les uns le redressement forcé, les autres l'ostéotomie. A l'étranger d'une manière générale, dans l'ankylose de la hanche, on paraît pratiquer plus volontiers l'ostéotomie que l'ostéoclasie ; en France c'est le contraire.

Mettons en présence les tableaux qui résument les résultats que donnent ces deux méthodes et voyons les renseignements qu'ils nous fournissent :

Ostéotomie : 44 cas.

Morts 4. Mortalité 9.09 p. 0/0

Guerison 40
- Sans complications 16.
- Après complications 11 dont 1 hémorrhagie ayant nécessité la ligature de la fémorale.
- Sans indications 13.

Résultat définitif.

Excellent......................................	18 fois
Pas de détails.................................	21 —
Amélioration..................................	1 —

19

Ostéoclasie : 26 cas.

Morts.............................. 0
Résultat définitif.
Excellent......................... 12 fois
Amélioration très notable............ 9 —
Insuccès.......................... 5 —

Il nous semble inutile de développer plus longuement ce parallèle, et bien que le nombre des ostéoclasies soit un peu insuffisant, il ressort nettement des données précédentes que :

1° L'ostéoclasie est la méthode de choix pour le traitement des ankyloses de la hanche ;

2° Que cette méthode présente une innocuité à peu près complète, tout en donnant des résultats fonctionnels au moins équivalents à ceux de la méthode sanglante ;

3° Que l'ostéotomie doit être réservée à un nombre de cas assez limités.

———

Devons-nous comparer l'ostéotomie avec la résection étendue de l'extrémité supérieure du fémur, telle que l'a pratiquée 5 fois Sayre pour ankylose de la hanche. Nous le ferions certainement si nous avions des renseignements détaillés sur les motifs qui ont pu conduire à ce mode d'intervention. Mais n'ayant d'autre renseignement que l'âge (de 6 à 13 ans) des opérés et l'énoncé d'un résultat qui donne 3 bonnes mobilités, mais qui compte 1 cas de raccourcissement de 5 cent. et 2 cas de mort, nous croyons qu'il suffit d'en avoir fait mention.

PARALLÈLE DE L'OSTÉOTOMIE AVEC LES AUTRES MÉTHODES DE REDRESSEMENT DANS L'ANKYLOSE DU GENOU.

1° REDRESSEMENT FORCÉ ET OSTÉOCLASIE. — Sans vouloir

faire ici l'histoire du redressement forcé dans les ankyloses du
genou, nous dirons que cette méthode a joui, pendant longtemps, d'une grande vogue parmi les chirurgiens. Malgré les
tentatives inconsidérées et brutales de Louvrier, qui jetèrent
un discrédit profond sur cette opération, Bonnet et Maisonneuve, en France, Palasciano, en Italie, avec leurs procédés et
leurs appareils plus perfectionnés, arrivèrent à répandre cette
pratique dans tous les pays. Nussbaum, en Allemagne, pratiqua cette opération un très grand nombre de fois, et dans la
statistique de 119 cas qu'il fournit, on ne note aucun cas de
mort; mais en revanche, il y eut fréquemment des accidents
locaux parfois assez sérieux. Malgré l'apparente bénignité du
redressement forcé, qui ne s'applique d'ailleurs qu'aux ankyloses incomplètes, on a observé même dans ces conditions et
malgré le perfectionnement apporté à l'instrumentation des
accidents d'une certaine gravité. C'est ainsi que Volkmann,
dans un cas, a signalé des lésions du nerf poplité. Poinsot (1)
a vu survenir une fracture du tibia et l'ulcération de l'artère
poplité. Le malade mourut par hémorrhagie.

Billroth, dans une tentative de ce genre, a fracturé le fémur
au 1/3 inférieur et a dû pratiquer ultérieurement l'ostéotomie
cunéiforme. En 1882, Homans (2) eut une rupture des vaisseaux poplités qui nécessita la ligature de la fémorale. Le
redressement forcé, brusque, donne donc lieu parfois à des
accidents dont il faut tenir compte.

Il serait même contre-indiqué, d'après Poinsot, dans certaines variétés d'ankyloses incomplètes.

1° Dans les ankyloses consécutives à une inflammation sup-
purative. — L'expérience démontre que, dans ces cas, les ten-

(1) Loç. cit., p. 28.
(2) *Reports of the city hosp. of Boston* 1882, p. 266.

tatives de redressement peuvent réveiller le travail inflammatoire ;

2° Dans les arthrites à répétition (*arthritis recurrens*, des
Anglais). — Le redressement paraît tout d'abord amener un
bon résultat, mais après une courte immobilisation l'ankylose
se reproduit ;

3° Dans certaines ankyloses spéciales à la jeunesse, bien
étudiées par Volkmann et caractérisées par l'hypertrophie de
la partie antérieure des condyles fémoraux (cette déformation
nous paraît devoir être rattachée à l'ostéomyélite de l'enfance
ou de l'adolescence). — Les tentatives de rupture, en pareille
circonstance, amènent la luxation du tibia en arrière.

Ce sont donc là des considérations qui restreignent la
limite d'action du redressement forcé dans l'ankylose du
genou et les quelques faits nouveaux que nous avons recueillis
ne modifient en rien cette manière de voir. — Sayre (1)
a publié, cette année même, quatre observations de brisement forcé pour ankylose du genou. Dans trois de ces cas, il
s'agissait d'ankyloses fibreuses. Une fois, il eut un résultat
parfait, une autre fois, le résultat fut très incomplet ; dans
le dernier cas, le malade mourut de fièvre typhoïde. Le
quatrième cas était relatif à une ankylose consécutive à une
ostéomyélite du fémur : le résultat fut favorable. — Bradford (2), en 1881, opéra deux fois le redressement forcé
pour une ankylose angulaire du genou, et le résultat fut
satisfaisant les deux fois.

Mais nous n'insisterons pas plus longtemps sur ce mode de
redressement, car c'est surtout dans les ankyloses incomplètes ou tout au moins franchement fibreuses qu'il est

(1) *Orthopédic Surgery and Diseases of the Joints*, 1883, p. 404.
(2) *Boston med. and Surg. journ.* Vol. CV, 1881, p. 444.

appelé à intervenir, conditions absolument différentes de celles qui pourraient réclamer l'ostéotomie.

Mais à côté du redressement forcé qui a pu parfois provoquer des fractures, mais qui n'a jamais été fait dans ce but, ou qui, tout au moins, n'a jamais agi qu'à l'aveugle, il convient de faire une place à part pour l'ostéoclasie sus-condylienne instrumentale (Collin, Robin). Nous aurons à y revenir à propos du genu valgum et à dire combien l'on est peu fixé encore sur sa valeur absolue, malgré les succès incontestables qu'elle a donnés.

2° Résection complète. — Si nous consultons la statistique la plus récente, celle de Poinsot, qui porte sur des résections complètes (autant qu'on peut l'apprécier du moins), nous voyons que sur 79 cas, il y a 7 morts, soit une mortalité de 11,39 p. 100. C'est donc une statistique un peu moins favorable que notre statistique d'ostéotomie, qui indiquait une mortalité de 9 p. 100 seulement.

Relativement au résultat définitif, des 70 opérés qui restent :

20 n'ont pas été suivis,

18 ont acquis un membre utile,

32 ont besoin, pour marcher, d'un appareil de soutien.

Il est facile de remarquer que les deux statistiques de l'ostéotomie et de la résection complète sont à peu près équivalentes. Il y a de part et d'autre une proportion sensiblement égale de résultats inconnus. Quant à la mortalité plus faible qui existe pour l'ostéotomie, on peut l'expliquer, ainsi que nous l'avons déjà dit, par l'annexion aux procédés primitifs de Rhea Barton et de Gurdon Buck, du procédé linéaire plus ou moins sous-cutané, qui constitue une opération à gravité beaucoup moins grande que les autres procédés.

Formuler les indications de l'ostéotomie pour l'ankylose du

genou nous paraît absolument difficile, sinon impossible.

Le procédé de Rhea Barton ne donne que des résultats assez imparfaits comme forme et comme fonction.

Le procédé de Gurdon Buck est tantôt une ostéotomie et tantôt une résection cunéiforme; il serait même plus juste de le ranger une fois pour toutes dans les résections et de faire cesser cette confusion que nous avons eue à signaler dans notre seconde partie.

Nous nous rallierions donc absolument à la manière de voir de Poincet, si, comme nous avons eu occasion de le dire déjà (p. 187), nous ne pensions qu'il conviendrait de poursuivre la tentative de Macewen pour appliquer à l'ankylose le traitement du genu valgum par ostéotomie linéaire sus-condylienne.

C'est à l'avenir seul qu'il convient de décider.

COMPARAISON DE L'OSTÉOTOMIE AVEC LES AUTRES MODES
DE TRAITEMENT DU GENU VALGUM

Aux diverses phases pathogéniques du genu valgum, répondent des modifications dans les méthodes de traitement qu'on lui oppose. La ténotomie du biceps pratiquée par Bonnet, la section du ligament latéral externe préconisée par Langenbeck, ont déjà depuis longtemps disparu, de même que le procédé de Billroth qui allie les deux précédents. En 1861, Delore (de Lyon) indique le procédé de redressement forcé qui porte son nom. Il en exposa le manuel opératoire dans une communication à l'Association française pour l'avancement des sciences, en 1873. — L'année suivante, il apportait les résultats de sa pratique, à la Société de chirurgie.

Nous n'avons pas ici à décrire le procédé de ce chirurgien, procédé à manœuvres lentes et mesurées, pas plus que la modification qu'y apporta plus tard M. Tillaux.

Que le redressement soit effectué par le procédé de Delore ou par le procédé de Tillaux, qu'avec ces deux chirurgiens on pratique le redressement immédiat aussi complet que possible ou, qu'à l'exemple de Kœnig (1) on procède par séances successives, peu importe au point de vue des lésions produites.

De différentes recherches expérimentales (2), il résulte que chez l'enfant on obtient le décollement épiphysaire ordinairement fémoral, parfois tibial. Et l'on s'explique ainsi les 200 succès de Delore (3).

Chez l'adolescent de 18 à 20 ans, ce qu'on observe surtout c'est la rupture du ligament latéral externe; 9 fois sur 12 dans les expériences de de Santi (4). Aussi trouvons-nous des résultats cliniques beaucoup moins favorables : Sur 26 cas (13 opérés de Billroth, 1 de Guérin, 12 empruntés aux thèses de Saurel, Barbarin, de Santi, Vergne, Aysaguier), on constate 8 résultats parfaits, 7 incomplets, 2 cas d'arthrite, et 9 fois des mouvements de latéralité assez prononcés pour rendre la marche très difficile (Macewen) (5).

Ce n'est donc que chez l'enfant que l'on peut, en toute sécurité, recourir à ce procédé, vraiment excellent à cet âge, car on ne saurait lui reprocher bien sévèrement un peu d'épanchement articulaire qui lui succède souvent.

A partir de quinze ans environ on est en droit de redouter la rupture des ligaments, c'est-à-dire une mobilité anormale aussi pénible que la déviation primitive, si même elle ne l'est pas davantage.

Pour être sûr d'agir sur le squelette, il faut choisir entre

(1) *Berlin, Klin. Wochenschr.* 1er octobre 1877.
(2) A. Barbier. *Th. doct.* Paris, 1er décembre 1874.
(3) Ménard. *Revue de chirurgie*, 1881, p. 738.
(4) L. de Santi. *Th. doct.* Paris, 14 décembre 1876.
(5) Macewen. *Ostéotomie*, p. 103.

l'ostéoclasie instrumentale, avec appareil à action nettement limitée et l'*ostéotomie*.

L'ostéoclaste, construit en 1879 par M. Collin, malgré son apparence brutale, agit avec précision sur un point déterminé puisque l'appareil peut être exactement appliqué, par sa partie mobile, sur la face interne du genou. La force déployée est facilement graduée par saccades, comme le recommande Delore.

Nombre d'ostéoclasies ont été pratiquées avec l'aide de l'appareil Collin.

En 1882 M. Robin (de Lyon) a présenté à la Société de chirurgie (1) un nouvel ostéoclaste pour le traitement du genu valgum. L'auteur cherche dans ce procédé à déterminer une fracture juxta-épiphysaire nette et toujours sous-périostée avant l'âge de 30 à 35 ans.

L'année suivante, le même chirurgien (2) cite 53 ostéoclasies pour genu valgum, dans lesquelles il a obtenu 53 guérisons.

Enfin, différentes observations ont été recueillies dans les thèses de Saurel (1872), Barbarin (1873), Vergne (1875), de de Santi (1876), Peyre et Aysaguier (1879). — Mais il n'existe pas de statistique importante sur l'ostéoclasie dans le genu valgum.

Nombre d'opérations ont cependant été pratiquées, sans parler de la statistique trop peu détaillée de Delore, qui comprend 200 redressements et 200 succès, ni des 53 succès mentionnés par M. Robin de Lyon sur un nombre égal d'ostéoclasies. Nous devons dire que ce n'est pas avec des documents de ce genre qu'il est possible d'établir la valeur réelle, c'est-à-dire la valeur orthopédique, de l'ostéoclasie.

(1) Séance du 26 juillet.
(2) *Lyon médical*, 13 mai 1883.

Aussi préférons-nous ne présenter qu'un petit nombre de cas, mais sur lesquels nous avons des renseignements précis.

Aux 26 cas que nous venons de signaler tout à l'heure et dont nous avons indiqué la source, nous ajouterons 4 observations publiées dans la thèse de Peyre dont 3 sont dues à M. Terrillon, et 1 à M. Verneuil; enfin nous rapportons ici une observation inédite, que nous devons à l'amicale obligeance de M. Reclus.

OBSERVATION RÉSUMÉE. — Filliou Gustave, 7 ans. Courbures rachitiques au crâne, au thorax, aux avant-bras. Courbure antérieure des deux fémurs. Courbure du tibia gauche en dehors. Genu valgum à droite. Il y a 7 cent. d'écartement entre les malléoles, les genoux se touchant.

18 *août*. — Opération, chloroformisation, redressement du genu valgum par l'ostéoclaste Collin. Appareil plâtré, attelle externe. Pas de fièvre.

10 *septembre*. — On enlève l'appareil, la déformation est corrigée, les malléoles se touchent.

Sur ces 31 observations nous relevons une périostite phlegmoneuse diffuse, 2 cas d'arthrite, 2 cas de mobilité latérale, et une fréquence presque constante d'hydarthrose. Il est vrai nous le répétons que la fracture n'a pas toujours été faite avec un ostéoclaste à précision absolue.

Ce sont ces derniers faits, et eux seuls qu'on pourrait faire entrer en lutte avec ce procédé ostéotomique, si simple dans sa manœuvre, si brillant dans ses résultats que Macewen nous à fait connaître, et qui nous semble mériter de trouver en France l'accueil qu'il a reçu déjà à l'étranger.

INDEX BIBLIOGRAPHIQUE [1]

ADAM. Discussion à la Société médicale de Londres. (Courrier médical, 1880, p. 83.)

WILLIAM ADAMS. Bulletin de thérapeutique, 1871, t. LXXX, 1877
— Brit. med. journ., 1879, 18 octobre, t. II, p. 604.

ALBANESE (de Palerme). Statistique de 1880-1881 pour l'hospice maritime de Palerme. — Noto cliniche su talune malattie infantili.

E. ALBERT. Wien., med. Presse. XVI. 17, 19, 22, 1875.

ANNANDALE. The Lancet, t. II, p. 877, 1872.
— Edimburg med. journ., juillet 1875, p. 18.

AVICENNE. Canon, l. IV, fen. V, tr. III, cap. X.

AYSAGUIER. Thèse de Paris du 1er février 1879.

BAKER. Brit, med. journ., 1878, t. II, p. 438.
— Discussion à la Société médicale de Londres. (Courrier médical, 1880, p. 83.)

BARBIER. Thèse de Paris, 1874.

BARDELEBEN. 7e Congrès de la Société de chirurgie de Berlin In Berlin. Klin. Wochensch., 1878, n. 19 et 21.
— 9e Congrès des chirurgiens allemands, 10 avril 1880, 4e séance.

---

(1) Nous n'avons pas la prétention, en publiant cet index, de signaler tous les travaux ni toutes les observations parues sur l'ostéotomie appliquée au redressement des membres. Nous avons voulu seulement, comme le prouve l'ordre alphabétique que nous avons choisi, permettre de compléter ou de retrouver facilement une indication bibliographique, négligée ou omise au cours de notre travail.

BARKER (A.-E.). Transact. of the clinical societ. of London, 1879, p. 27.

— Brit. med. journ., 5 juillet 1879, t. II, p. 1.

RHEA BARTON. Philadelph. med. Exam, II, 1842, n: 2, 3, 6, 7.

BARWELL. Brit. med. journ., 1877, t. I. — 1878, t. I, p. 705 et 747. — 1879, t. II, p. 609. — Transact. of the clinical society of London. 1880, p. 241.

BASSINI. La clinica chirurgica di Parma negli anni 1879-1880.

BAUDE. Thèse de Lille, 26 juin 1880.

BEAUREGARD. Société de chirurgie, t. V, Paris 1879.

BECK. Archiv. für, Klinische Chirurg., t. II, 3e livre, 1862.

BENNET. New-York, med. jour., 1881, vol. 34. p. 214.

BEREND (de Berlin). Gazette hebdomadaire de médecine et de chirurgie, mai 1862.

BETTINGER. Paul. Conserv. chirurg., Breslau 1859.

P. BERGER. Revue des sciences médicales, t. I, 1873.

VON BERGMANN. Berlin. Klin. Woch., 2 octobre 1882.

BILLROTH. Wien. med. Woch., 1881, no 14.

— Chirurg. Klin. Zurich, 1860, p. 67.

— Langenbeck Arch., 1875, t. XVIII, p. 408.

BIRKETT. The Lancet, t. II, p. 279, 1853.

J. BŒCKEL. Bulletins de la Société de chirurgie, 1875.

— Nouvelles considérations sur l'ostéotomie dans les incurvations rachitiques des membres. (Paris, J.-B. Baillière 1880).

— Gazette médicale de Strasbourg, 1880, *Passim*.

A. BONNET. Traité des sections tendineuses et musculaires, 1841.

P. BOULAND. Dict. encyclopédique de sciences médicales (article Genou).

BOYBEL. Discussion à la Société médicale de Londres. (In Courrier médical, 1880, p. 83.)

ALFREDO BRACHINI. Lo sperimentale, juillet, 1882, p. 42.

BRADFORD (E. H.). Boston, med. and surg. journal, t. CIII et CV, 1880 et 1881.

MESSENGER BRADLEY. The Lancet, 1877, t. II, p. 78, et Revue des sciences médicales, 1878.

— British, med. journ., 7 septembre 1878, t. II, p. 368.

BRAINARD. Mémoire sur le traitement des fractures non réunies et des difformités des os. Paris, 1854.

— Bulletins. Société de chirurgie, 1858-1859, p. 146.

BRAYE. Thèse de Paris, 1880.

BRIDDON. New-York, med. Record, t. XVII, p. 578, 1880.

BRODHURST. Transact. of the clinic. society of London, 1 877-1880

BRUNS. Deutsche Klin. 1861,

— Centralblatt f. chirurgie, n° 34, 1880.

BRYANT. The Lancet, 1877, t. II, p. 686, 724 et 917.

— Med. Times and Gazette, 1878, t. II, p. 582.

CALLENDER. St-Bartholomew's Hospital Reports, t. XIV, p. 189.

CECCHERELLI. Lo sperimentale, mai 1878.

— Le Deviazioni della colonna vertebrale, del ginocchio e del
  piede consecutive alla rachitide e loro cura, Firenze, 1880.

CHALOT. Thèse d'agrégation, 1878..

GUY DE CHAULIAC. Grande chirurgie composée en 1363, restituée
  par Laurens Joubert, Tournon, 1611.

THOMAS CHAVASSE. Brit. med. journ., 30 juillet 1881.

CHIENE. Edimburg med. journ., t. I, 1879.

O CHIARI. Wien. med. Wochensch., 1878, n. 35 et suivants.

GESUALDO CLEMENTI. Observatore medico et lo sperimentale.
  1881.

CLÉMOT. Gazette médicale de Paris, 1836, p. 347.

AS. COOPER. Gazette médicale, 8 juin 1839.

COWELL. The Lancet, vol. I, p. 420.

CRAVEN. Brit. med. journ., 1882.

J. CROFT. Transact. of the clinic. society of London 1877, p. 93.

CROSS. Brit. med. journ., 1863, vol. II, p. 211.

CZERNY. 9e congrès des chirurgiens allemands, 2e séance.

DALÉCHAMPS. Chirurgie française, chap. CIX, p. 558. Lyon 1570.

R. DAVY. The Lancet, t. II, p. 732, 1872.

DENUCÉ. Dictionnaire de médecine et de chirurgie pratiques
  (articles : ankylose, coude).

DEMONS. Bulletin de la Société de chirurgie, 1882.

DOUTRELEPONT. Berl. Klin. Wochens., n° 14, p. 198, 8 avril
  1878.

DUNLOP. British. med. journ., 21 juin 1879. t. I, p. 936.

DUMREICHER. France méd., 1854-1855, p. 363. (Wochenbl. d.
Zeitschs. S. K. K. Gesettzch. D. Ærtzte Zu Wien).

DUPLAY. ulletins de la Société de chirurgie, 1880, p. 352.

EANTRIKIN. The Clinic., t. XII, mars 1876.

EHRENDORFER. Lo sperimentale de novembre 1882, p. 537, n° 14.

EICKEN. Centralblatt, 1879.

JOHN FAGAN. The Dublin. journ., of med. sc., p. 444, 1879.

CHRISTIAN FENGER. The Lancet, 13 mai 1882.

FERGUSSON. Med. Times and. Gazette, vol. XI, p. 276, 1862.

F. R. FISHER. The Lancet, 1877, t. II, p. 335.

FOLKER. British, med. Journ., 1878, t. I, p. 227.

GEO. R. FOWLER. Annals of the anatomical and surgical society,
    t. I, p. 53, 1878-79.

FREER. Brit. med. journ., 3 sept., 1881.

GANGOLPHE. Thèse de Lyon, 5 août 1882.

GANT. The Lancet, 1872, t. II, p. 884.

— Brit. med. journ., 1877, t. I.

GAY. The Lancet, vol. 2, p. 621, 1878.

— Med. News, 1er juillet, p. 23.

— Boston med. and surg. journ., vol. CII, 1880, p. 226.

PEARCE GOULD. Brit. med. jour., 28 mai 1881.

. — The Lancet, 1881, t. I, p. 827.

GIBSON. The American journ. of med. sciences, juillet, 1842.

GURDON BUCK. Gazette des hôpitaux, 1846.

GOSSELIN. Gazette des hôpitaux, 1876.

— Cliniques de la Charité, t. II.

GRAFE. 9e Congrès des chirurgiens allemands, 1880.

DEL GRECO. Imparziale, août 1880.

GRIMM. Prager medic. Wochensch., 1877, t. II, p. 45.

GROSS. A system of surgery Philadelphie, 1872, 5e édition, t. I,
    p. 1089.

J. GUÉRIN. Bulletin de l'Académie de médecine, 1876. Séance du
    4 avril.

GUERS. Thèse de Lyon, 1881.

GUERSANT. Gazette des hôpitaux, 1846.

— Société de chirurgie, 1855, p. 188.

GUTERBOCK. Centralblatt, 1879, n° 36, p. 509.

— 7e Congrès des chirurgiens allemands.

HAHN (de Berlin). Congrès des chirurgiens allemands, 9 avril 1880.

J. HAMILTON. Ohio med. Recorder, août 1877.

HAWARD. St.-George's Hosp. Reports, t. IX, 1877-1878; t. X, 1879.

CHRISTOPHER HEATH. Transact. of the clinic, societ. of London, p. 158, 1877.

VON HEIM. Berlin. Klin. Wochenschrift, 1877, n° 40, p. 592.

HÉNOCQUE. Dictionnaire encyclopédique des sciences médicales, (article Ostéotomie).

HEYFELDER. Traité des Résections. Traduction de Bœckel, Paris-Strasbourg, 1863.

J. D. HILL. The Lancet, 1872, t. II, p. 153.

LENOX HODGE. Philadelphie med. and surg. Reports, mai 1878.

HOLMES. System of surgery.

HOLMES. The Lancet, 1876. Discussion in the Royal medical and surgical society.

— St-George's, Hospit. Reports, vol. X, 1879.

HORNER. Philadelph. med. journ. exam., new série, t. VII, 1857, p. 32.

G. HOWSE. Guy's Hospital Reports. 1875, p. 531.

ISSENCHMIDT. Corr. Bl. f, Schweitzaertzte, n° 6, p. 186, 15 mars 1878.

TH. JONES. The Lancet, 1877, t. II, p. 235.

— Brit. med. journ., 1879, t. II.

JOSSE (d'Amiens). Gazette médicale, 1846, p. 689.

JORDAN. The Lancet, vol. I, p. 645, 1878.

KEARNY. Paul. Conserv. chirurg., Breslau 1859.

ASHTON KEY. Gazette médicale, 8 juin 1839.

— Guy's Hospital Reports, t. VIII, p. 193, 1839.

KLOSE. Paul. Conserv. chirurg., Breslau, 1859.

A. KNOPF. Iéna, 1875.

KŒNIG. 7° Congrès, Société chirurg. de Berlin. In Berlin Klin. Wochensch., 1878, n. 19 et 21.

KOLACZEK. 7° Congrès, Société de chirurgie de Berlin. In Berlin Klin. Wochensch., 1878, n. 19 et 21.

— 9° Congrès, 2° séance, 1880.

KŒNIG (de Gœttingue). 9° Congrès des chirurgiens allemands, 8 avril 1880, 2° séance.

W. KŒRTE. Langenbeck, Archiv., 1880, t. XXV, p. 508.

KORZENIEWSKI (de Vilna). Collec. méd. chirurg. acad. chirurg., t. I. Vilna, 1838.

KUCHLER. Deutsche Klinik, 1858. S. 380.

KURTNER. Arch. f. Klin. Chir., 1880

KUTCHENBERGER. Hamb. Zeitscher, vol. XXI.

C. LAMBROS. Dissert., Berlin, 1879.

LANGENBECK. Deutsche Klin., 1854, n° 30.

— 9° Congrès des chirurgiens allemands, 2° séance, 1880.

LAUGIER. Thèse de concours pour le professorat, 1841.

LECÈNE. Thèse de Paris, 1878.

LEFORT. Bulletins de la société de chirurgie, 1880.

LEHMANN. Thèsé de Nancy, 1882.

LEMERCIER. Gazette de santé, 1815.

LENTZ. New-York, med. Record, 1867, t. II. p. 101.

VON LESSER. Centralb. f. Chirurgie, n° 31, 1879.

LISTER. The Lancet, 1878. Vol. 1, p. 5.

LISTER. British méd. Journal, 31 oct. 1868, p. 452.

— Manuel de chirurgie antiseptique, 1882.

M. W. S. LITTLE (de Londres). Congrès international de Londres, 1881.

— Brit. méd. Journal, t. I, p. 652, 1871.

LITTLEWOOD. The Lancet, 1879, t. II, p. 910.

A. LUCKE. Langenbeck Archiv., 1862, t. III, p. 318.

LUND. Brit. méd. journal, 1876, 29 janvier.

MACEWEN. The Lancet, 30 mars 1878, t, I. p. 449.

— Brit. med. journ., 24 avril 1880.

— Congrès international de Londres, 1881.

— Ostéotomie, traduction française, par Demons, 1882.

MAISONNEUVE. Gazette médicale, 1847.

— Bulletin de thérapeutique, 1847, t, XXXII, p. 243.

MALGAIGNE. Traité des fractures et des luxations.

— Gazette des hôpitaux, 1846.

— Société de chirurgie, 1855, p. 188

MALACKY KILGARIFF. Dublin journ., of med. sc., p. 189, 1880.

MARCHAND et TERRILLON. Revue mensuelle de médecine et de chirurgie, n° 9, 1877.

MARGARY. Ostéotomia sue varie applicazione nella cura delle deformita con relativa statistica personale, Turin 1882.

HOWARD MARSH. Méd. chirurg. transact. vol. LVII, 1874.

MAUNDER. Med. Times and gazette, vol. I. p. 113, 1878.

— The Lancet 1879, t. I., p. 742.

— Med. Times and gazette, vol. I, p. 516, 1877.

J. E. VAN DER MEULEN. Nederl, Wekbel, 17, 1878.

MEYER. Illustr. méd., Zeit. 2, 1852, p. 1 et 65, etc.

— Deutsch Klin., 1856, p. 169 et 170.

MIKULICZ. Arch. f. Klin. Chir., 1879.

MORTON. The Lancet, vol. I, p. 264, 1879.

TH. G. MORTON. Philadelphia med. Times, mars 1881, p. 377.

MOSETIG-MOORHOF. Bericht, S. K. K. hans Wieden, 1879.

MUTTER. Amer. journ., new series, t. III, p. 359, 1842.

G. NEUBER. Langenbeck Arch., 1881, t. XXVI, p. 100.

NEPVEU. Archives générales de médecine, 1875.

NUSSBAUM. 9ᵉ congrès, soc. chir. de Berlin. In Berl. Klin.Wochens.,
    1878, nᵒˢ 19 et 21.

J. ŒSTERLEN. Traduction de J. Morel. Strasbourg, 1828.

AL. OGSTON (d'Abeerden). Arch. f. Klin. Chirurg., vol. XXI; fasc. 3,
    p. 537, 1877.

OLLIER. Dict. encyclopédique des sciences médicales (article
    Ankylose).

— Revue de chirurgie, mai 1883.

AMBROISE PARÉ. 15ᵉ livre. Des fractures, chap. xxix.

R. W. PARKER. Brit. med. journ., 1879, t. II, p. 611.

FRANCESCO PARONA. Annali di medicina, vol. CCXLIX, p. 488,
    1879.

PARRY. Américan journ., t. XXIV, 1839, p. 334.

PÉAN. Gazette des Hôpitaux, octobre 1880.

PÉNIÈRES. Thèse de Paris, 1869.

JEAN-LOUIS PETIT. Traité des maladies des os, édition de Cave-
    lier, 1741, Paris.

PEYRE (A). Thèse. Paris, 1879.

L. S. PILCHER. Annal. of the anatomical and surgical society,
    t. I, p. 61, 1878-79.

G. POINSOT. Journal de médecine de Bordeaux, nᵒ 3, 4, 5, 6, 7, 8,
    année 1879.

POLAILLON. Bullet. Académie de médecine, 1881, t. X, p. 158.

PORTAL. Gazette médicale, sept. 1841.

— Arch. médecine, 1841, t. II, p. 483.

PRADIGNAC. Thèse. Paris, 1880.

C. T. POORE. New-York med. Record, t. XVII, p. 398, 1880.

— (id), 1881, p. 172.

RECLUS. Gazette hebdomadaire, 1881, n° 17, 18 février.

A. REEVES. Brit. med. journ., 1878, t. II, 21 septembre 1878,
p. 431.

— Transactions of the chirurg. society of London, 1879, p. 32.

— British med. journ., 10 décembre 1881.

REICH, Paul. Conserv. Chir. Breslau, 1859.

REUSS. Thèse. Paris, 1878.

RICHARDSON. The Lancet, vol. II, p. 183, 1877.

RICHET. Thèse du concours pour le professorat, 1850.

— Union médicale, vol. XX, 1875.

RIEDINGER. 7ᵉ congrès. Société chirurgie de Berlin. In Berlin. Klin.
Wochensch., 1878, n° 19 et 21.

— Arch. f. Klin. chirug., 1879.

J.-B. ROBERTS. Edinburg med. journal. Juillet et août 1878,
pages 1 et 115.

ROBIN. Lyon médical, 13 mai 1883, p. 44-45.

ROSS (d'Altona). Beitrage z. plast. und orthopœd. Chirurg. Hamburg, 1858.

ROUTIER. Thèse de Paris, 1881.

RUPPRECHT. Centralbl. f. Chir., n° 21, 1880.

RYND. Dublin quart. journal of med., t. IV, 1847, p. 287.

DE SANTI. Thèse, Paris, 1876.

— Archives de médecine, t. I, p. 712, 1879.

SAYRE. Boston med. and surg. journ., t. CII, 1880, p. 385.

L.-A. SAYRE. Orthopedic surgery, 1883, p. 442.

MAX SCHEDE. Berlin. Klin. Wochens. N° 52, p. 745, 1876.

— Medical Times and gazette, vol. I, p. 16, 1877.

— Gazette hebdomadaire de médecine et de chirurgie, 29 décembre 1876.

— 6ᵉ Congrès des chirurgiens allemands. In Berlin. Klin. Wochens,
1877, n° 40, p. 592.

— Centralblatt, 1878, p. 27.

SCHOENBORN (de Kœnigsberg). 9e congrès des chirurgiens allemands 2e séance, 1880.

SCHOEPFF. Jahresch. aus. d. Pesther kinderhospit, 1841.

SERVAIS. Bull. acad. Belgique, t. XV, no 5, 1881.

J. SIDLER (d'Egerkinger). Corr. Bl. f. Schweitzærtzte, no 6, p. 178 (15 mars 1878).

SMITH (de Dublin). Dublin quart. journal of med., t. XI, 1851, p. 205.

H. SMITH. Medical Times and gazette, vol. II, p. 277. 1862.

SOCIN. Correspondenz-Blatt f. Schweizærtzte. 15 avril 1880.

SPRENGLER. Aertzt. intelligenzbl., 1876, no 49.

SONNENBURG. 9e congrès des chirurgiens allemands, 2e séance, 1880.

STEWENS. American journ. New. series, p. 313, t. XIV, 1842.

STIRLING. St-George's Hospital Reports, vol. X, 1879.

SYME. The Lancet, 1855, t. I, p. 204.

SWAIN. Dublin journal of medical science. 1880, p. 465.

— On injuries and diseases of the knee joint. Londres, 1879.

SZUMANN. Breslauer Ærztliche. Zeitschr. 1879, no 8.

JOAN. TAGAUTIUS. De chirurgica institutione libri quinque. Lyon, 1549.

TERRILLON. Bulletin de la Société de chirurgie, séance du 30 mars 1881.

— (Id.), 1880.

THIERSCH. 7e congrès Soc. chir. de Berlin. In Berlin. Klin. Wochens. 1878, nos 19 et 21.

— Arch. f. klin. chirurg., 1879.

THORENS. Revue des sciences médicales, XVII, II, 1881.

THOMSON. Brit. med. journ., t. I, p. 488. 1874.

TILLAUX. Bulletins de la Société de chirurgie, 15 novembre 1875.
— (Id.), 16 février 1876.

TOLAND. Charleston med. journ. and rev., t. XI, p. 703, 1856.

TRÉLAT. Bulletins de la Société de chirurgie, 1882.

-- Semaine médicale, 1882.

TRENDELENBURG. Berlin. Klin. Wochenschrift, 21 août 1875, no 31.

UHDE. 7e Congrès des Chirurgiens allemands. In Berlin. Klin Wochensch., 1878, nos 19 et 21.

ULMANN et ADELMANN. Prager Vierteljchrs chr. f. prakt. Heilk., 1858, t. III, s. 60.

VANDERVEER. New-York Medical Record, t. XXI, p. 189.

DE VECCHI. Annali di Medicina, vol. CCLX, p. 35.

VELPEAU. Médecine opératoire, 1839, t. II, p. 599.

L. VEREBELYI. Pester med. chir. Press, in n° 14 (1877).

VERGNE. Thèse de Paris, 1875.

VERNEUIL. Bulletins et mémoires de la Société de chirurgie, 1882, p. 743.

VOLKMANN. 5e Congrès chirurgiens allemands, 21 avril 1876, 3e séance.

— Berlin. Klin. Wochens., 1874, n° 50.

WAHL. Deutsche Zeitsch. f. Chirurgie, septembre 1873.

— Petersb. med. Wochenschr., 1876, t. I, et 1878, p. 420.

— Centralblatt, 1879.

WARDEN. Brit. med. Journal, 1882, 4 février.

WASSERFUHR. Rust's Handwort der Chirurgie, vol. XVII, p. 543.

J. M. WARREN. American Journal New. séries, t. IV, 1842, p. 313.

— American Journal, t. XXXVII, 1859, p. 574.

WATTMANN. Jahrbl. der K. K. Oster. Staates, t. LII, 1845, S. 124.

CARL WEIL. Prager. Viertel Jahresschr. f. prackt. Heilk; Bd. 141, 1880.

WEINHOLD (de Halle). Journal des Progrès, t. VIII, 1828.

JAMES VHITSON. Brit. med. Journal, 1882.

M. WILLIM. Inaug. Diss., Breslau, 79.

WUTZER. In Otto Weber Chir. Erfahrungen. Berlin, 1859, S. 113.

YEATS. British. med. Journal, 17 avril 1880.

ZIELEWICZ. Berliner Klin. Wochens., 9 et 16 février 1880.

TABLE DES MATIÈRES

TROISIÈME PARTIE.

Valeur de l'ostéotomie en général et dans ses diverses applications.

Paris. — Imp. E. Capiomont et V. Renault, rue des Poitevins, 6.